McDougal Littell

MODERN WORLD HISTORY

PATTERNS OF INTERACTION

Reading Study Guide
Spanish Translations

McDougal Littell
A DIVISION OF HOUGHTON MIFFLIN COMPANY

ISBN-13: 978-0-618-40992-1   ISBN-10: 0-618-40992-0

Printed in the United States of America.

6 7 8 9 - CKI -09 08 07 06

Contents

Chapter 11 The Age of Imperialism, 1850–1914

Chapter 12 Transformations Around the Globe, 1800–1914

UNIT 4 The World at War, 1900–1945

Chapter 13 The Great War, 1914–1918

Chapter 14 Revolution and Nationalism, 1900–1939

Chapter 15 Years of Crisis, 1919–1939

Chapter 16 World War II, 1939–1945

Chapter and Section Titles in Spanish and English

Practicar la lectura estratégica
Estrategias para leer tu libro de historia

Captar la imagen global

La historia está llena de personajes, sucesos, hechos y detalles. A veces es fácil perderse en todos esos detalles. Por eso la estrategia más importante que debemos recordar al leer un libro de historia es captar la imagen global. Al leer, pregúntate continuamente: "¿Cuál es la idea principal?" Si haces esto, los detalles tendrán más sentido.

Usa estas estrategias al leer *Modern World History: Patterns of Interaction*.

> **Estrategia:** Busca los términos y nombres que aparecen en letra negrita en cada sección. El texto da información específica sobre ellos.
> **Haz esto:** Lee los términos. Después mira las páginas 108 y 109. ¿Cuáles de esos términos aparecen en estas páginas? ¿Cómo los reconociste?

> **Estrategia:** Lee "Main Idea" y "Why It Matters Now" para darte una idea de la imagen global de la sección.
> **Haz esto:** Preguntáte: ¿Cuál es el tema de la sección?

> **Estrategia:** Lee los títulos y los subtítulos de cada sección para tener una idea general del tema.
> **Haz esto:** Lee el título y los subtítulos de las páginas 542 y 543. ¿Qué crees que aprenderás en esta sección?

> **Estrategia:** Examina los organizadores gráficos, las pinturas y las demás ilustraciones. Lee las leyendas de cada una.
> **Haz esto:** Mira el cuadro titulado "Taking Notes." ¿Qué compararás?

3

Japan Returns to Isolation

MAIN IDEA	WHY IT MATTERS NOW	TERMS & NAMES
ECONOMICS The Tokugawa regime unified Japan and began 250 years of isolation, autocracy, and economic growth.	Even now, Japan continues to limit and control dealings with foreigners, especially in the area of trade.	• daimyo • Oda Nobunaga • Toyotomi Hideyoshi • Tokugawa Shogunate • haiku • kabuki

SETTING THE STAGE In the 1300s, the unity that had been achieved in Japan in the previous century broke down. Shoguns, or military leaders, in the north and south fiercely fought one another for power. Although these two rival courts later came back together at the end of the century, a series of politically weak shoguns let control of the country slip from their grasp. The whole land was torn by factional strife and economic unrest. It would be centuries before Japan would again be unified.

A New Feudalism Under Strong Leaders

In 1467, civil war shattered Japan's old feudal system. The country collapsed into chaos. Centralized rule ended. Power drained away from the shogun to territorial lords in hundreds of separate domains.

Local Lords Rule A violent era of disorder followed. This time in Japanese history, which lasted from 1467 to 1568, is known as the Sengoku, or "Warring States," period. Powerful samurai seized control of old feudal estates. They offered peasants and others protection in return for their loyalty. These warrior-chieftains, called **daimyo** (DYE•mee•oh), became lords in a new kind of Japanese feudalism. Daimyo meant "great name." Under this system, security came from this group of powerful warlords. The emperor at Kyoto became a figurehead, having a leadership title but no actual power.

The new Japanese feudalism resembled European feudalism in many ways. The daimyo built fortified castles and created small armies of samurai on horses. Later they added foot soldiers with muskets (guns) to their ranks. Rival daimyo often fought each other for territory. This led to disorder throughout the land.

New Leaders Restore Order A number of ambitious daimyo hoped to gather enough power to take control of the entire country. One, the brutal and ambitious **Oda Nobunaga** (oh•dah noh•boo•nah•gah), defeated his rivals and seized the imperial capital Kyoto in 1568.

Following his own motto "Rule the empire by force," Nobunaga sought to eliminate his remaining enemies. These included rival daimyo as well as wealthy Buddhist monasteries aligned with them. In 1575, Nobunaga's 3,000 soldiers armed with muskets crushed an enemy force of samurai cavalry. This was the first time firearms had been used effectively in battle in Japan. However,

TAKING NOTES

Comparing Use a chart to compare the achievements of the daimyos who unified Japan.

Daimyo	Achievements

A samurai warrior ▼

108 Chapter 3

Estrategia: Da un vistazo a los mapas de cada sección. Piensa en cómo la geografía afectó los sucesos históricos.
Haz esto: Observa el mapa. ¿Qué muestra?

Japan in the 17th Century

- Land controlled by Tokugawa or related households
- Five highways
- Daimyo boundary

Hokkaido

Sea of Japan

KOREA

Honshu

Edo (Tokyo)

Kyushu

Nagasaki

Shikoku

PACIFIC OCEAN

200 Miles

400 Kilometers

▲ Himeji Castle, completed in the 17th century, is near Kyoto.

GEOGRAPHY SKILLBUILDER: Interpreting Maps
1. **Place** *Why might Edo have been a better site for a capital in the 17th century than Kyoto?*
2. **Region** *About what percentage of Japan was controlled by Tokugawa or related households when Tokugawa Ieyasu took power in the early 1600s?*

Nobunaga was not able to unify Japan. He committed *seppuku*, the ritual suicide of a samurai, in 1582, when one of his own generals turned on him.

Nobunaga's best general, **Toyotomi Hideyoshi** (toh•you•toh•mee hee•deh•yoh•shee), continued his fallen leader's mission. Hideyoshi set out to destroy the daimyo that remained hostile. By 1590, by combining brute force with shrewd political alliances, he controlled most of the country. Hideyoshi did not stop with Japan. With the idea of eventually conquering China, he invaded Korea in 1592 and began a long campaign against the Koreans and their Ming Chinese allies. When Hideyoshi died in 1598, his troops withdrew from Korea.

Tokugawa Shogunate Unites Japan One of Hideyoshi's strongest daimyo allies, Tokugawa Ieyasu (toh•koo•gah•wah ee•yeh•yah•soo), completed the unification of Japan. In 1600, Ieyasu defeated his rivals at the Battle of Sekigahara. His victory earned him the loyalty of daimyo throughout Japan. Three years later, Ieyasu became the sole ruler, or shogun. He then moved Japan's capital to his power base at Edo, a small fishing village that would later become the city of Tokyo.

Japan was unified, but the daimyo still governed at the local level. To keep them from rebelling, Ieyasu required that they spend every other year in the capital. Even when they returned to their lands, they had to leave their families behind as hostages in Edo. Through this "alternate attendance policy" and other restrictions, Ieyasu tamed the daimyo. This was a major step toward restoring centralized government to Japan. As a result, the rule of law overcame the rule of the sword. Ⓐ

MAIN IDEA

Drawing Conclusions
Ⓐ How would the "alternate attendance policy" restrict the daimyo?

An Age of Explorations and Isolation **109**

Estrategia: Usa las preguntas de "Main Idea" para comprobar que entiendes lo que estás leyendo.
Haz esto: Lee la Pregunta A. ¿Qué detalles de la lectura sirven para contestar la pregunta?

Estrategia: Mira las tablas y gráficas que presentan ideas de forma visual.
Haz esto: Estudia esta tabla. ¿Qué nos muestra?

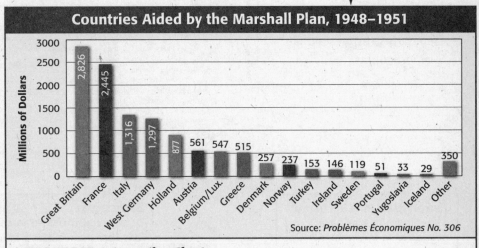

Countries Aided by the Marshall Plan, 1948–1951

Millions of Dollars

Country	Millions of Dollars
Great Britain	2,826
France	2,445
Italy	1,316
West Germany	1,297
Holland	877
Austria	561
Belgium/Lux.	547
Greece	515
Denmark	257
Norway	237
Turkey	153
Ireland	146
Sweden	119
Portugal	51
Yugoslavia	33
Iceland	29
Other	350

Source: *Problèmes Économiques No. 306*

SKILLBUILDER: Interpreting Charts
1. **Drawing Conclusions** *Which country received the most aid from the United States?*
2. **Making Inferences** *Why do you think Great Britain and France received so much aid?*

Cómo usar esta *Guía de estudio*

El propósito de la *Guía de estudio* es ayudarte a leer y entender tu libro de historia *Modern World History: Patterns of Interaction*. Puedes usarla de dos maneras.

1. Usa la *Guía de estudio* al leer tu libro de historia.

- Busca la sección que vas a leer en tu texto. Después coloca al lado las páginas de la *Guía* que van con esa sección. Los títulos de la *Guía* son iguales a los del libro de historia.
- Usa la *Guía* como ayuda para leer y organizar la información del texto.

2. Usa la *Guía de estudio* al estudiar para los exámenes.

- Vuelve a leer el resumen de cada capítulo.
- Repasa las definiciones de términos y nombres de la *Guía*.
- Repasa los cuadros que llenaste al leer los resúmenes.
- Repasa tus respuestas a las preguntas.

> **Estrategia:** Lee la definición de los términos y nombres. Los encontrarás en el texto en letra negrita.
> **Haz esto:** ¿Cuál es la definición de "indulgencia" y de "anular"?

Name _____ Date _____

CHAPTER 1 Section 3 (pages 54–60)

Luther Leads the Reformation

ANTES DE LEER

En la sección anterior, leíste acerca de cómo se difundió el Renacimiento en el norte de Europa.

En esta sección, aprenderás que las ideas del Renacimiento llevaron a la Reforma.

AL LEER

Haz un cuadro como el de abajo y después llénalo. Toma notas sobre las respuestas al desafío de Lutero.

TÉRMINOS Y NOMBRES

indulgencia Perdón por un pecado a cambio de dinero

Reforma Movimiento de reforma religiosa del siglo 16 que llevó a la fundación de nuevas iglesias cristianas

Luterana Iglesia protestante basada en las enseñanzas de Martín Lutero

protestante Miembro de una iglesia cristiana que sigue los principios de la Reforma

Paz de Augsburgo Acuerdo de 1555 que declaró que los gobernantes de los estados alemanes debían decidir la religión en sus estados

anular Cancelar, dar fin a algo

Anglicana Iglesia de Inglaterra

BATALLA/ASUNTO POLÍTICO	EFECTO
Respuestas al desafío de Lutero	El Papa amenaza a Lutero con la excomunión

Causes of the Reformation
(pages 54–55)

¿Por qué se criticó a la Iglesia?

En 1500, la influencia de la Iglesia en la vida diaria se había debilitado. Algunos resentían el pago de impuestos para mantener a la Iglesia en Roma. Otros criticaban severamente algunas prácticas de la Iglesia. Los Papas estaban más preocupados por el lujo y el poder político que por asuntos espirituales. El *clero* también tenía defectos. Muchos sacerdotes carecían de educación y no podían enseñar. Muchos eran inmorales.

Los reformadores instaron a cambiar la Iglesia para que fuera más espiritual y humilde. Los humanistas cristianos, como Erasmo y Tomás Moro, sumaron sus voces de cambio. A principios del siglo 16, la exigencia de cambio aumentó.

1. ¿Qué cambios querían los críticos de la Iglesia?

_____

_____

_____

CHAPTER 1 EUROPEAN RENAISSANCE AND REFORMATION **19**

> **Estrategia:** Llena el cuadro a medida que leas para organizar la información de la sección.
> **Haz esto:** ¿Cuál es el propósito del cuadro?

> **Estrategia:** Lee el resumen. Debajo del título aparecen las ideas principales y la información clave.
> **Haz esto:** ¿De qué tratará esta sección?

Luther Challenges the Church
(page 55)

¿*Cómo* comenzó la Reforma?

En 1517, un monje y profesor alemán llamado Martín Lutero protestó porque un representante de la Iglesia vendía **indulgencias.** La indulgencia es una especie de perdón. Se pensaba que al pagar dinero a la Iglesia se podría alcanzar la *salvación*.

Lutero desafió ésta y otras prácticas. Colocó una protesta escrita en la puerta de la iglesia de un castillo. Su protesta se imprimió rápidamente y comenzó a difundirse en Alemania. Éste fue el inicio de la **Reforma,** el movimiento de cambio que llevó a la fundación de nuevas iglesias cristianas.

2. ¿Qué papel desempeñó Martín Lutero en la Reforma?

_____

_____

The Response to Luther
(pages 56–58)

¿*Qué* efectos tuvo la protesta de Lutero?

El Papa castigó a Lutero por sus opiniones, pero éste se negó a cambiarlas. Carlos V, emperador del Sacro Imperio Romano y un ferviente católico, lo declaró fuera de la ley. Se quemaron sus libros. Era demasiado tarde. Muchas ideas de Lutero ya se practicaban. La Iglesia **Luterana** comenzó hacia 1522.

En 1524, los *campesinos* de Alemania querían cambiar la sociedad con las ideas de Lutero de libertad cristiana. Exigieron terminar el sistema de siervos, una especie de esclavitud. Cuando ese cambio no sucedió, los campesinos se rebelaron. Lutero desaprobó esa *revuelta*. Los príncipes alemanes mataron a miles para sofocar la revuelta.

Algunos *nobles* apoyaron las ideas de Lutero. Vieron la oportunidad de debilitar el poder del emperador. Otros príncipes alemanes se unieron contra los seguidores de Lutero. Firmaron un acuerdo de lealtad al Papa y al emperador. Los seguidores de Lutero *protestaron* por este acuerdo. Por eso los llamaron protestantes. Con el tiempo, el término **protestante** designó a los cristianos que pertenecían a iglesias no católicas.

20 CHAPTER 1 SECTION 3

La guerra estalló entre las fuerzas católicas y las protestantes en Alemania. Terminó en 1555 con la **Paz de Augsburgo.** El tratado concedió a cada príncipe el derecho a decidir si sus súbditos eran católicos o protestantes.

3. ¿Por qué las ideas de Lutero provocaron la guerra?

_____

England Becomes Protestant
(pages 58–60)

¿*Cómo* se volvió protestante Inglaterra?

La Iglesia Católica enfrentó un nuevo desafío en Inglaterra. El rey Enrique VIII estaba casado con una princesa española que tuvo una hija. Inglaterra jamás había tenido una gobernante. Enrique temió que estallara una guerra civil si no tenía un hijo. Creía que su esposa, por su edad, no podía tener otro hijo. Enrique quería casarse de nuevo. Intentó que el Papa **anulara,** o diera fin, a su matrimonio. El Papa se negó.

Para poder casarse de nuevo, Enrique tenía que salirse de la Iglesia Católica. En 1534, Enrique logró que el *Parlamento* promulgara una serie de leyes para crear la Iglesia de Inglaterra. Esas leyes nombraban al rey o la reina —no al Papa— cabeza de la Iglesia de Inglaterra. Así, Enrique ya no tendría que obedecer al Papa. Su único hijo varón fue de su tercera esposa.

Una de las hijas de Enrique, Isabel, subió al trono en 1558. Ella terminó de crear la Iglesia de Inglaterra. Esta nueva iglesia se llamó **Anglicana.** Tenía algunas prácticas que atraía tanto a protestantes como a católicos. Así, Isabel esperaba terminar los conflictos religiosos en Inglaterra.

4. ¿Qué papel desempeñó Enrique VIII en la creación de la Iglesia de Inglaterra?

_____

_____

Estrategia: Cuando veas una palabra en letra cursiva, busca la definición en el Glosario que está al final del capítulo.
Haz esto: ¿Qué significa *Parlamento*? Busca la definición en el Glosario de la página siguiente.

Estrategia: Contesta la pregunta que está al final de cada parte.
Haz esto: Escribe la respuesta a la Pregunta 4.

Estrategia: Subraya las ideas principales y la información importante a medida que leas.
Haz esto: Lee el resumen de "The Response to Luther." Subraya la información que te parezca importante. Una de las ideas importantes ya está subrayada.

Practicar la lectura estratégica
Cómo usar esta *Guía de estudio*

Al final de cada capítulo de la *Guía de estudio* hallarás un Glosario y la sección titulada "Después de leer". El Glosario ofrece definiciones de las palabras que están en letra cursiva en los resúmenes del capítulo.

La sección "Después de leer" es un repaso de dos páginas del capítulo. Úsala para identificar las partes que necesitas estudiar más para el examen del capítulo.

Estrategia: Repasa todos los términos y nombres antes de contestar las partes A y B de "Después de leer".
Haz esto: Usa la Guía de estudio para contestar las preguntas A 1–5.

Estrategia: Repasa los resúmenes antes de contestar las preguntas de "Ideas principales". Contesta cada pregunta con una oración completa.
Haz esto: En tus propias palabras, ¿qué información te pide la Pregunta 1?

Estrategia: Escribe uno o dos párrafos para cada pregunta de "Pensamiento crítico".
Haz esto: En tus propias palabras, ¿qué información te pide la Pregunta 1?

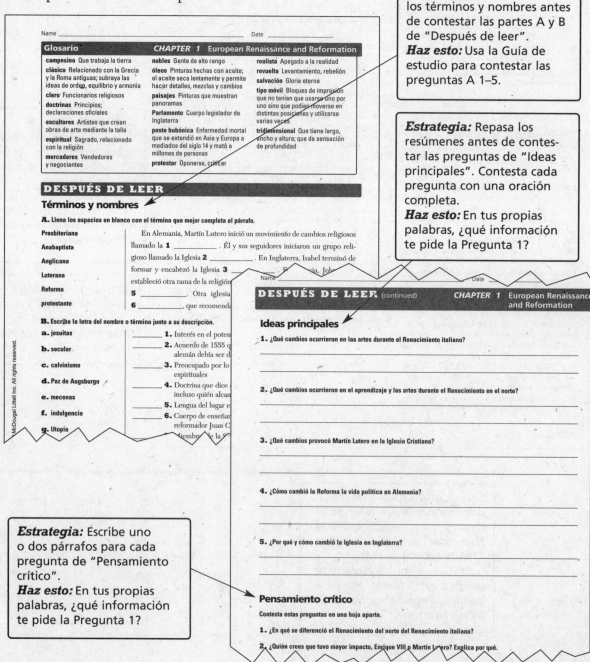

Name _____ Date _____

Glosario CHAPTER 1 European Renaissance and Reformation

campesino Que trabaja la tierra
clásico Relacionado con la Grecia y la Roma antiguas; subraya las ideas de orden, equilibrio y armonía
clero Funcionarios religiosos
doctrinas Principios; declaraciones oficiales
escultores Artistas que crean obras de arte mediante la talla
espiritual Sagrado, relacionado con la religión
mercaderes Vendedores y negociantes

nobles Gente de alto rango
óleos Pinturas hechas con aceite; el aceite seca lentamente y permite hacer detalles, mezclas y cambios
paisajes Pinturas que muestran panoramas
Parlamento Cuerpo legislador de Inglaterra
peste bubónica Enfermedad mortal que se extendió en Asia y Europa a mediados del siglo 14 y mató a millones de personas
protestar Oponerse, criticar

realista Apegado a la realidad
revuelta Levantamiento, rebelión
salvación Gloria eterna
tipo móvil Bloques de impresión que no tenían que usarse uno por uno sino que podían moverse en distintas posiciones y utilizarse varias veces
tridimensional Que tiene largo, ancho y altura; que da sensación de profundidad

DESPUÉS DE LEER
Términos y nombres

A. Llena los espacios en blanco con el término que mejor completa el párrafo.

Presbiteriana
Anabaptista
Anglicana
Luterana
Reforma
protestante

En Alemania, Martín Lutero inició un movimiento de cambios religiosos llamado la **1** _____. Él y sus seguidores iniciaron un grupo religioso llamado la Iglesia **2** _____. En Inglaterra, Isabel terminó de formar y encabezó la Iglesia **3** _____ _____ _____ estableció otra rama de la religión

5 _____. Otra iglesia

6 _____, que recomenda

B. Escribe la letra del nombre o término junto a su descripción.

a. jesuitas
b. secular
c. calvinismo
d. Paz de Augsburgo
e. mecenas
f. indulgencia
g. Utopía

_____ **1.** Interés en el poten
_____ **2.** Acuerdo de 1555 q alemán debía ser d
_____ **3.** Preocupado por lo espirituales
_____ **4.** Doctrina que dice incluso quién alcan
_____ **5.** Lengua del lugar e
_____ **6.** Cuerpo de enseñar reformador Juan C tiembre de la 9

Name _____ Date _____

DESPUÉS DE LEER (continued) CHAPTER 1 European Renaissance and Reformation

Ideas principales

1. ¿Qué cambios ocurrieron en las artes durante el Renacimiento italiano?
_____
_____

2. ¿Qué cambios ocurrieron en el aprendizaje y las artes durante el Renacimiento en el norte?
_____
_____

3. ¿Qué cambios provocó Martín Lutero en la Iglesia Cristiana?
_____
_____

4. ¿Cómo cambió la Reforma la vida política en Alemania?
_____
_____

5. ¿Por qué y cómo cambió la Iglesia en Inglaterra?
_____
_____

Pensamiento crítico
Contesta estas preguntas en una hoja aparte.

1. ¿En qué se diferenció el Renacimiento del norte del Renacimiento italiano?

2. ¿Quién crees que tuvo mayor impacto, Enrique VIII o Martín Lutero? Explica por qué.

PROLOGUE Section 1 (pages 5–11)

The Legacy of Ancient Greece and Rome

ANTES DE LEER

En esta sección aprenderás cómo comenzó la democracia en Grecia y Roma.

En la siguiente sección, aprenderás cómo empezaron el judaísmo y el cristianismo, y leerás sobre las ideas que difundieron el Renacimiento y la Reforma.

AL LEER

Usa el diagrama para tomar notas sobre las contribuciones de Grecia y Roma a la democracia.

TÉRMINOS Y NOMBRES

gobierno Sistema para ejercer la autoridad

monarquía Gobierno controlado por una persona

aristocracia Estado gobernado por la clase noble

oligarquía Gobierno de unos pocos poderosos

democracia Idea de que el pueblo puede gobernarse a sí mismo

democracia directa Sistema en que los ciudadanos gobiernan directamente, no a través de representantes

república Forma de gobierno en que los ciudadanos eligen a los dirigentes que toman las decisiones gubernamentales

Senado Rama aristocrática del gobierno romano

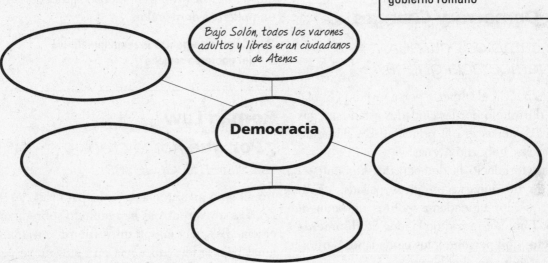

Bajo Solón, todos los varones adultos y libres eran ciudadanos de Atenas

Democracia

Athens Builds a Limited Democracy (pages 5–7)

¿*Cómo* surgió la democracia?

A lo largo de la historia, los seres humanos han tenido la necesidad de un **gobierno,** o sistema para ejercer la autoridad. Durante casi toda la historia, ha habido gobiernos de un solo dirigente, como los reyes. Este tipo de gobierno, en el que los gobernantes tienen poder total, se llama **monarquía.** También ha existido la **aristocracia,** o estado regido por la clase noble. La expansión del comercio dio lugar al gobierno por parte de una clase de comerciantes adinerados. Esto se llama **oligarquía.** La idea de la **democracia** —que el pueblo puede gobernarse— surgió lentamente. Mucha gente contribuyó a esta idea a lo largo de los siglos.

La civilización griega comenzó hacia el 2000 a.C. La Grecia antigua estaba formada por *ciudades estado*. Cada una tenía su propio gobierno. La primera democracia se desarrolló en la ciudad estado de Atenas.

Atenas tuvo un rey al principio. Después surgió una aristocracia. Cada año, una *asamblea* de ciudadanos elegía a tres nobles para gobernar Atenas. Los ciudadanos eran varones adultos libres que recibían ciertos derechos y responsabilidades.

Un *estadista* llamado Solón creó cuatro tipos de ciudadanos en el siglo 6 a.C. Todos los adultos varones libres eran ciudadanos. Todos los ciudadanos podían votar en la asamblea. Pero sólo los ciudadanos de las tres clases altas podían ocupar cargos públicos.

La democracia en Atenas era limitada. Los ciudadanos sólo eran una décima parte de la población. Mujeres, esclavos y residentes extranjeros no podían ser ciudadanos. Los esclavos formaban un tercio de la población ateniense en esa época.

Alrededor de cien años después de Solón, un dirigente llamado Clístenes aumentó el poder de la asamblea. Permitió a todos los ciudadanos presentar leyes para debate y promulgación. También creó un consejo de miembros escogidos al azar que proponía leyes y asesoraba a la asamblea.

1. ¿Cómo aumentó Clístenes la democracia en Atenas?

Greek Democracy Changes (pages 7–9)

¿Qué cambios ocurrieron en la democracia griega?

En el siglo 5 a.C., el imperio persa invadió Grecia. Pero fue derrotado por las ciudades estado griegas en 479 a.C. Atenas era la principal. Un dirigente sabio, Pericles, gobernó Atenas.

Pericles fortaleció la democracia. Aumentó el número de funcionarios públicos pagados. Esto permitió que los ciudadanos pobres entraran al gobierno. También introdujo la idea de **democracia directa,** que permite a los ciudadanos participar directamente en el gobierno.

Las tensiones entre las ciudades estado provocaron guerras. Grecia fue derrotada por el reino de Macedonia, lo que terminó con la democracia.

Durante esta época difícil, surgieron varios *filósofos*. Sócrates, Platón y Aristóteles plantearon ideas acerca del gobierno y la sociedad.

Grecia dejó un legado en gobierno y filosofía. No repitió las explicaciones *tradicionales* del mundo, sino que usó el razonamiento para hallar patrones llamados leyes naturales. Propuso la democracia directa y el gobierno de tres ramas.

2. ¿Cómo cambió Pericles la democracia en Atenas?

Rome Develops a Republic (page 10)

¿Cómo se organizó el gobierno romano?

Roma comenzó a destacarse cuando Grecia caía. En 509 a.C., Roma era una **república.** Ésta es una forma de gobierno en la que los ciudadanos tienen el derecho de votar y de elegir sus gobernantes. En Roma, como en Atenas, la ciudadanía con derecho a votar pertenecía sólo a los hombres que no habían nacido esclavos o que no eran extranjeros.

El gobierno republicano de Roma tenía ramas separadas. La rama legislativa estaba formada por el **Senado** y dos asambleas. El Senado era la rama aristocrática del gobierno. Las dos asambleas eran más democráticas. Incluían a otras clases de ciudadanos. En épocas de problemas, la república se gobernó mediante *dictadores*.

Roma aumentó su territorio a través de la conquista. Se convirtió en imperio bajo el gobierno de un poderoso emperador.

3. ¿Cómo se organizó la rama legislativa del gobierno romano?

Roman Law (page 11)

¿Por qué Roma creó un sistema de leyes?

Roma creó un sistema de leyes para todo su imperio. Las leyes romanas han influido sobre la democracia. Las más importantes fueron: tratamiento igual bajo la ley; inocencia en tanto no se pruebe culpabilidad; el acusador debe dar pruebas; toda ley injusta puede ser anulada.

En el 451 a.C., se escribieron las Doce Tablas, que reunían las leyes romanas. Dieron a todos los ciudadanos el derecho de protección de la ley. Casi mil años después, todas las leyes romanas se reunieron en el código de Justiniano. Éste se usó como guía de las leyes en toda Europa occidental. Establecía la idea de "un gobierno de derecho, no de hombres". Así, hasta los gobernantes y personas poderosas podían ser juzgadas por sus actos.

4. ¿Por qué fueron importantes las Doce Tablas?

Judeo-Christian Tradition

TÉRMINOS Y NOMBRES

judaísmo Religión de los hebreos

Diez Mandamientos Código escrito de leyes

cristianismo Religión fundada por Jesús

islam Religión fundada por el profeta Mahoma

Iglesia Católica Romana Iglesia que se formó a partir del cristianismo

Renacimiento Movimiento cultural iniciado en Italia en el siglo 14 y difundido por Europa

Reforma Movimiento de reforma religiosa iniciado en el siglo 16

ANTES DE LEER

En la sección anterior, leíste acerca del desarrollo de la democracia en Grecia y Roma.

En esta sección, aprenderás acerca de las enseñanzas del judaísmo, el cristianismo y el islam.

AL LEER

Usa el cuadro para tomar notas sobre las contribuciones del judaísmo, el cristianismo y el islam, así como del Renacimiento y la Reforma, a la idea del individualismo.

RELIGIÓN/MOVIMIENTO	CONTRIBUCIÓN
Judaísmo	*cada persona es responsable de sus decisiones*
Cristianismo	
Islam	
Renacimiento	
Reforma	

Judaism (pages 12–13)

¿*Qué* fue el judaísmo?

Los hebreos son un pueblo antiguo. Su religión, el **judaísmo,** se basa en la Biblia hebrea (el Antiguo Testamento del cristianismo) y cree que todos los seres humanos son hijos de Dios. A diferencia de otros pueblos, los hebreos creían en un solo dios, y creían que les daba libertad para elegir entre el bien y el mal. Por tanto, cada persona era responsable de sus decisiones. Estas creencias dieron nuevo énfasis al individuo.

Los hebreos después se conocieron como judíos. Desarrollaron un código escrito de leyes: los **Diez Mandamientos.** La Biblia dice que hacia el año 1200 a.C. Dios dio esas leyes a Moisés. Estas leyes se concentran más en la *moralidad* y la *ética* que en la política.

Los hebreos enfatizaban actuar con responsabilidad con los demás. Pensaban que la comunidad debía ayudar a los menos afortunados. Los profetas del judaísmo esperaban un mundo sin pobreza ni injusticia. Los profetas eran dirigentes y maestros que los judíos consideraban como mensajeros de Dios.

Christianity; Islam (pages 14–15)

¿*Cómo* se iniciaron el cristianismo y el islam?

Jesús nació entre el año 6 y 4 a.C. En esa época, los romanos gobernaban Judea, la tierra de los judíos. Jesús comenzó a predicar a los 30 años. Sus enseñanzas contenían muchas ideas de la tradición judía, como los Diez Mandamientos. También subrayó la importancia del amor a Dios, a los vecinos, a los enemigos y a uno mismo. Cuando Jesús se convirtió en una amenaza tanto para los sacerdotes judíos como para los romanos, lo condenaron a muerte.

En el primer siglo después de la muerte de Jesús, sus seguidores fundaron una nueva religión basada en sus enseñanzas. Se llamó **cristianismo.** El *apóstol* Pablo la difundió. Predicó que todos los seres humanos eran iguales.

Los romanos se opusieron tanto al judaísmo como al cristianismo. Pero estas religiones se extendieron por todo el imperio romano. Cuando los judíos se rebelaron contra los romanos, éstos los expulsaron de sus propias tierras. Entonces los judíos huyeron a muchas partes del mundo. Llevaron sus creencias. El cristianismo se extendió y se convirtió en una religión poderosa en el imperio. En 380, era la religión oficial del imperio.

El **islam** es otra religión que cree en un solo dios. Comenzó en Asia del suroeste a principios del siglo 7. Esta religión también enseñó la igualdad, el valor del individuo y la responsabilidad de toda la comunidad para ayudar a los desafortunados.

Varias creencias de estas tres religiones contribuyeron a formar ideas democráticas. Éstas son:
- la obligación de los individuos y la comunidad de ayudar a los *oprimidos*
- el valor del individuo
- la igualdad ante Dios

2. ¿Cómo se extendieron el judaísmo y el cristianismo en el mundo?

Renaissance and Reformation
(pages 16–17)

¿*Cómo* alentaron la democracia el Renacimiento y la Reforma?

La **Iglesia Católica Romana** se desarrolló a partir del cristianismo antiguo. En la Edad Media, la Iglesia era una poderosa institución en Europa con influencia en todas las esferas de la vida.

En el siglo 14, un movimiento cultural llamado **Renacimiento** se extendió en toda Europa. Este movimiento provocó interés en las obras griegas y romanas. A los pensadores del Renacimiento les interesaba la vida terrenal. No pensaban que era una preparación para la vida después de la muerte. El Renacimiento realzó la importancia del individuo. Los artistas se concentraron en captar el carácter del individuo. Los exploradores buscaron nuevas tierras. Los comerciantes se arriesgaron para obtener enormes riquezas.

El Renacimiento también llevó a cuestionar a la Iglesia. Este cuestionamiento causó la **Reforma:** un movimiento de protesta contra el poder de la Iglesia. Comenzó como un llamado al cambio. Terminó produciendo una nueva división del cristianismo: el protestantismo.

La Reforma comenzó en Alemania. Martín Lutero criticó a la Iglesia Católica Romana por vender el perdón de pecados. Desaprobó que la Iglesia enseñara que la salvación se alcanzaba mediante la gracia y los actos buenos. Lutero dijo que se alcanzaba a través de la fe en Dios. Pronto surgieron nuevas religiones protestantes.

Las ideas protestantes fortalecieron la creencia en la importancia del individuo. El clero no tenía poderes especiales en las iglesias protestantes. Cada quien podía llegar a Dios sin ayuda. Podía leer e *interpretar* la Biblia sin sacerdotes.

La Reforma terminó la unidad religiosa de Europa. Desafió la autoridad de los monarcas y papas católicos. Contribuyó al crecimiento de la democracia.

3. ¿Cómo contribuyó la Reforma al crecimiento de la democracia?

Name _____ Date _____

PROLOGUE Section 3 (pages 18–23)

Democratic Developments in England

ANTES DE LEER

En la sección anterior, leíste acerca de las ideas del judaísmo, el cristianismo y el islam.

En esta sección, aprenderás la forma en que se desarrolló la democracia en Inglaterra.

AL LEER

Usa la línea cronológica para tomar notas sobre los hechos que condujeron al desarrollo de la democracia en Inglaterra.

> **TÉRMINOS Y NOMBRES**
>
> **ley común** Conjunto de leyes inglesas establecidas a lo largo del tiempo por la costumbre y los principios
>
> **Carta Magna** Documento elaborado por nobles en 1215 para garantizar los derechos políticos básicos en Inglaterra
>
> **proceso legal establecido** Administración de la ley en forma conocida y ordenada para proteger los derechos
>
> **Parlamento** Cuerpo legislativo de Inglaterra
>
> **derecho divino** Teoría de que el poder del monarca proviene de Dios
>
> **Revolución Gloriosa** Derrocamiento pacífico del rey inglés Jacobo II y su sustitución por los reyes Guillermo y María
>
> **monarquía constitucional** Monarquía en la que el poder del gobernante está limitado por la ley
>
> **Carta de Derechos** Lista de derechos y libertades considerados esenciales

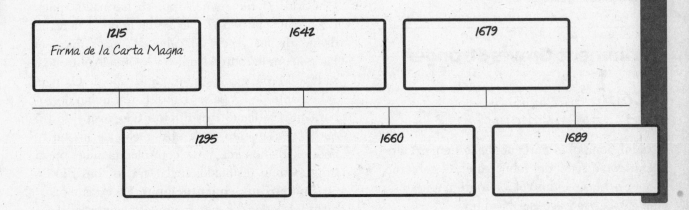

1215
Firma de la Carta Magna

1642

1679

1295

1660

1689

Reforms in Medieval England
(pages 18–20)

¿Cómo se desarrolló la democracia en Inglaterra?

En 1066, Guillermo de Normandía, un duque francés, invadió a Inglaterra y tomó el trono. Esta conquista provocó gradualmente el fin del feudalismo en Inglaterra. El feudalismo era el sistema político y económico de la Edad Media. La con-

quista también inició los acontecimientos que llevarían a la democracia en Inglaterra.

Un primer paso en la democracia inglesa fue una forma de juicio con jurado. Comenzó en el siglo 12. A diferencia de los jurados modernos, éstos no decidían la inocencia o culpabilidad. El juez les preguntaba acerca de los hechos.

Otra forma de democracia que se desarrolló en Inglaterra fue a través de la **ley común.** No era como el derecho romano, que incluía lo que el gobernante o el legislador quería. La ley común eran las costumbres y *principios* establecidos a lo largo del tiempo. También se llama derecho consuetudinario y es la base del sistema judicial de los países de habla inglesa, como Estados Unidos.

En 1215, el rey Juan tuvo un conflicto con los nobles ingleses. Éstos le presentaron demandas en la **Carta Magna.** Este documento contenía importantes *principios* que limitaban el poder del monarca inglés.

Una de las 63 cláusulas de la Carta Magna decía que el rey no podía exigir impuestos. Tenía que pedir el *consentimiento* del pueblo. Otra cláusula daba al acusado el derecho a un juicio con jurado y a la protección de la ley. Este derecho se conoce como **proceso legal establecido.** Otra cláusula decía que el rey no podía implantar impuestos sin el consentimiento del **Parlamento,** el cuerpo legislativo de Inglaterra.

En 1295, el rey Eduardo I necesitó dinero para pagar una guerra. Llamó a todos los señores, caballeros y ciudadanos importantes. Todos ayudaron a Eduardo a tomar decisiones. Esta reunión se conoció como el Parlamento Modelo.

1. **¿Por qué la Carta Magna cambió la forma de cobrar impuestos?**

Parliament Grows Stronger
(pages 20–21)

¿*Cómo* aumentó su poder el Parlamento?

Con el tiempo, el Parlamento se empezó a considerar como socio del monarca en el gobierno. Su poder había crecido. Votaba sobre impuestos, promulgaba leyes y aconsejaba al rey.

En el siglo 17, los monarcas europeos comenzaron a exigir mayor autoridad. Insistieron que su poder venía de Dios, que era su **derecho divino.** Pronto surgieron conflictos. En Inglaterra, el Parlamento chocó con Jacobo I por los derechos del pueblo. Cuando Carlos, hijo de Jacobo, subió al trono, el Parlamento intentó limitar el poder real. En 1628, intentó obligarlo a aceptar la Petición de Derechos. Esta petición fue muy importante en la historia constitucional. Exigía el fin de:

• implantar impuestos sin consentimiento

• encarcelar a los ciudadanos ilegalmente
• albergar tropas en hogares de ciudadanos
• imponer un gobierno militar en épocas de paz

Carlos firmó la petición. Después ignoró sus promesas. Los conflictos entre los defensores de Carlos y los del Parlamento provocaron la guerra civil en 1642. Siguieron varios años de lucha. Los opositores del rey, encabezados por Oliver Cromwell, ganaron. Carlos fue ejecutado en 1649.

2. **¿Por qué el Parlamento obligó al monarca a firmar la Petición de Derechos?**

Establishment of Constitutional Monarchy (pages 22–23)

¿*Qué* fue la Revolución Gloriosa?

Oliver Cromwell gobernó brevemente. Después, un nuevo Parlamento restauró la monarquía. El hijo de Carlos fue el rey Carlos II. Pero las cosas habían cambiado. El monarca no podía implantar impuestos sin el consentimiento del Parlamento. Además, el Parlamento promulgó la Ley de Habeas Corpus. El habeas corpus prohibía que las autoridades arrestaran o detuvieran injustamente.

Carlos II fue seguido por su hermano, quien reinó como Jacobo II. Jacobo creía en el derecho divino de los reyes. Al cabo de pocos años, el Parlamento le retiró el apoyo y le ofreció el trono a su hija, María, y a su esposo Guillermo de Orange, gobernante de los países bajos. Este cambio de gobernantes se llamó **Revolución Gloriosa.** Mostró que el Parlamento tenía el derecho de limitar el poder del monarca y de controlar la sucesión al trono. Como resultado, Inglaterra se convirtió en una **monarquía constitucional.** En estas monarquías, el poder del gobernante está controlado por una constitución y por las leyes del país.

En 1689, Guillermo y María aceptaron una **carta de derechos** del Parlamento. Limitaba el poder de la monarquía, y enumeraba los derechos y libertades esenciales del pueblo, como libertad de expresión en el Parlamento y que no hubiera impuestos sin aprobación del Parlamento.

3. **¿Qué provocó que Inglaterra se convirtiera en monarquía constitucional?**

The Enlightenment and Democratic Revolutions

ANTES DE LEER

En la sección anterior, leíste acerca del desarrollo de la democracia en Inglaterra.

En esta sección, aprenderás cómo nuevas formas de pensamiento llevaron a la revolución en Francia y en Estados Unidos.

AL LEER

Usa el diagrama para tomar notas sobre las ideas de la Ilustración que contribuyeron al desarrollo de la democracia.

TÉRMINOS Y NOMBRES

Ilustración Movimiento intelectual iniciado en Europa

contrato social Acuerdo entre ciudadanos y el gobierno

derechos naturales Derechos con los que nacen todas las personas

separación de poderes División del gobierno en tres ramas

Revolución Norteamericana Lucha de colonos por la independencia

gobierno representativo Gobierno en que los ciudadanos eligen representantes para promulgar leyes

sistema federal Sistema de gobierno en el que los poderes están divididos entre los gobiernos federal y estatales

Revolución Francesa Lucha del pueblo francés por libertades democráticas

Naciones Unidas Organización internacional establecida en 1945

Todos tenemos derechos naturales

Ideas de la Ilustración

Enlightenment Thinkers and Ideas (pages 24–25)

¿Qué fue la Ilustración?

La **Ilustración** fue un movimiento intelectual que recorrió a Europa en los siglos 17 y 18. Sus pensadores recibieron la influencia de la Revolución Científica. Esperaban describir por medio del razonamiento las leyes naturales que gobiernan a la sociedad.

Un pensador de la Ilustración fue Thomas Hobbes. Creía que la mejor forma de gobierno era la *monarquía absoluta*. Decía que el pueblo debía formar un **contrato social,** o acuerdo, con un gobernante. Éste debía *someterse* a un gobernante para evitar el desorden.

John Locke adoptó otra posición. Dijo que toda la gente tenía **derechos naturales:** a la vida, la libertad y la propiedad. Dijo que como el pueblo formaba gobiernos para proteger esos derechos, tenía derecho a rebelarse contra el gobierno que no los protegiera.

Entre los pensadores franceses de la Ilustración están Voltaire, Jean-Jacques Rousseau y el barón de Montesquieu. Voltaire luchó por la *tolerancia*, la libertad de religión y de expresión. Rousseau dijo que el único gobierno legítimo era aquél en el que la gente elegía lo mejor para su comunidad.

Montesquieu creía que el gobierno debía mantenerse bajo control para proteger las libertades. Creía que esto podía lograrse a través de la **sepa-**

ración de poderes, o sea, división del gobierno en tres ramas: un cuerpo legislativo para aprobar leyes, uno ejecutivo para llevar a cabo las leyes y las cortes para *interpretar* las leyes.

1. Según John Locke, ¿por qué se forman gobiernos?

_____

The Beginnings of Democracy in America (pages 25–27)

¿Por qué los colonos lucharon por su independencia?

Las ideas de la Ilustración tuvieron un poderoso impacto en las colonias británicas de Norteamérica. Los colonos ayudaron a Gran Bretaña a derrotar a Francia en la Guerra contra Franceses e Indígenas. La victoria dio a Gran Bretaña todo el este del río Mississippi. Para pagar la guerra, el Parlamento británico exigió impuestos a los colonos. Éstos se opusieron pues no estaban representados en el Parlamento. Ésta fue una de varias medidas que los colonos consideraron que violaban sus derechos.

Los colonos lucharon por su independencia de Gran Bretaña en la **Revolución Norteamericana.** Proclamaron la Declaración de Independencia el 4 de julio de 1776. Tras años de lucha, el ejército británico se rindió en 1781.

En 1787, un grupo de dirigentes se reunió en Filadelfia. Estableció un nuevo plan para gobernar la nación con las ideas de la Ilustración. La Constitución de Estados Unidos tenía un **gobierno representativo** como proponía Rousseau: un gobierno en el que los ciudadanos eligen representantes para que hagan las leyes. La Constitución creó un **sistema federal,** en que los poderes del gobierno se dividen entre el gobierno federal y el gobierno de los estados. Y estableció la separación de poderes en el gobierno federal, conforme a las ideas de Montesquieu.

2. ¿Qué clase de gobierno estableció la Constitución?

_____

The French Revolution (pages 27–28)

¿Por qué ocurrió la Revolución Francesa?

En 1789 estalló la revolución en Francia. La clase media estaba inconforme con el débil gobierno de Luis XVI. La Ilustración postuló los derechos naturales. La economía tenía problemas, y los campesinos estaban hambrientos y descontentos.

En 1789, la gente común formó la Asamblea Nacional porque no se consideraba representada en el gobierno. Pronto, gente de otras clases se les unió. Los campesinos comenzaron un levantamiento en París para obtener libertades democráticas. Esta lucha se conoce como la **Revolución Francesa.**

La Asamblea Nacional realizó muchas reformas. Adoptó la Declaración de Derechos del Hombre y del Ciudadano. Este documento garantizó ciertos derechos a todos los franceses. La Asamblea también terminó con el sistema feudal y redactó una constitución que impuso una monarquía limitada.

Pero la obra de la Asamblea no duró mucho. Un cuerpo legislativo *radical* tomó el poder. Ésa fue la época del Régimen del Terror. Muchos opositores a la revolución murieron por sus creencias. En 1799, un dirigente militar, Napoleón Bonaparte, tomó el control de Francia. Creó una dictadura. La democracia no se desarrolló sino hasta mediados del siglo 19.

3. ¿Qué fue la Revolución Francesa?

_____

The Struggle for Democracy Continues (pages 28–29)

¿Cómo promueve las Naciones Unidas la democracia?

Se necesitaron siglos para que las ideas de la democracia se desarrollaran en todo el mundo. Hoy, la mayoría de la gente considera que la democracia es la mejor forma de gobierno.

En 1945, se estableció una organización internacional llamada **Naciones Unidas.** Su objetivo es mantener la paz mundial y mejorar la vida. En 1948, las Naciones Unidas adoptó la Declaración Universal de Derechos Humanos. Este documento incluye muchas ideas democráticas, como los derechos de todos a la vida, la libertad y la seguridad. También incluye los derechos a la protección igual bajo la ley, la libertad de movimiento y de *reunión*.

En muchos lugares del mundo aún no se respetan esos derechos. En numerosas naciones se han realizado luchas recientes por la democracia, como Sudáfrica, las repúblicas de la antigua Unión Soviética y Timor del este.

4. ¿Qué es la Declaración Universal de Derechos Humanos?

_____

Glosario   *PROLOGUE*   The Legacy of Ancient Greece and Rome

apóstol Uno de los primeros misioneros de Cristo

asamblea Cuerpo de gobierno

ciudad estado Estado con gobierno propio formado por una ciudad y los territorios que la rodean

consentimiento Permiso

dictador Dirigente con poder absoluto

estadista Dirigente político experimentado

ética Serie de valores

filósofos Pensadores

interpretar Explicar el significado

monarquía absoluta Monarquía en la que el rey o la reina ejercen el poder absoluto

moralidad Reglas de bien y mal

oprimidos Los que sufren el ejercicio injusto del poder

principios Verdades fundamentales

radical A favor de cambios extremos o rápidos

reunión Unirse como grupo

someterse Ceder a la autoridad de otro

tolerancia Disposición a permitir que los otros tengan opiniones distintas a la propia

tradicional Algo que pasa de una generación a otra

DESPUÉS DE LEER

Términos y nombres

A. Marca con un círculo el nombre o término que mejor completa cada oración.

1. Pericles introdujo la idea de una _____, en la que los ciudadanos participan directamente en el gobierno.

      democracia directa   **democracia representativa**   **monarquía constitucional**

2. Roma era una _____, una forma de gobierno en la que los ciudadanos tienen el derecho de votar y de elegir a sus dirigentes.

      monarquía constitucional   **república**   **monarquía**

3. Los _____ fueron el código de leyes escritas de los judíos.

      Doce Tablas   **Carta Magna**   **Diez Mandamientos**

4. Durante el _____, los europeos se interesaron en la vida terrenal y se concentraron en la importancia del individuo.

      Reforma   **Renacimiento**   **Revolución Gloriosa**

5. A partir del siglo 17, algunos monarcas europeos exigieron más autoridad por _____.

      derecho divino   **proceso legal establecido**   **derechos naturales**

6. La Constitución de Estados Unidos estableció un _____, en el que los ciudadanos eligen representantes para que hagan las leyes.

      democracia directa   **monarquía constitucional**   **gobierno representativo**

DESPUÉS DE LEER (cont.)   *PROLOGUE*   The Legacy of Ancient Greece and Rome

B. Escribe la letra del nombre o término junto a su descripción.

a. Parlamento

b. aristocracia

c. sistema federal

d. Ilustración

e. judaísmo

f. proceso legal establecido

g. democracia

h. Reforma

i. Renacimiento

_____**1.** Lá idea de que el pueblo puede gobernarse

_____**2.** Estado gobernado por la clase noble

_____**3.** Religión de los hebreos

_____**4** Movimiento de protesta contra el poder de la Iglesia Católica Romana

_____**5.** Derecho a que la ley funcione de modo conocido y ordenado

_____**6.** Cuerpo legislativo de Inglaterra

_____**7.** Movimiento intelectual de los siglos 17 y 18

_____**8.** Sistema de gobierno en el que los poderes están divididos entre el gobierno federal y los gobiernos estatales

Ideas principales

1. ¿Por qué la democracia estaba limitada en Atenas?

_____

2. ¿Cómo influyó el derecho romano en la democracia?

_____

3. ¿Qué creencias del judaísmo subrayan el valor del individuo?

_____

4. ¿Qué derechos protege la Carta Magna?

_____

5. ¿Cuál pensaba John Locke que era el propósito de los gobiernos?

_____

Pensamiento crítico

Contesta estas preguntas en una hoja aparte.

1. ¿En qué se parecían el judaísmo, el cristianismo y el islam?

2. ¿Piensas que las ideas de la Ilustración son importantes hoy? ¿Por qué?

Italy: Birthplace of the Renaissance

ANTES DE LEER

En el prólogo, leíste acerca del desarrollo de las ideas democráticas.

En esta sección, comenzarás la lectura detallada de la historia moderna a partir del Renacimiento.

AL LEER

Usa este diagrama para tomar notas sobre los cambios que ocurrieron durante el Renacimiento en Italia.

TÉRMINOS Y NOMBRES

Renacimiento Renovación del arte y los conocimientos en Europa desde 1300 hasta 1600

humanismo Interés en el potencial y los logros humanos

secular Interesado en lo terrenal más que en cuestiones espirituales

mecenas Persona que apoya económicamente a los artistas

perspectiva Técnica artística que recrea las tres dimensiones

vernácula Lengua local

CAMBIOS DE VALORES	EN EL ARTE	EN LA LITERATURA
Humanismo: nuevo interés en el potencial y los logros humanos		

Italy's Advantages (pages 37–38)

¿Por qué el Renacimiento comenzó en Italia?

Los años de 1300 a 1600 presenciaron un renacer de los conocimientos y la cultura de la antigüedad en Europa llamado el **Renacimiento.** Este movimiento se extendió desde Italia hacia el norte. Comenzó ahí por tres razones. Primero, Italia tenía varias ciudades importantes. Las ciudades eran sitios donde se intercambiaban ideas. Segundo, esas ciudades tenían una clase de *mercaderes* y banqueros que estaban reuniendo riquezas y poder. Esta clase creía firmemente en el concepto del logro individual. Tercero, los artistas y académicos se inspiraron en las ruinas y otros vestigios de la Roma *clásica*.

1. Nombra tres razones por las que el Renacimiento comenzó en Italia.

_____

_____

Classical and Worldly Values
(pages 38–39)

¿*Cuáles* fueron los nuevos valores?

El nuevo interés en el pasado clásico condujo a un importante valor en la cultura del Renacimiento: el **humanismo.** Éste era un profundo interés en lo que la humanidad ya había alcanzado y en lo que podría alcanzar en el futuro. Los académicos no se propusieron conectar los escritos clásicos con las enseñanzas cristianas, sino entenderlos de por sí.

Durante la Edad Media, se dio énfasis principalmente a los valores *espirituales*. Ahora, los pensadores renacentistas subrayaban ideas **seculares.** La gente poderosa y rica mostró interés en las cosas terrenales pagando a artistas, escritores y músicos para que crearan bellas obras de arte. Los ricos que apoyaron a los artistas se llamaban **mecenas.**

Dominar muchos campos de estudio o de trabajo era importante. Quienes tenían éxito en muchos campos eran profundamente admirados. El artista Leonardo da Vinci es un ejemplo de este ideal: fue pintor, científico e inventor. Se esperaba que los hombres fueran ingeniosos, bien educados, con buenos modales, atléticos y controlados. Se esperaba que las mujeres también tuvieran muchas dotes, pero que no las mostraran en público.

2. ¿Qué son las ideas seculares?

_____

_____

_____

The Renaissance Revolutionizes Art (pages 40–41)

¿*Cómo* cambió el arte durante el Renacimiento?

Los artistas del Renacimiento usaron nuevos métodos. Los *escultores* crearon figuras más *realistas* que las de la Edad Media. Los pintores usaron la **perspectiva** para crear la ilusión de que sus pinturas eran *tridimensionales*. Los temas del arte también cambiaron. En la Edad Media el arte era principalmente religioso. Los artistas renacentistas reprodujeron otras visiones de la vida. Miguel Ángel mostró gran talento como arquitecto, pintor y escultor.

3. ¿Cómo cambiaron los métodos y los temas del arte?

_____

_____

_____

Renaissance Writers Change Literature (pages 41–45)

¿*Cómo* cambió la literatura durante el Renacimiento?

Los escritores del Renacimiento también alcanzaron grandeza. Varios escribieron en lengua **vernácula,** es decir, en sus lenguas de origen. En cambio, durante la Edad Media casi todo se escribió en latín. Los escritores también cambiaron los temas. Comenzaron a expresar sus propios pensamientos y sentimientos. A veces daban una visión detallada de un individuo. Dante y otros escribieron poesía, cartas y cuentos más realistas. Nicolás Maquiavelo adoptó un nuevo enfoque para entender el gobierno. Se concentró en decir a los gobernantes cómo aumentar su poder. Creía que los gobernantes debían ser eficaces en lo político, aunque no fueran correctos en lo moral.

4. ¿Sobre qué escribieron los autores renacentistas?

_____

_____

_____

The Northern Renaissance

ANTES DE LEER

En la sección anterior, leíste acerca de cómo comenzó el Renacimiento en Italia.

En esta sección, aprenderás cómo se difundieron las ideas renacentistas en el norte de Europa.

AL LEER

Usa la red para mostrar los sucesos del Renacimiento en el norte.

Las ideas de Italia se difundieron hacia el norte de Europa

EL RENACIMIENTO EN EL NORTE

The Northern Renaissance Begins (page 46)

¿Qué propició el Renacimiento en el norte?

En 1450, la *peste bubónica* había terminado en el norte de Europa. También terminaba la Guerra de los Cien Años entre Francia e Inglaterra. Esto permitió que las nuevas ideas italianas se difundieran en el norte de Europa. Se adoptaron rápidamente.

Aquí, también los gobernantes y comerciantes usaron su dinero para apoyar artistas. Pero el Renacimiento del norte fue distinto. La gente educada combinó los conocimientos clásicos con ideas religiosas.

1. ¿En qué se diferenció el Renacimiento del norte del Renacimiento italiano?

_____

_____

Artistic Ideas Spread (pages 46–47)

¿Qué ideas artísticas se desarrollaron en el norte de Europa?

Las nuevas ideas del arte italiano se difundieron en el norte, y surgieron importantes artistas en Alemania, Francia, Bélgica y los Países Bajos. Durero pintó temas religiosos y *paisajes* realistas. Holbein, Van Eyck y Bruegel pintaron retratos realistas y escenas de la vida *campesina* que revelan mucho acerca de sus tiempos. Comenzaron a usar *óleos,* o pinturas de aceite. Los óleos se popularizaron y su uso se extendió a Italia.

2. ¿Qué pintaron los artistas del norte de Europa?

_____

_____

_____

Northern Writers Try to Reform Society; The Elizabethan Age
(pages 48–49)

¿Qué escribieron los escritores del norte?

En el norte, los escritores del Renacimiento combinaron el humanismo con una profunda fe cristiana. Instaron a hacer reformas en la Iglesia. Querían que la gente fuera más devota. También querían una sociedad más justa. Tomás Moro escribió un libro acerca de **Utopía,** una sociedad imaginaria ideal donde no existían la codicia, la guerra ni los conflictos.

A **William Shakespeare** se le ha llamado el mejor dramaturgo de todos los tiempos. Sus obras demuestran un dominio brillante del inglés y un profundo conocimiento del ser humano y sus relaciones.

3. ¿Quiénes fueron los escritores más famosos del Renacimiento del norte?

_____

_____

_____

Printing Spreads Renaissance Ideas; The Legacy of the Renaissance (pages 50–53)

¿Por qué la imprenta fue tan importante?

Una causa de la rápida difusión de los conocimientos durante el Renacimiento fue la invención del *tipo móvil*. En China, mucho tiempo atrás, se inventó el procedimiento de grabar caracteres en bloques de madera. Después formaban palabras con los bloques, los entintaban y los presionaban sobre papel para imprimir páginas.

En 1440, un alemán, **Johann Gutenberg,** aplicó la misma técnica para inventar una imprenta. Produjo su primer libro —la Biblia de Gutenberg— en 1455. Esta tecnología se difundió rápidamente. En 1500, en Europa había casi 10 millones de libros impresos.

Gracias a la imprenta, fue posible hacer muchas copias de un libro. Como resultado, las obras escritas se difundieron ampliamente. Se imprimieron libros en inglés, francés, español, italiano y alemán. Más gente comenzó a leer. La Biblia era un libro popular. Después de leer la Biblia, algunos empezaron a tener nuevas ideas acerca del cristianismo. Esas ideas eran diferentes a las enseñanzas oficiales de la Iglesia.

El Renacimiento trajo cambios en el arte y la sociedad. Los artistas y los escritores retrataron a la gente de una manera más realista y celebraron los logros individuales. El Renacimiento abrió un mundo de ideas nuevas y llevó a examinar y cuestionar más de cerca las cosas.

4. ¿Qué efectos tuvo la imprenta en la vida del norte de Europa?

_____

_____

_____

Name _____ Date _____

CHAPTER 1 Section 3 (pages 54–60)

Luther Leads the Reformation

ANTES DE LEER

En la sección anterior, leíste acerca de cómo se difundió el Renacimiento en el norte de Europa.

En esta sección, aprenderás que las ideas del Renacimiento llevaron a la Reforma.

AL LEER

Haz un cuadro como el de abajo y después llénalo. Toma notas sobre las respuestas al desafío de Lutero.

TÉRMINOS Y NOMBRES

indulgencia Perdón por un pecado a cambio de dinero

Reforma Movimiento de reforma religiosa del siglo 16 que llevó a la fundación de nuevas iglesias cristianas

Luterana Iglesia protestante basada en las enseñanzas de Martín Lutero

protestante Miembro de una iglesia cristiana que sigue los principios de la Reforma

Paz de Augsburgo Acuerdo de 1555 que declaró que los gobernantes de los estados alemanes debían decidir la religión en sus estados

anular Cancelar, dar fin a algo

Anglicana Iglesia de Inglaterra

BATALLA/ASUNTO POLÍTICO	EFECTO
Respuestas al desafío de Lutero	El Papa amenaza a Lutero con la excomunión

Causes of the Reformation
(pages 54–55)

¿Por qué se criticó a la Iglesia?

En 1500, la influencia de la Iglesia en la vida diaria se había debilitado. Algunos resentían el pago de impuestos para mantener a la Iglesia en Roma. Otros criticaban severamente algunas prácticas de la Iglesia. Los Papas estaban más preocupados por el lujo y el poder político que por asuntos espirituales. El *clero* también tenía defectos. Muchos sacerdotes carecían de educación y no podían enseñar. Muchos eran inmorales.

Los reformadores instaron a cambiar la Iglesia para que fuera más espiritual y humilde. Los humanistas cristianos, como Erasmo y Tomás Moro, sumaron sus voces de cambio. A principios del siglo 16, la exigencia de cambio aumentó.

1. ¿Qué cambios querían los críticos de la Iglesia?

_____

_____

_____

© McDougal Littell Inc. All rights reserved.

CHAPTER 1 EUROPEAN RENAISSANCE AND REFORMATION **19**

Luther Challenges the Church
(page 55)

¿*Cómo* comenzó la Reforma?

En 1517, un monje y profesor alemán llamado Martín Lutero protestó porque un representante de la Iglesia vendía **indulgencias.** La indulgencia es una especie de perdón. Se pensaba que al pagar dinero a la Iglesia se podría alcanzar la *salvación.*

Lutero desafió ésta y otras prácticas. Colocó una protesta escrita en la puerta de la iglesia de un castillo. Su protesta se imprimió rápidamente y comenzó a difundirse en Alemania. Éste fue el inicio de la **Reforma,** el movimiento de cambio que llevó a la fundación de nuevas iglesias cristianas.

2. ¿Qué papel desempeñó Martín Lutero en la Reforma?

_____

_____

The Response to Luther
(pages 56–58)

¿*Qué* efectos tuvo la protesta de Lutero?

El Papa castigó a Lutero por sus opiniones, pero éste se negó a cambiarlas. Carlos V, emperador del Sacro Imperio Romano y un ferviente católico, lo declaró fuera de la ley. Se quemaron sus libros. Era demasiado tarde. Muchas ideas de Lutero ya se practicaban. La Iglesia **Luterana** comenzó hacia 1522.

En 1524, los *campesinos* de Alemania querían cambiar la sociedad con las ideas de Lutero de libertad cristiana. Exigieron terminar el sistema de siervos, una especie de esclavitud. Cuando ese cambio no sucedió, los campesinos se rebelaron. Lutero desaprobó esa *revuelta.* Los príncipes alemanes mataron a miles para sofocar la revuelta.

Algunos *nobles* apoyaron las ideas de Lutero. Vieron la oportunidad de debilitar el poder del emperador. Otros príncipes alemanes se unieron contra los seguidores de Lutero. Firmaron un acuerdo de lealtad al Papa y al emperador. Los seguidores de Lutero *protestaron* por este acuerdo. Por eso los llamaron protestantes. Con el tiempo, el término **protestante** designó a los cristianos que pertenecían a iglesias no católicas.

La guerra estalló entre las fuerzas católicas y las protestantes en Alemania. Terminó en 1555 con la **Paz de Augsburgo.** El tratado concedió a cada príncipe el derecho a decidir si sus súbditos eran católicos o protestantes.

3. ¿Por qué las ideas de Lutero provocaron la guerra?

_____

_____

England Becomes Protestant
(pages 58–60)

¿*Cómo* se volvió protestante Inglaterra?

La Iglesia Católica enfrentó un nuevo desafío en Inglaterra. El rey Enrique VIII estaba casado con una princesa española que tuvo una hija. Inglaterra jamás había tenido una gobernante. Enrique temió que estallara una guerra civil si no tenía un hijo. Creía que su esposa, por su edad, no podía tener otro hijo. Enrique quería casarse de nuevo. Intentó que el Papa **anulara,** o diera fin, a su matrimonio. El Papa se negó.

Para poder casarse de nuevo, Enrique tenía que salirse de la Iglesia Católica. En 1534, Enrique logró que el *Parlamento* promulgara una serie de leyes para crear la Iglesia de Inglaterra. Esas leyes nombraban al rey o la reina —no al Papa— cabeza de la Iglesia de Inglaterra. Así, Enrique ya no tendría que obedecer al Papa. Enrique se casó cinco veces. Su único hijo varón fue de su tercera esposa.

Una de las hijas de Enrique, Isabel, subió al trono en 1558. Ella terminó de crear la Iglesia de Inglaterra. Esta nueva iglesia se llamó **Anglicana.** Tenía algunas prácticas que atraía tanto a protestantes como a católicos. Así, Isabel esperaba terminar los conflictos religiosos en Inglaterra.

4. ¿Qué papel desempeñó Enrique VIII en la creación de la Iglesia de Inglaterra?

_____

_____

CHAPTER 1 Section 4 (pages 61–66)

The Reformation Continues

ANTES DE LEER

En la sección anterior, leíste acerca de cómo comenzó la Reforma.

En esta sección, aprenderás cómo se desarrolló y extendió.

AL LEER

Toma notas en el cuadro sobre las reformas que se dieron a medida que continuó la Reforma.

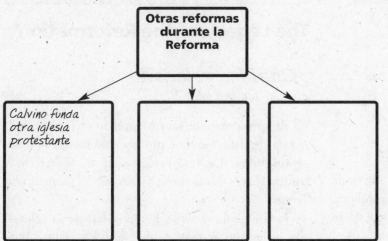

Otras reformas durante la Reforma

Calvino funda otra iglesia protestante

TÉRMINOS Y NOMBRES

predestinación Doctrina que dice que Dios decidió todo de antemano y sabe quién se salvará

calvinismo Religión basada en las ideas del reformador Juan Calvino

teocracia Gobierno controlado por dirigentes religiosos

Presbiteriana Iglesia protestante gobernada por ancianos y fundada por John Knox

Anabaptista Iglesia protestante formada durante la Reforma que creía que sólo los adultos debían ser bautizados. También quería separar la Iglesia del Estado.

Contrarreforma Movimiento católico de reforma que ocurrió en el siglo 16 ante las reformas protestantes

jesuitas Miembros de la Sociedad de Jesús, una orden religiosa católica fundada por Ignacio de Loyola

Concilio de Trento Reunión de dirigentes católicos romanos para regir las doctrinas criticadas por los reformadores protestantes

---

Calvin Continues the Reformation (pages 61–62)

¿Qué enseñó Calvino?

En otras partes de Europa surgió el protestantismo durante la década de 1530, bajo la dirección de Juan Calvino. Calvino escribió un importante libro que estructuró las creencias protestantes. Creía que todos los seres humanos somos pecadores por naturaleza. También enseñó la **predestinación,** idea de que Dios determina de antemano quiénes se salvarán. La religión basada en las enseñanzas de Calvino se llama **calvinismo.**

Calvino creó una **teocracia** en Ginebra, Suiza. Era un gobierno dirigido por líderes religiosos. Tenía reglas estrictas de comportamiento. Quienes predicaran ideas religiosas diferentes se arriesgaban a morir en la hoguera.

Un predicador llamado John Knox se impresionó con las elevadas ideas morales de Calvino. Knox puso en práctica esas ideas en Escocia. Éste fue el principio de la Iglesia **Presbiteriana.** En Suiza, Holanda y Francia se adoptaron las ideas de Calvino. En Francia, sus seguidores se llamaron hugonotes. A menudo tuvieron conflictos violentos con los católicos. En 1572, una muchedumbre mató a cerca de 12,000 hugonotes.

1. ¿Qué es el calvinismo?

_____

_____

Other Protestant Reformers

(pages 62–64)

¿*Qué* otros reformadores fueron importantes durante la Reforma?

Otra iglesia protestante fue la **Anabaptista.** Predicaba que la gente debía bautizarse de adulta y que la Iglesia y el Estado debían separarse. Además, los anabaptistas se negaron a participar en las guerras.

Muchas mujeres desempeñaron papeles importantes en la Reforma, entre ellas Margarita de Navarra, quien protegió a Juan Calvino para que no lo mataran debido a sus creencias. Katherina von Bora era la esposa de Martín Lutero. Ella defendía la igualdad de hombres y mujeres en el matrimonio.

2. ¿Quiénes fueron dos mujeres que desempeñaron papeles importantes en la Reforma?

_____

_____

The Catholic Reformation

(pages 64–65)

¿*Qué* fue la Contrarreforma?

Las iglesias protestantes se extendieron por toda Europa. Para mantener la lealtad de los católicos, la Iglesia Católica realizó algunos cambios. Esto se llamó la **Contrarreforma.**

Un reformador católico fue un noble español llamado Ignacio. Fundó un nuevo grupo religioso basado en su profunda devoción por Jesús: los **jesuitas.** Fundaron escuelas en toda Europa. Enviaron misioneros a convertir al catolicismo. Además, trataron de detener el avance del protestantismo en Europa.

Dos papas del siglo 16 realizaron cambios en la Iglesia. El Papa Pablo III estableció una corte llamada Inquisición. Estaba encargada de buscar, juzgar y castigar a quienes violaran las leyes de la Iglesia. También convocó a una reunión de dirigentes de la Iglesia, el **Concilio de Trento.** Se reunió en 1545 y promulgó las siguientes *doctrinas:*

- la interpretación de la Biblia que da la Iglesia es la última palabra;
- para salvarse, los cristianos necesitan obrar bien y tener fe;
- la Biblia y la Iglesia tienen igual autoridad para establecer las creencias cristianas;
- las indulgencias no pueden venderse.

El siguiente Papa, Pablo IV, puso en práctica dichas doctrinas. Estas acciones revivieron la Iglesia y permitieron que sobreviviera al desafío de los protestantes.

3. ¿Qué sucedió en el Concilio de Trento?

_____

_____

The Legacy of the Reformation

(page 66)

¿*Cuál* fue el legado de la Reforma?

La Reforma tuvo un fuerte impacto en la sociedad. A raíz de este movimiento florecieron las iglesias protestantes. La Iglesia Católica se unificó más como consecuencia de las reformas del Concilio de Trento.

La Reforma debilitó la autoridad de la Iglesia, con lo cual monarcas y estados individuales obtuvieron mayor poder. Esto condujo al desarrollo de los estados nacionales de la actualidad.

Las mujeres creyeron que con la Reforma su situación en la sociedad mejoraría, pero no fue así. La vida de las mujeres estaba limitada a los asuntos del hogar y la familia.

4. ¿Qué sucedió al debilitarse la autoridad de la Iglesia?

_____

_____

Glosario | CHAPTER 1 European Renaissance and Reformation

campesino Que trabaja la tierra

clásico Relacionado con la Grecia y la Roma antiguas; subraya las ideas de orden, equilibrio y armonía

clero Funcionarios religiosos

doctrinas Principios; declaraciones oficiales

escultores Artistas que crean obras de arte mediante la talla

espiritual Sagrado, relacionado con la religión

mercaderes Vendedores y negociantes

nobles Gente de alto rango

óleos Pinturas hechas con aceite; el aceite seca lentamente y permite hacer detalles, mezclas y cambios

paisajes Pinturas que muestran panoramas

Parlamento Cuerpo legislador de Inglaterra

peste bubónica Enfermedad mortal que se extendió en Asia y Europa a mediados del siglo 14 y mató a millones de personas

protestar Oponerse, criticar

realista Apegado a la realidad

revuelta Levantamiento, rebelión

salvación Gloria eterna

tipo móvil Bloques de impresión que no tenían que usarse uno por uno sino que podían moverse en distintas posiciones y utilizarse varias veces

tridimensional Que tiene largo, ancho y altura; que da sensación de profundidad

DESPUÉS DE LEER

Términos y nombres

A. Llena los espacios en blanco con el término que mejor completa el párrafo.

Presbiteriana

Anabaptista

Anglicana

Luterana

Reforma

protestante

En Alemania, Martín Lutero inició un movimiento de cambios religiosos llamado la **1** _____ . Él y sus seguidores iniciaron un grupo religioso llamado la Iglesia **2** _____ . En Inglaterra, Isabel terminó de formar y encabezó la Iglesia **3** _____ . En Escocia, John Knox estableció otra rama de la religión **4** _____ . Su iglesia fue la Iglesia **5** _____ . Otra iglesia de reformadores protestantes fue la **6** _____ , que recomendaba separar la Iglesia del Estado.

B. Escribe la letra del nombre o término junto a su descripción.

a. jesuitas

b. secular

c. calvinismo

d. Paz de Augsburgo

e. mecenas

f. indulgencia

g. Utopía

h. humanismo

i. predestinación

j. vernácula

_____ **1.** Interés en el potencial y los logros humanos

_____ **2.** Acuerdo de 1555 que declaró que la religión de cada estado alemán debía ser decidida por su gobernante

_____ **3.** Preocupado por lo terrenal más que por los asuntos espirituales

_____ **4.** Doctrina que dice que Dios decidió todo de antemano, incluso quién alcanzará la salvación eterna

_____ **5.** Lengua del lugar en vez del latín

_____ **6.** Cuerpo de enseñanzas religiosas basado en las ideas del reformador Juan Calvino

_____ **7.** Miembros de la Sociedad de Jesús, una orden religiosa católica fundada por Ignacio de Loyola

_____ **8.** Tierra imaginaria descrita por Tomás Moro en un libro; esta palabra ahora significa "lugar ideal"

_____ **9.** Persona que financia a los artistas

_____ **10.** Perdón por un pecado a cambio de dinero

Ideas principales

1. ¿Qué cambios ocurrieron en las artes durante el Renacimiento italiano?

_____

_____

2. ¿Qué cambios ocurrieron en el aprendizaje y las artes durante el Renacimiento en el norte?

_____

_____

3. ¿Qué cambios provocó Martín Lutero en la Iglesia Cristiana?

_____

_____

4. ¿Cómo cambió la Reforma la vida política en Alemania?

_____

_____

5. ¿Por qué y cómo cambió la Iglesia en Inglaterra?

_____

_____

Pensamiento crítico

Contesta estas preguntas en una hoja aparte.

1. ¿En qué se diferenció el Renacimiento del norte del Renacimiento italiano?

2. ¿Quién crees que tuvo mayor impacto, Enrique VIII o Martín Lutero? Explica por qué.

The Ottomans Build a Vast Empire

TÉRMINOS Y NOMBRES

ghazi Guerrero del islam

Osmán *Ghazi* triunfador que formó un pequeño estado en Anatolia

Timur el Inválido Conquistador de Persia y Rusia

Mehmet II Conquistador que estableció su capital en Estambul

Suleymán el Legislador Gobernante que llevó al imperio otomano a su mayor extensión

devshirme Política de tomar esclavos

janíseros Soldados esclavos de territorios cristianos

ANTES DE LEER

En el capítulo anterior, leíste acerca de los cambios en Europa entre 1300 y 1600.

En esta sección, leerás acerca del surgimiento del imperio otomano durante el mismo período.

AL LEER

Usa la línea cronológica para tomar notas sobre los acontecimientos principales de la historia del imperio otomano.

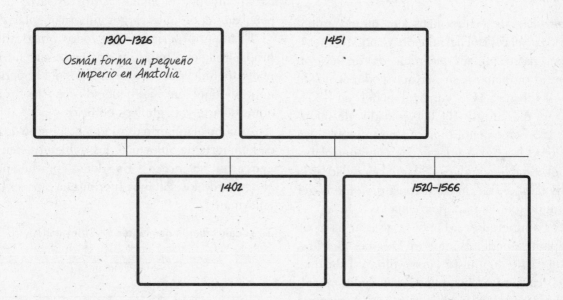

1300–1326
Osmán forma un pequeño imperio en Anatolia

1451

1402

1520–1566

Turks Move into Byzantium
(pages 73–74)

¿*Cómo* comenzó el imperio otomano?

En 1300, el Mediterráneo del este también presenció cambios. El imperio bizantino se eclipsó. El estado turco de los seljúcidas había sido destruido. *Anatolia,* en la actual Turquía, estaba habitada por grupos de turcos *nómadas.* Se consideraban *ghazis,* o guerreros del *islam.* Atacaban las tierras de los que no eran musulmanes.

El *ghazi* más sobresaliente fue **Osmán.** Los europeos pensaban que su nombre era Othman y llamaron a sus seguidores otomanos. Entre 1300 y 1326, Osmán formó un reino fuerte pequeño en Anatolia. A los dirigentes que sucedieron a Osmán los llamaron sultanes, o "los que tienen poder". Extendieron su reino mediante compras de tierras. También formaron *alianzas* con otros jefes y conquistaron a todos los pueblos que pudieron.

Los otomanos ejercieron un gobierno bonda-doso. Los musulmanes tenían que servir en el ejército pero no pagaban impuestos. Los no musul-manes pagaban impuestos pero no servían en el ejército. Muchos se unieron al islam para no pagar impuestos. Muchos se adaptaron a su gobierno fácilmente.

Un guerrero no se adaptó: **Timur el Inválido.** Conquistó Rusia y Persia. En 1402, derrotó a los otomanos, capturó al sultán y lo llevó a Samarkanda en una jaula.

1. ¿Quiénes eran los otomanos?

_____

_____

Powerful Sultans Spur Dramatic Expansion (pages 74–75)

¿Cómo creció el imperio?

En Anatolia, los cuatro hijos del último sultán lucharon por el control del imperio. Ganó Mehmet I. Su hijo y cuatro sultanes que lo sucedieron llevaron al imperio otomano a su máximo poder. Uno de ellos —**Mehmet II**— subió al poder en 1451. Formó un ejército de 100,000 soldados de infan-tería y 125 barcos para tomar Constantinopla. En 1453, tomó la ciudad y las aguas que controlaba. Mehmet estableció su capital en la ciudad y la llamó Estambul. La ciudad reconstruida fue hogar de gente de todo el imperio otomano.

Otros emperadores también usaron la *con-quista* para extender el imperio. Después de 1514, Selim el Triste conquistó Persia, Siria y Palestina. Después capturó Arabia, tomó las ciudades musul-manas sagradas de Medina y Meca, y controló Egipto.

2. ¿Quién fue Mehmet II?

_____

_____

Suleyman the Lawgiver; The Empire Declines Slowly (pages 76–77)

¿Por qué Suleymán el Legislador fue un gran gobernante?

Suleymán I subió al poder en 1520 y gobernó durante 46 años. Llevó al imperio otomano a su mayor extensión y a sus logros más impresionantes. Conquistó partes del sureste de Europa. Controló todo el este del mar Mediterráneo y tomó África del norte hasta Trípoli.

Suleymán revisó las leyes del imperio. Su pueblo le llamó **Suleymán el Legislador.** Suleymán implantó un gobierno muy estructurado. Miles de esclavos servían a la familia real. La políti-ca de tomar esclavos se llamaba *devshirme.* Los **janíseros** eran un grupo de soldados esclavos. Eran cristianos capturados desde niños y convertidos en esclavos. Los entrenaban como soldados y luchaban fieramente por el sultán. Otros esclavos desem-peñaban importantes cargos gubernamentales.

El imperio permitía que todos practicaran su propia religión. Judíos y cristianos no sufrieron maltrato. Suleymán revisó las leyes del imperio. Su imperio también fue conocido por las grandes obras de arte y magníficos edificios.

Aunque el imperio duró mucho tiempo después de la muerte de Suleymán, los siguientes cien años marcaron su *ocaso.* Es decir, perdió poder. Ninguno de los sultanes fueron tan capaces como Suleymán.

3. ¿Cuáles fueron dos logros de Suleymán?

_____

_____

Cultural Blending
Case Study: The Safavid Empire

ANTES DE LEER

En la sección anterior, leíste acerca de los otomanos.

En esta sección, leerás acerca del desarrollo de otro imperio: el safávido.

AL LEER

Usa el cuadro para mostrar tres de los efectos duraderos del imperio safávido.

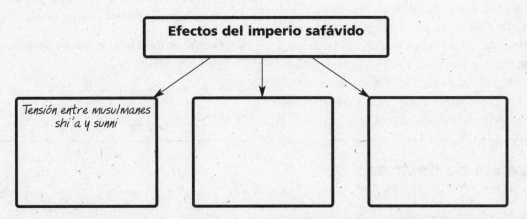

Efectos del imperio safávido

Tensión entre musulmanes shi'a y sunni

Patterns of Cultural Blending
(pages 78–79)

¿*Qué* es la mezcla cultural?

A lo largo de la historia, muchos pueblos han convivido. Sus culturas se han ejercido influencia mutua y se han mezclado. Esto sucede debido a la migración, el comercio, la conquista, la búsqueda de libertad de religión o la conversión. La mezcla cultural provoca cambios en la sociedad que pueden apreciarse en el idioma, la religión, el gobierno, las artes y la arquitectura.

Las sociedades que aceptan la mezcla cultural están abiertas al cambio; están dispuestas a adaptarse.

1. Nombra cuatro causas de la mezcla cultural.

_____

_____

The Safavids Build a Shi'i Empire (pages 79–80)

¿*Cómo* subieron al poder los safávidos?

En el imperio safávido de Persia se dio un ejemplo de mezcla cultural. Los **safávidos** eran musulmanes *shi'a,* una rama del islam. El principal grupo musulmán, los *sunni, perseguía* a los shi'a por sus creencias. Los safávidos temían a los sunni y decidieron formar un ejército fuerte para protegerse.

En 1499, un dirigente de 14 años de edad, **Ismael,** se lanzó a conquistar Irán. Adoptó el título persa tradicional de **sha,** o rey, y declaró que el imperio era shi'a. Destruyó la población sunni de Bagdad. Los gobernantes turcos otomanos —que eran musulmanes sunni—, en venganza, mataron a todos los shi'as que encontraron. Este conflicto entre los dos grupos de musulmanes aún continúa.

2. ¿Por qué son enemigos los musulmanes shi'a y sunni?

_____

A Safavid Golden Age (pages 80–81)

¿*Quién* fue el sha Abbas?

Los safávidos alcanzaron su mayor auge a fines del siglo 16 bajo el gobierno del **sha Abbas.** Creó dos ejércitos que le fueron leales sólo a él y les dio nuevas armas. Se liberó de funcionarios *corruptos*. Asimismo, llevó artistas reconocidos al imperio.

El sha Abbas reunió buenas ideas de otras culturas. Los principales elementos de esa cultura conjugaron la tradición de aprendizaje y sofisticación persa con la profunda fe de los shi'a. Mandó llevar artistas chinos. Esto contribuyó a crear magnífico arte. La capital reconstruida de **Isfahan** se decoró con ese arte.

Bajo el gobierno del sha Abbas, los safávidos disfrutaron de buenas relaciones con los países europeos y la demanda de tapetes persas en Europa aumentó durante este período, la fabricación de tapetes, que había sido una artesanía local en Persia, se convirtió en la principal industria del país.

3. Menciona cuatro reformas que hizo el sha Abbas

_____

The Dynasty Declines Quickly

(page 81)

¿*Por qué* perdieron el poder los safávidos?

Al igual que el imperio otomano, el imperio safávido comenzó a declinar poco después de haber alcanzado su mayor esplendor. El sha Abbas mató o lastimó a sus hijos más talentosos, igual que Suleymán. Temía que sus hijos le arrebataran el poder. En consecuencia, un nieto débil y torpe fue el siguiente sha.

4. ¿Por qué no hubo líderes fuertes después del sha Abbas?

_____

_____

Desarrollo de destrezas

Usa la tabla para contestar las preguntas.

1. **Determinar las ideas principales** Menciona dos razones de la interacción.

_____

2. **Reconocer efectos** ¿Cuáles son algunos de los resultados de la interacción cultural?

_____

PATRONES DE CAMBIO: Mezcla cultural

Lugar	Culturas que interactúan	Razón de la interacción	Resultados de la interacción
India—1000 a.C.	Arios y drávidas, árabes, africanos e hindúes	Migración	Cultura veda, precursora del hinduismo
África del este—a.C. 700	Islámicos y cristianos	Comercio, conversos	Nuevo idioma comercial: el swahili
Rusia—d.C. 1000	Cristianos y eslavos	Conversos	Cristianismo oriental, identidad rusa
México—d.C. 1500	Españoles y aztecas	Conquista	Cultura mestiza, catolicismo mexicano
Estados Unidos—d.C. 1900	Europeos, asiáticos, caribes	Migración, libertad de religión	Diversidad cultural

The Mughal Empire in India

TÉRMINOS Y NOMBRES

Babur Fundador del imperio mogol

mogol Uno de los grupos nómadas que invadieron el subcontinente de India y fundaron un poderoso imperio

Akbar Gobernante mogol con talento para la mezcla cultural, las conquistas militares y el arte

sikh Grupo religioso no violento que fue enemigo de los mogoles

sha Jahan Gobernante mogol que construyó el Taj Mahal

Taj Mahal Tumba construida por el sha Jahan para su esposa

Aurangzeb Último gobernante mogol importante

ANTES DE LEER

En la sección anterior, leíste acerca de la fundación del imperio safávido en lo que hoy es Irán.

En esta sección, leerás acerca de la fundación del imperio mogol en la actual India.

AL LEER

Usa esta red para tomar notas. En cada círculo, escribe el nombre de un gobernante mogol importante y dos o tres palabras sobre él, un logro o un problema de su reinado.

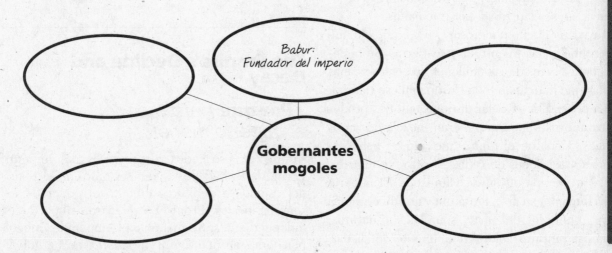

Early History of the Mughal Empire (page 82)

¿*Cómo* comenzó el imperio mogol?

En el siglo 7, India sufrió un largo período de desajustes. Los nómadas de Asia central invadieron la región y crearon muchos reinos pequeños. En el siglo 8, los musulmanes llegaron a la región. Comenzó una larga historia de luchas con los *hindúes*, quienes habían vivido en India durante siglos.

Después de 300 años, un grupo de turcos musulmanes conquistaron una región cerca de la ciudad de Delhi. Ahí fundaron un nuevo imperio.

Trataron a los hindúes de la región como pueblos conquistados. Su reinado terminó en 1398.

Poco más de cien años después, un nuevo gobernante llamado **Babur** formó un ejército y comenzó a conquistar extensas regiones de India. Tenía gran talento. Era amante de la poesía y los jardines, y excelente general. Su imperio se llamó el imperio **mogol** porque él y su familia estaban relacionados con los mongoles.

1. ¿Quién fue Babur?

_____

_____

The Golden Age of Akbar
(pages 83–84)

¿*Quién* fue Akbar?

El nieto de Babur fue **Akbar**, nombre que significa "El Grande". Gobernó con gran sabiduría y justicia casi durante 40 años.

Akbar era musulmán. Creía que todos debían seguir la religión de su elección. Contrató a los funcionarios del gobierno por su capacidad, no por su religión. Tanto hindúes como musulmanes trabajaron en su gobierno.

Akbar gobernó con justicia. Terminó con los impuestos que los peregrinos hindúes tenían que pagar. También anuló los impuestos a los no musulmanes. Para reunir dinero, cobró impuestos de acuerdo con las cosechas que cada quien cultivaba. Esto facilitó a los campesinos el pago de impuestos. Su política de tierras fue menos sabia. Entregó generosamente tierras a los funcionarios del gobierno, pero a su muerte las retiraba. En consecuencia, no se esforzaban por trabajarlas.

Tuvo un ejército poderoso y bien equipado que le permitió ganar y controlar más tierras. Su imperio reunía a cerca de 100 millones de personas: más que las que habitaban toda Europa en ese tiempo.

La política de mezclar distintas culturas produjo dos nuevos idiomas, que eran mezcla de varios idiomas. Uno fue el *hindi,* que aún se habla en grandes extensiones de India. El otro fue el *urdu,* que es el idioma oficial de Paquistán. El imperio cobró fama por su arte, literatura y arquitectura. El mejor ejemplo del arte son las miniaturas: pequeñas pinturas coloridas altamente detalladas. También auspició la construcción de una nueva ciudad capital con muchos edificios.

2. Menciona algunos ejemplos de la política justa de Akbar.

_____

_____

Akbar's Successors (pages 84–87)

¿*Quién* gobernó después de Akbar?

Tras la muerte de Akbar en 1605, su hijo Jahangir subió al poder. Durante su reinado, el verdadero poder estuvo en manos de su esposa Nur Jahan. Ella se confabuló con uno de sus hijos para derrocar a otro hijo. Mantuvo una amarga batalla política con los **sikh,** miembros de una religión no violenta, blanco de los ataques del gobierno.

El siguiente gobernante fue el **sha Jahan.** Tampoco siguió la política de tolerancia religiosa de Akbar. El sha Jahan fue un gran *mecenas* de las artes y construyó hermosos edificios. Uno es el famoso **Taj Mahal,** tumba de su esposa. Pero sus ambiciosos planes de construcción exigieron elevados impuestos y el pueblo sufrió bajo su gobierno.

Su hijo **Aurangzeb** gobernó durante casi 50 años. Logró que el imperio creciera nuevamente gracias a varias conquistas. Su gobierno también trajo nuevos problemas. Era un *devoto* musulmán y castigó a los hindúes y destruyó sus templos. Esto provocó una rebelión que le arrebató parte del imperio. Los sikh controlaron otra parte del imperio.

3. ¿Cómo lidió Aurangzeb con los hindúes?

_____

_____

The Empire's Decline and Decay (page 87)

¿*Por qué* perdió poder el imperio mogol?

Aurangzeb usó todos los recursos del imperio. Perdió la lealtad de la gente. Conforme el poder del estado se debilitó, aumentó el poder de los señores locales. Pronto no quedaron sino estados independientes. Se mantuvo el emperador mogol, pero era sólo una *figura de mando,* no un gobernante con poder real. Mientras el imperio mogol surgía y se eclipsaba, los comerciantes de Occidente se fortalecían. Llegaron a India justo antes de Babur. El shah Jahan permitió que Inglaterra construyera fortalezas comerciales en Madras. Aurangzeb les entregó el puerto de Bombay. Esto dio a los siguientes conquistadores de India una puerta de entrada.

4. ¿Cómo cambió el imperio mogol después de Akbar?

_____

_____

Glosario

alianzas Asociaciones

Anatolia Península al suroeste de Asia, hoy Turquía; también se llama Asia Menor

conquista Acto de conquistar, derrotar o tomar el control

corrupto Con pocos valores morales

devoto Dedicado a la religión o a las obligaciones religiosas

figura de mando Gobernante sin poder real

hindi Mezcla del persa y de lenguas locales que aún se habla en India

hindúes Habitantes de India que practican el hinduismo, la principal religión del país

islam Religión que surgió en Arabia en el siglo 7

mecenas Persona que financia a los artistas

nómada Persona que va de un lado a otro

ocaso Pérdida gradual del poder

perseguir Hacer sufrir a otros por sus creencias

shi'a Rama del islam

sultanes Gobernantes de los estados musulmanes

sunni Rama del islam

urdu Mezcla de árabe, persa e hindi; idioma oficial de Paquistán

DESPUÉS DE LEER

Términos y nombres

A. Llena los espacios en blanco con el término que mejor completa el párrafo.

Suleymán el Legislador
Timur el Inválido
Osmán
ghazi
Mehmet II

El imperio otomano comenzó cuando un **1** _____ triunfador formó un pequeño estado en la península de Anatolia. Ese guerrero se llamaba **2** _____. La palabra "otomano" se deriva de ese nombre. El auge del imperio otomano fue interrumpido por un guerrero llamado **3** _____. Conquistó Persia y Rusia. Después, una serie de gobernantes poderosos restauraron el poder del imperio otomano. Cuando **4** _____ conquistó Constantinopla, abrió la ciudad a ciudadanos de muchas religiones y de muchos lugares. Aunque sus logros fueron grandes, el principal período del imperio otomano fue bajo el gobierno de **5** _____. Implantó una organización social altamente estructurada y alcanzó muchos logros culturales para los otomanos.

B. Escribe la letra del nombre o término junto a su descripción.

a. Babur

b. Ismael

c. Isfahan

d. Akbar

e. Aurangzeb

_____ **1.** Gobernante safávido que se apoderó de la mayor parte del actual Irán

_____ **2.** Ciudad capital del imperio safávido del sha Abba

_____ **3.** Emperador mogol que agotó los recursos del imperio mientras que el poder de los señores locales aumentaba

_____ **4.** Fundador del imperio mogol

_____ **5.** Gobernante mogol musulmán que defendió la libertad religiosa y mezcló culturas

DESPUÉS DE LEER (continued)   *CHAPTER 2* The Muslim World Expands

Ideas principales

1. ¿Cómo llegaron al poder los otomanos?

_____

_____

2. ¿Cómo usó Suleymán el Legislador a los esclavos en su gobierno?

_____

_____

3. ¿En dónde sucede la mezcla cultural?

_____

_____

4. ¿Por qué perdió poder el imperio safávido?

_____

_____

5. ¿Cuáles fueron los cuatro logros principales de Akbar?

_____

_____

Pensamiento crítico

Contesta estas preguntas en una hoja aparte.

1. ¿Cómo se mezclaron las culturas durante el imperio safávido?

2. ¿Por qué después de Akbar los gobernantes contribuyeron al fin del imperio mogol?

Name _____ Date _____

CHAPTER 3 Section 1 (pages 95–101)

Europeans Explore the East

ANTES DE LEER

En el capítulo anterior, leíste acerca de cómo se formaron imperios en Asia.

En esta sección, aprenderás por qué y cómo los europeos comenzaron una era de exploraciones.

AL LEER

Usa la línea cronológica para tomar notas sobre sucesos importantes de las exploraciones europeas.

TÉRMINOS Y NOMBRES
Bartolomé Díaz Explorador portugués que dio la vuelta a África
príncipe Enrique Príncipe portugués interesado en las exploraciones
Vasco de Gama Explorador que dio a Portugal una ruta marítima directa a India
Tratado de Tordesillas Tratado con que España y Portugal se repartieron las tierras descubiertas
Compañía Holandesa de las Indias Orientales Compañía holandesa que estableció y dirigió el comercio en Asia

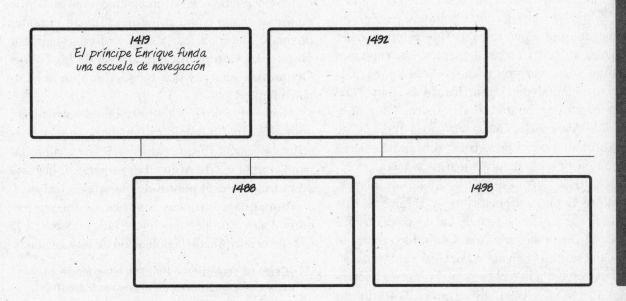

1419
El príncipe Enrique funda una escuela de navegación

1492

1488

1498

For "God, Glory, and Gold"
(pages 95–96)

¿*Por qué* los europeos comenzaron a explorar nuevas tierras?

Durante muchos siglos, los europeos no tuvieron mucho contacto con pueblos de otras tierras. Eso cambió en el siglo 15. Los europeos buscaban nuevas fuentes de riquezas. Con la exploración de los mares, los comerciantes querían encontrar rutas más rápidas a Asia, fuente de especias y de

productos lujosos. Otra razón de las exploraciones era difundir el cristianismo a tierras nuevas.

Bartolomé Díaz, uno de los primeros exploradores portugueses, explicó sus motivos: "servir a Dios y a su Majestad, llevar la luz a los que viven en tinieblas y enriquecerme, como desean todos los hombres".

Los avances tecnológicos permitieron esos viajes. Un nuevo tipo de barco, la *carabela*, era más fuerte que los anteriores. Tenía velas triangulares que permitían navegar contra el viento. Los barcos podían internarse más en el océano. La brújula permitía a los capitanes marinos seguir su curso con más precisión.

1. ¿Cuáles fueron las dos principales razones de las exploraciones europeas?

_____

_____

_____

Portugal Leads the Way; Spain Also Makes Claims
(pages 96–99)

¿Por qué Portugal encabezó las exploraciones?

El país que inventó y primeró usó las carabelas y la brújula fue Portugal. El **príncipe Enrique** estaba muy interesado en la exploración. En 1419, fundó una escuela de *navegación*. Capitanes, cartógrafos y navegantes se reunieron ahí a intercambiar ideas.

Durante las décadas siguientes, los capitanes portugueses navegaron cada vez más lejos por la costa occidental de África. En 1488, Bartolomé Díaz llegó a la punta sur de África. Diez años después, **Vasco de Gama** navegó a India, y de regreso, alrededor de África. Los portugueses habían encontrado una ruta marina a Asia.

Mientras, los españoles hicieron planes. Cristóbal Colón convenció al rey y la reina de que podía llegar a Asia navegando hacia occidente. En 1492, en vez de llegar a Asia, Colón tocó tierra en islas americanas. España y Portugal se disputaron cuál nación tenía derechos sobre las tierras adonde llegó Colón. En 1494, firmaron el **Tratado de Tordesillas,** que dividió al mundo en dos regiones. Portugal obtuvo el derecho a controlar las regiones orientales: África, India y otras partes de Asia. España ganó las partes occidentales y la mayor parte de América.

2. ¿Cómo solucionaron sus diferencias España y Portugal respecto a las nuevas tierras?

_____

_____

_____

Trading Empires in the Indian Ocean (pages 99–101)

¿Quién estableció imperios comerciales en el océano Índico?

Portugal inmediatamente buscó beneficios económicos de la ruta del océano Índico. Mediante su fuerza militar, Portugal se apoderó de unas islas ricas en codiciadas especias que se llamaban las islas de las Especias. Ahora las especias costaban una quinta parte de lo que antes costaban, pero así y todo enriquecieron a Portugal.

Otros países europeos se unieron a este comercio. En el siglo 17, ingleses y holandeses entraron en las Indias orientales. Rápidamente debilitaron el poder portugués en la región. Después, Inglaterra y Holanda establecieron, cada una, una Compañía de las Indias Orientales para controlar el comercio asiático. Esas compañías eran más que empresas. Eran como gobiernos. Tenían el poder de emitir dinero, firmar tratados y formar ejércitos propios. La **Compañía Holandesa de las Indias Orientales** era más rica y poderosa que la compañía inglesa.

Hacia el siglo 18, los holandeses gobernaban gran parte de Indonesia. Tenían puntos comerciales en muchos otros países asiáticos y gobernaban la punta sur de África. Por su parte, Inglaterra y Francia obtenían puntos de entrada en India.

Aunque los europeos controlaban el comercio entre Asia y Europa, ejercieron poco impacto en la vida de la mayoría de la población de esas regiones.

3. ¿Cómo se convirtieron Holanda e Inglaterra en potencias comerciales en el océano Índico?

_____

_____

_____

China Limits European Contacts

ANTES DE LEER

En la sección anterior, leíste acerca de las exploraciones europeas en Oriente.

En esta sección, leerás acerca de las reacciones de China ante el mundo.

AL LEER

Usa el cuadro para mostrar los avances importantes de las dinastías Ming y Qing.

TÉRMINOS Y NOMBRES
Hongwu Comandante de un ejército rebelde que expulsó a los mongoles de China en 1368
dinastía Ming Dinastía china que gobernó de 1368 a 1644
Yonglo Gobernante Ming, hijo de Hongwu
Zheng He Almirante musulmán que dirigió siete viajes de exploración durante la dinastía Ming
manchúes Grupo de Manchuria
dinastía Qing Dinastía china que siguió a la Ming y que comenzó con los manchúes
Kangxi Poderoso emperador manchú de la dinastía Qing

DINASTÍA MING	DINASTÍA QING
Hongwu es el primer emperador	

China Under the Powerful Ming Dynasty (pages 102–105)

¿Qué sucedió durante la dinastía Ming?

El gobierno mongol en China terminó en 1368, cuando **Hongwu,** a la cabeza de un ejército *rebelde,* controló al país. Se proclamó primer emperador de la **dinastía Ming,** que duró casi 300 años. Al inicio de su gobierno, aumentó la producción de alimentos y mejoró el gobierno. Después se volvió suspicaz y desconfiado. Causó la muerte de mucha gente de quien sospechaba que tramaba contra él.

Su hijo **Yonglo** continuó las mejores políticas del padre. Además, realizó un esfuerzo enorme por entrar en contacto con otros pueblos asiáticos. A partir de 1405, un almirante llamado **Zheng He** navegó al sureste de Asia, India, Arabia y África. Dondequiera que iba repartía regalos para mostrar la superioridad china.

Con el tiempo, China cambió su postura frente al comercio extranjero. Comenzó a aislarse. Sólo permitió que los europeos comerciaran en tres puertos, pero en toda la costa se realizaba comercio ilegal. Los europeos querían sedas y cerámica chinas y pagaban en plata. La manufactura no se desarrolló mucho en China. Las ideas *confucionistas* que moldearon el pensamiento chino decían que la agricultura era la mejor forma de vida, así es que la manufactura tenía enormes impuestos. Por esa época entraron en China *misioneros*, llevando tanto cristianismo como tecnología.

1. **¿Cómo influyeron los extranjeros en China durante la dinastía Ming?**

_____

_____

_____

_____

Manchus Found the Qing Dynasty (pages 105–106)

¿Cómo cambió China durante la dinastía Qing?

La dinastía Ming perdió poder porque el gobierno no solucionó varios problemas. Los **manchúes** —quienes venían de tierras al norte de China llamadas Manchuria— controlaron al país en 1644. Comenzaron la **dinastía Qing.** Dos emperadores importantes fueron **Kangxi** y su nieto Qian-long. Incorporaron grandes extensiones de tierras, aumentaron la riqueza china y auspiciaron la producción artística.

Los chinos querían que los europeos siguieran ciertas reglas para continuar el comercio, como comerciar sólo en ciertos puertos y pagar cuotas. Los holandeses estaban dispuestos a hacerlo y obtuvieron la mayor parte del comercio chino. Pero los británicos no aceptaron esas reglas.

Al mismo tiempo, surgió un sentimiento de orgullo nacional en Corea, la cual había estado *dominada* por China desde tiempo atrás.

2. **¿Por qué el comercio fue un problema durante la dinastía Qing?**

_____

_____

_____

_____

Life in Ming and Qing China
(page 107)

¿Cómo era la vida en la China Ming y Qing?

En China, la producción de arroz y el largo período de paz elevó el nivel de vida. En los siglos 17 y 18, el número de habitantes casi se duplicó. La gran mayoría de la gente se dedicaba a la agricultura. Gracias al uso de fertilizantes y de mejor *irrigación,* pudieron cultivar más alimentos. El nivel de nutrición mejoró. Esto provocó el aumento de la población.

En las familias chinas, los hijos eran más preciados que las hijas. Se creía que sólo los hijos podían realizar las obligaciones religiosas de la familia y atender las tierras. Por eso, se mataba a muchas niñas, y las mujeres adultas tenían pocos derechos.

Las invasiones extranjeras de Manchuria y la presión de los comerciantes europeos preocuparon a los chinos. Trataron de preservar sus tradiciones y su aislamiento. Los artistas crearon libros y pinturas que mostraban los valores e ideas tradicionales. Las obras de teatro de la historia y los héroes de China eran populares y ayudaron a unificar al pueblo chino.

3. **¿Qué partes de la sociedad mejoraron durante esta época y cuáles continuaron igual?**

_____

_____

_____

_____

Japan Returns to Isolation

TÉRMINOS Y NOMBRES

daimyo Jefes guerreros

Oda Nobunaga *Daimyo* que quería controlar todo Japón y se apoderó de Kioto

Toyotomi Hideyoshi *Daimyo* que controló casi todo Japón

shogunato Tokugawa Dinastía que gobernó Japón desde 1603 hasta 1868

kabuki Forma de teatro japonés

haiku Forma de poesía japonesa

ANTES DE LEER

En la sección anterior, leíste acerca de cómo China reaccionó ante los extranjeros.

En esta sección, leerás acerca de la guerra civil en Japón y sus efectos.

AL LEER

Usa el cuadro para mostrar cómo cambió Japón después de su unificación.

```
                    ┌─────────────────────┐
                    │  Japón se unifica   │
                    └─────────────────────┘
        ┌──────────────┬──────────┴─────────┬──────────────┐
        ▼              ▼                     ▼              ▼
  ┌──────────┐   ┌──────────┐         ┌──────────┐   ┌──────────┐
  │ políticos│   │económicos│         │culturales│   │ sociales │
  │          │   │          │         │          │   │          │
  │Nuevo     │   │          │         │          │   │          │
  │sistema   │   │          │         │          │   │          │
  │de        │   │          │         │          │   │          │
  │gobierno: │   │          │         │          │   │          │
  │El        │   │          │         │          │   │          │
  │shogunato │   │          │         │          │   │          │
  │Tokugawa  │   │          │         │          │   │          │
  └──────────┘   └──────────┘         └──────────┘   └──────────┘
```

A New Feudalism Under Strong Leaders (pages 108–110)

¿*Por qué* peleaban en Japón?

Entre 1467 y 1568, Japón entró en un período oscuro y largo de guerra civil. Poderosos guerreros controlaron grandes regiones. Los llamaban **daimyo.** Ejercían el principal poder en el país. Los *daimyo* se peleaban entre sí constantemente para ganar más tierras.

En 1568, uno de los *daimyo*, **Oda Nobunaga,** controló Kioto. Era la sede de la capital imperial. Otro general, **Toyotomi Hideyoshi,** continuó su trabajo de reunir a todo Japón bajo un solo gobierno. Logró su propósito en 1590, por medio de la conquista militar y la *diplomacia* inteligente. Pero no logró su propósito de capturar Corea.

Tokugawa Ieyasu terminó el trabajo de *unificar* Japón. Se convirtió en *shogún*, o gobernante único. Mudó la capital de Japón a una pequeña aldea llamada Edo que, después, creció hasta convertirse en la ciudad de Tokio.

Si bien todo Japón estaba gobernado por Tokugawa, los *daimyo* aún tenían mucho poder. Tokugawa solucionó ese problema obligándolos a seguir sus órdenes. Tokugawa murió en 1616 pero fundó una dinastía familiar. Todos los shogún que lo siguieron pertenecían a su familia. Todos mantuvieron un poderoso gobierno central en Japón. Ese sistema de gobierno se llamó **shogunato Tokugawa;** duró hasta 1867.

1. ¿Cuáles fueron los tres gobernantes que unificaron Japón?

_____

_____

Life in Tokugawa Japan (page 110)

¿*Cómo* se organizó la sociedad Tokugawa?

El nuevo gobierno trajo un largo período de paz y prosperidad para la mayoría de la población. Pero los campesinos sufrieron mucho durante esa época. Trabajaban mucho y pagaban elevados impuestos. Muchos abandonaron el campo para mudarse a las ciudades. A mediados del siglo 18, Edo tenía más de un millón de habitantes. Quizá era la mayor ciudad del mundo. Las mujeres encontraron más oportunidades de trabajo en ésta y otras ciudades que en el campo.

La cultura *tradicional* se fortaleció. Prefería los dramas ceremoniales, historias de guerreros antiguos y pinturas con escenas clásicas. Sin embargo, en las ciudades surgieron nuevos estilos. Los citadinos iban a representaciones de **kabuki,** o dramas sobre la vida urbana. Los hogares se decoraron con grabados de escenas urbanas. Además se leía poesía **haiku,** que ofrece imágenes en vez de expresar ideas.

2. ¿Qué tipos de cultura nueva y vieja se encontraba en las ciudades?

_____

_____

_____

Contact Between Europe and Japan; The Closed Country Policy (pages 111–113)

¿*Quién* fue a Japón?

En 1543, comenzaron a llegar a Japón europeos. Los portugueses fueron los primeros. Al principio, los comerciantes japoneses y el *daimyo* les dieron la bienvenida. Incluso aceptaron a los misioneros cristianos que llegaron después de 1549. Algunos misioneros criticaron las creencias tradicionales japonesas. Además, se involucraron en la política local. Tokugawa se preocupó. En 1612, prohibió el cristianismo en el país y los cristianos fueron perseguidos. Durante los veinte años siguientes, Japón logró expulsar a todos los cristianos del país. Esto formaba parte de un plan general para proteger al país de la influencia europea.

En 1639, el gobierno cerró las fronteras, excepto una ciudad portuaria. Sólo permaneció abierta a los chinos y los holandeses. Los shogúns Tokugawa controlaron esa ciudad portuaria, así que controlaban el contacto extranjero. Durante los siguientes 200 años, Japón permaneció cerrado prácticamente a todo contacto europeo.

3. ¿Por qué Japón selló casi todas sus fronteras?

_____

_____

_____

Emperador
Máxima posición en la sociedad, pero sin poder político

Daimyo
Grandes terratenientes

Shogún
Gobernante único

Guerreros samurai
Leales a daimyo y a shogún

Campesinos
Cuatro quintos de la población

Artesanos
Artistas y herreros

Comerciantes
De clase baja pero que gradualmente ganaron influencias

Desarrollo de destrezas

Usa la ilustración para contestar las preguntas.

1. ¿Cuáles fueron los tres grupos que controlaron a la sociedad japonesa?

_____

_____

2. ¿Cuál era la relación entre los samurai y otras clases de la sociedad japonesa?

_____

_____

_____

Glosario   CHAPTER 3 An Age of Explorations and Isolation

carabela Barco de vela fuerte diseñado en el siglo 15

confucionista Relacionado con Confucio, quien predicó principios de orden social, armonía y buen gobierno

diplomacia Manejo de relaciones entre naciones

dominado Gobernado o sometido por otros

irrigación Método de abastecer de agua los sembradíos

misioneros Personas que llevan ideas religiosas a otros lugares

navegación Orientarse en el mar

rebelde Que se levanta contra el gobierno

shogún Supremo comandante militar que gobernó en nombre del emperador

tradicional Basado en lo que se ha hecho en el pasado

unificar Reunir bajo un solo gobierno

DESPUÉS DE LEER

Términos y nombres

A. Llena los espacios en blanco con el término que mejor completa el párrafo.

Kangxi

Yonglo

Hongwu

Zheng He

manchúes

En China, la gran dinastía Ming comenzó cuando **1** _____, a la cabeza de un ejército rebelde, venció a los mongoles. Realizó algunos cambios buenos en China que mejoraron el gobierno y aumentaron la producción de alimentos. Su hijo **2** _____ continuó sus mejores políticas. Entre otras, envió al almirante **3** _____ en viajes de exploración. Pero el poder de la dinastía Ming declinó. Grupos de Manchuria, conocidos como **4** _____, tomaron el control. Establecieron la dinastía Qing. El emperador **5** _____ fue uno de sus gobernantes más importantes.

B. Escribe la letra del nombre o término junto a su descripción.

a. haiku

b. Tratado de Tordesillas

c. Vasco de Gama

d. Bartolomé Díaz

e. *daimyo*

_____ **1.** Navegó alrededor de África hasta India y de regreso a Portugal

_____ **2.** Jefes guerreros

_____ **3.** Realizó el primer viaje que alcanzó la punta sur de África

_____ **4.** Poema que ofrece imágenes

_____ **5.** Acuerdo entre Portugal y España para repartirse el mundo en dos regiones

DESPUÉS DE LEER (cont.) CHAPTER 3 An Age of Explorations and Isolation

Ideas principales

1. ¿Qué país comenzó las exploraciones europeas y por qué?

_____

_____

2. ¿Qué países establecieron imperios comerciales en el océano Índico?

_____

_____

3. ¿Por qué terminó la dinastía Ming?

_____

_____

4. ¿Cuál fue el mayor logro de Toyotomi Hideyoshi?

_____

_____

5. ¿Cómo reaccionaron los japoneses ante la llegada de extranjeros?

_____

_____

Pensamiento crítico

Contesta estas preguntas en una hoja aparte.

1. ¿Por qué los europeos comenzaron a explorar los mares y qué avances tecnológicos lo hicieron posible?

2. ¿Qué factores provocaron el crecimiento de la población china?

Spain Builds an American Empire

ANTES DE LEER

En el capítulo anterior, leíste acerca de las exploraciones europeas en el oriente.

En esta sección, estudiarás las exploraciones españolas y portuguesas en América.

AL LEER

Usa el cuadro para mostrar resultados de la conquista española.

TÉRMINOS Y NOMBRES

Cristóbal Colón Explorador italiano que llegó a América

colonia Tierra controlada por otra nación

Hernán Cortés Conquistador que derrotó a los aztecas

conquistadores Exploradores españoles de América

Francisco Pizarro Conquistador que derrotó a los incas

Atahualpa Último emperador inca

mestizo Descendiente de españoles y amerindios

encomienda Sistema de minería y agricultura que usó a los amerindios como mano de obra esclava

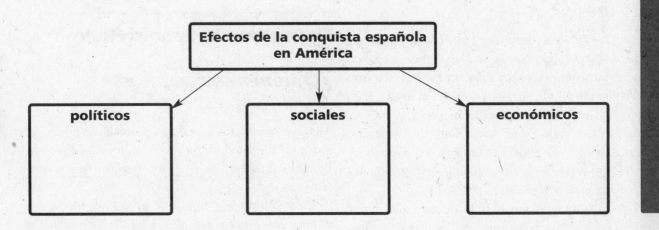

The Voyage of Columbus

(pages 119–120)

¿*Cómo* cambió a América el viaje de Colón?

En 1492, **Cristóbal Colón,** un navegante italiano, realizó un viaje a nombre de España. Navegó al occidente, esperando llegar a Asia. Pero llegó a América. Colón pensó que había llegado a las Indias Orientales en Asia. Por esa equivocación llamó "indios" a los pueblos que encontró. Colón reclamó las tierras en nombre de España. A partir de entonces, España comenzó a crear **colonias.** Las colonias son tierras controladas por otra nación.

En 1500, un explorador portugués reclamó Brasil. En 1501, Américo Vespucio exploró la costa atlántica de Suramérica. Dijo que esas tierras eran un mundo nuevo. Poco después, un cartógrafo mostró las tierras como un continente distinto. Las llamó América por Vespucio.

Otros viajes dieron a los europeos más conocimientos acerca del mundo. Balboa llegó al océano Pacífico. Fernando Magallanes dio la vuelta al mundo.

1. ¿Qué viajes dieron a los europeos más conocimiento del mundo?

_____

_____

Spanish Conquests in Mexico

(pages 120–122)

¿*Por qué* España conquistó a los aztecas?

Los **conquistadores** españoles comenzaron a explorar las tierras de América en el siglo 16. Buscaban grandes riquezas. En 1519, **Hernán Cortés** llegó a México y derrotó al poderoso *imperio azteca,* gobernado por Moctezuma II.

2. ¿Cuál era el objetivo principal de las conquistas de Cortés?

_____

_____

Spanish Conquests in Peru

(pages 122–123)

¿*Cómo* construyó España un imperio?

Cerca de 15 años después, **Francisco Pizarro** comandó otras fuerzas españolas a Suramérica. Conquistaron el poderoso *imperio inca* al mando de **Atahualpa,** el último emperador inca. De nuevo, los españoles encontraron oro y plata. A mediados del siglo 16, España tenía un imperio americano que abarcaba de los actuales México a Perú. Después de 1540, los españoles exploraron lo que sería Estados Unidos.

Los españoles vivían entre la gente que conquistaron. Se casaron con mujeres amerindias. Sus hijos y *descendientes* eran **mestizos:** gente con mezcla de sangre española y amerindia. Los españoles formaron grandes fincas y minas donde usaron a los amerindios como mano de obra esclava. Este sistema se llamó **encomienda.**

Una vasta región de América —Brasil— era *posesión* de Portugal. A partir de 1830, comenzaron a establecerse colonos portugueses. Construyeron enormes fincas llamadas *plantaciones* para cultivar azúcar, la cual tenía demanda en Europa.

3. Nombra dos conquistadores y explica lo que hicieron.

_____

_____

Spain's Influence Expands

(page 124)

¿*En dónde* esperaba España obtener más poder?

Pronto, España comenzó a buscar más poder en América. Empezó a mirar hacia las tierras que ahora son Estados Unidos. Exploradores como Coronado realizaron expediciones a la región. Los acompañaron sacerdotes católicos.

4. ¿Qué área exploró Coronado?

_____

_____

Opposition to Spanish Rule

(page 125)

¿*Quiénes* se opusieron al gobierno español?

Algunos sacerdotes españoles protestaron contra el sistema de encomiendas. Un monje llamado Bartolomé de las Casas y otros lograron que terminara ese sistema.

Los amerindios también se resistieron a los nuevos gobiernos españoles. Una de las *rebeliones* más serias ocurrió en Nuevo México. Un dirigente pueblo llamado Popé encabezó una revuelta bien organizada de cerca de 17,000 guerreros. Expulsó a los españoles de la región durante 12 años.

5. ¿Qué desafíos enfrentaron los españoles?

_____

_____

CHAPTER 4 Section 2 (pages 127–131)

European Nations Settle North America

ANTES DE LEER

En la sección anterior, leíste acerca de las conquistas españolas.

En esta sección, aprenderás cómo otras naciones compitieron por el poder en Norteamérica.

AL LEER

Usa la red a continuación para mostrar los grupos que querían tierras en Norteamérica.

TÉRMINOS Y NOMBRES

Nueva Francia Región de América explorada y reclamada por Francia

Jamestown Primer asentamiento permanente en Norteamérica

peregrinos Grupo de ingleses que fundó una colonia en Plymouth

puritanos Gente que no aprobaba las prácticas de la Iglesia de Inglaterra

Nueva Amsterdam Colonia holandesa establecida en la actual ciudad de Nueva York

Guerra contra Franceses e Indígenas Guerra entre Gran Bretaña y Francia por las tierras de Norteamérica

Metacom Dirigente amerindio que atacó aldeas en Massachusetts; también fue llamado rey Felipe

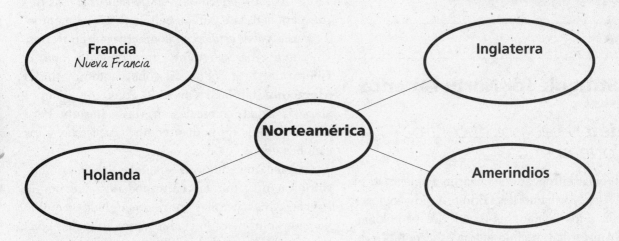

Francia *Nueva Francia* — Inglaterra — Norteamérica — Holanda — Amerindios

Competing Claims in North America (pages 127–128)

¿Qué nuevas colonias se formaron en Norteamérica?

A principios del siglo 16, los franceses comenzaron a explorar Norteamérica. Jacques Cartier bautizó el río St. Lawrence. Después lo siguió hasta el sitio del actual Montreal. En 1608, Samuel de Champlain navegó hasta el actual Quebec. En cerca de cien años, los franceses exploraron y reclamaron la región alrededor de los Grandes Lagos y del río Mississippi hasta su desembocadura en el golfo de México. La región se llamó **Nueva Francia.** La principal actividad de esta colonia era el comercio de pieles de castor.

1. ¿Cuál fue la principal actividad económica de Nueva Francia?

_____

_____

The English Arrive in North America (pages 128–129)

¿Por qué se asentaron los ingleses en Massachusetts?

Los ingleses también colonizaron Norteamérica. El primer asentamiento permanente fue **Jamestown,** en la actual Virginia. Fue fundado en 1607. La colonia luchó al principio por sobrevivir. Muchos colonos murieron por enfermedad, hambre o guerras contra los amerindios. Pronto, comenzaron a cultivar tabaco, para el cual había gran demanda en Europa.

En 1620, un grupo conocido como los **peregrinos** fundó una segunda colonia inglesa en Plymouth, Massachusetts. Estos colonos y otros que siguieron eran profundamente religiosos y no aprobaban las prácticas de la Iglesia de Inglaterra. Los llamaban **puritanos.**

Mientras, los holandeses fundaron otra colonia. Se establecieron en la actual ciudad de Nueva York y la llamaron **Nueva Amsterdam.** Al igual que los franceses, comerciaron con pieles. La colonia fue hogar de gente de muchas culturas. Los europeos también tomaron posesión de muchas islas del Caribe, y construyeron plantaciones de tabaco y azúcar con esclavos africanos.

2. ¿Cuáles fueron los dos lugares donde se establecieron los colonos ingleses?

_____

_____

The Struggle for North America
(pages 129–130)

¿**Quién** peleó por el control de Norteamérica?

Las potencias europeas comenzaron a pelear por el control de Norteamérica. Primero, los ingleses obligaron a los holandeses a cederles su colonia. Nueva Amsterdam recibió entonces el nombre de Nueva York. Los ingleses también fundaron colonias a lo largo de la costa del Atlántico desde New Hampshire hasta Georgia. Estos colonos ingleses interfirieron con los colonos franceses de Canadá.

Los británicos y los franceses pelearon por el control del valle del Ohio en 1754. Esa lucha se llamó la **Guerra contra Franceses e Indígenas.** Al terminar, en 1763, Francia tuvo que darle sus colonias de Norteamérica a Inglaterra.

3. ¿Cómo ganó Inglaterra el control de las colonias de Francia?

_____

_____

_____

Native Americans Respond
(pages 130–131)

¿**Cómo** respondieron los amerindios a los colonos?

Los amerindios respondieron a los colonos de muchas maneras. Muchos trabajaron con los franceses y los holandeses en el comercio de pieles, y se beneficiaron. La relación con los ingleses fue más difícil. Los ingleses, más que en el comercio, estaban interesados en colonizar las tierras y cultivarlas. Así, los amerindios no podían usar esas tierras para la caza o para el cultivo de sus alimentos.

Varias veces *estallaron* conflictos por las tierras. Uno de los más sangrientos fue conocido como la Guerra del Rey Felipe. El gobernante amerindio **Metacom** (también conocido como rey Felipe) atacó 52 aldeas coloniales en Massachusetts. Pero los amerindios no podían contra las pistolas y los cañones de los colonos.

Al igual que en tierras españolas, los amerindios sufrieron más por las enfermedades que por la guerra. Miles y miles murieron debido a enfermedades europeas, lo cual les impidió luchar contra el crecimiento de las colonias.

4. ¿Por qué los amerindios perdieron su modo de vida?

_____

_____

The Atlantic Slave Trade

TÉRMINOS Y NOMBRES

trata de esclavos del Atlántico Compra y venta de africanos para trabajar en América

triángulo comercial Comercio europeo de esclavos y otros productos entre América, África y Europa

viaje del medio Viaje que traía a los africanos capturados a las Indias Occidentales y a América

ANTES DE LEER

En la sección anterior, leíste acerca de cómo se establecieron las distintas naciones europeas en Norteamérica.

En esta sección, leerás acerca del comercio de esclavos que trajo africanos a América.

AL LEER

Usa el cuadro para tomar notas sobre las rutas del triángulo comercial.

¿Quién comerció?	¿Qué se comerció?	¿Adónde se enviaron los productos?
Españoles, portugueses y otros		

Comercio triangular

The Causes of African Slavery
(pages 132–133)

¿Qué fue la trata de esclavos del Atlántico?

La esclavitud tiene una larga historia en África y en el mundo. Durante casi toda la historia de África, el número de esclavos fue reducido. Eso cambió en el siglo 7, cuando los comerciantes musulmanes comenzaron a llevarse gran número de esclavos al suroeste de Asia.

La mayoría trabajaba como sirvientes y tenía ciertos derechos. Además, los hijos y las hijas de esclavos eran libres. En el siglo 16 los europeos empezaron un comercio de esclavos mayor y los esclavos recibieron trato más cruel.

En América, los europeos primero pusieron a los amerindios a trabajar la tierra y las minas. Como se morían por enfermedades y maltrato, los europeos trajeron africanos. La compra y venta de africanos en América se llamó la **trata de esclavos del Atlántico.** De 1500 a 1870, cuando el comercio de esclavos por fin terminó, *importaron* cerca de 9.5 millones de africanos como esclavos.

Los españoles iniciaron la práctica de traer africanos a América. Pero los portugueses aumentaron la demanda de esclavos para trabajar en las plantaciones de azúcar de Brasil.

1. ¿Por qué trajeron esclavos a América?

_____

_____

Slavery Spreads Throughout the Americas (pages 133–134)

¿Qué clase de cultivos había en América?

Otras colonias europeas también trajeron esclavos para trabajar en las plantaciones de tabaco, azúcar y café. Las colonias inglesas trajeron cerca de 400,000 esclavos a Norteamérica. La población de esclavos aumentó a cerca de dos millones en 1830.

Muchos gobernantes africanos participaron en el comercio de esclavos. Se internaron en África para capturar gente y llevarla a la costa para venderla a los comerciantes europeos.

2. ¿Cómo participaron en el comercio de esclavos algunos gobernantes africanos?

_____

_____

A Forced Journey (page 134–135)

¿Qué se comerciaba en el triángulo comercial?

Los africanos traídos a América eran parte de un **triángulo comercial** entre Europa, África y América. Los barcos europeos llevaban productos manufacturados a África y los vendían a cambio de seres humanos. Traían africanos por el Atlántico hasta América, donde los vendían como esclavos. Después, compraban azúcar, café y tabaco para llevar a Europa.

Otro triángulo empezaba en las colonias inglesas de Norteamérica. Llevaba ron a África, seres humanos a las Indias Occidentales, y azúcar y melaza a las colonias inglesas para fabricar ron.

A la parte del triángulo que traía esclavos a América se le dio el nombre de **viaje del medio.** Era duro y cruel. A los africanos los amontonaban en los barcos, los golpeaban y los alimentaban mal. Cerca del 20 por ciento moría en los barcos.

3. ¿Qué fue el triángulo comercial?

_____

_____

Slavery in the Americas; Consequences of the Slave Trade (pages 135–136)

¿Cómo era la vida para los esclavos?

La vida en las plantaciones también era muy dura. Los esclavos eran vendidos al mejor postor. Trabajaban en los campos desde el amanecer hasta el anochecer. Vivían en pequeñas chozas, con poca comida y poca ropa. Así y todo, los africanos preservaron sus creencias y música tradicionales. En muchas ocasiones se rebelaron. De Norteamérica a Brasil, desde 1522 hasta el siglo 19, hubo muchas revueltas esclavas en pequeña escala.

La trata de esclavos del Atlántico tuvo un enorme impacto tanto en África como en América. En África, muchas culturas perdieron generaciones enteras. Los africanos comenzaron a luchar entre sí por el control del comercio de esclavos.

La mano de obra africana contribuyó al desarrollo de América. Además, los africanos trajeron conocimientos y cultura. Muchas de las naciones de América tienen una mezcla racial.

4. ¿Cómo cambiaron a América los africanos?

_____

_____

The Columbian Exchange and Global Trade

ANTES DE LEER

En la sección anterior, leíste acerca de la trata de esclavos.

En esta sección, aprenderás acerca de otras formas de comercio.

AL LEER

Usa el cuadro para tomar notas sobre la transferencia colombina.

TRANSFERENCIA COLOMBINA	
Sale de América	**Llega a América**
tomates, maíz, papas	

The Columbian Exchange
(pages 137–139)

¿Qué fue la transferencia colombina?

Entre Europa, África y América se dio un movimiento constante de personas y productos. El traslado mundial de alimentos, plantas y animales a gran escala se llamó **transferencia colombina.** Alimentos importantes de América, como maíz y papa, llegaron a Europa, África y Asia.

Algunos alimentos viajaron del Viejo al Nuevo Mundo. Los plátanos, los frijoles de carita y los camotes llegaron a América de África. En América no había ganado, cerdos ni caballos hasta que los europeos los trajeron. También llegaron enfermedades mortales que mataron a gran parte de la población amerindia.

1. ¿Qué llevó la transferencia colombina de América y qué trajo?

_____

_____

Global Trade (pages 139–140)

¿*Cómo* cambió el comercio?

La colonización de América y el crecimiento comercial provocaron una revolución económica que originó una serie de prácticas comerciales que aún existen. Una fue el surgimiento de un sistema económico llamado **capitalismo.** Se basa en la *propiedad privada* y en el derecho de los negocios a obtener ganancias del dinero que invierten.

Otra idea comercial nueva fue la **compañía de sociedad de capitales.** En este tipo de compañía, muchos inversionistas reúnen su dinero para iniciar un negocio y compartir las ganancias.

2. ¿Qué es el capitalismo?

_____

_____

The Growth of Mercantilism
(pages 140–141)

¿*Por qué* fueron importantes las colonias en el mercantilismo?

Durante la revolución económica, los gobiernos europeos comenzaron a aplicar una idea llamada **mercantilismo.** Conforme a esta teoría, el poder de una nación depende de sus riquezas. Obtener más oro y plata aumenta la riqueza de un país, al igual que vender más productos de los que compra. Vender más de lo que se compra produce una **balanza favorable de comercio.** Las colonias desempeñaron un papel importante porque proporcionaron productos que podían venderse.

La sociedad europea experimentó cambios debido a las colonias americanas. Los comerciantes se volvieron ricos y poderosos. Los pueblos y ciudades crecieron. Pero la mayoría de la gente vivía del trabajo agrícola en el campo y era pobre.

3. ¿Por qué las colonias fueron importantes para el mercantilismo europeo?

_____

_____

Glosario **CHAPTER 4** The Atlantic World

descendientes Hijos de un grupo familiar

estallar Surgir

imperio azteca Gran imperio con profundas creencias religiosas y ejército poderoso en el valle de México

imperio inca El mayor imperio de América en los Andes

importar Traer de otro país

plantaciones Enormes fincas dedicadas a un solo cultivo

posesión Tierras propiedad de otro país

propiedad privada Propiedad de individuos en vez de grupos o gobiernos

rebeliones Levantamientos contra el gobierno

DESPUÉS DE LEER

Nombres y términos

A. Llena los espacios en blanco con el término que mejor completa cada oración.

puritanos
peregrinos
Nueva Francia
Nueva Amsterdam
Jamestown
colonia

La primera **1** _____ permanente que se estableció en el actual Estados Unidos fue **2** _____. Poco después otro grupo de **3** _____ cruzó el océano y fundó una colonia en Plymouth. Fue seguido por otros **4** _____ que también se establecieron en el actual Massachusetts. Establecidas por ingleses, estas colonias se llamaron Nueva Inglaterra. El imperio que estableció Francia en América se llamó **5** _____ . El imperio establecido por los holandeses en América se llamó **6** _____.

B. Escribe la letra del nombre o término junto a su descripción.

a. mercantilismo

b. capitalismo

c. viaje del medio

d. balanza favorable de comercio

e. trata de esclavos del Atlántico

_____ **1.** Compra y venta de africanos para trabajar en América

_____ **2.** Condición económica alcanzada al vender más de lo que se compra

_____ **3.** Sistema económico que alienta las ganancias

_____ **4.** Política económica que dice que el poder de un país depende principalmente de su riqueza

_____ **5.** Viaje de africanos capturados a América

Ideas principales

1. ¿Por qué franceses e ingleses pelearon por el control de Norteamérica y qué sucedió?

_____

_____

2. ¿Cómo reaccionaron los amerindios a los colonos?

_____

_____

3. Describe el viaje del medio del triángulo comercial.

_____

_____

4. ¿Qué se comerciaba en la transferencia colombina?

_____

_____

5. Enumera tres prácticas nuevas del comercio mundial.

_____

_____

Pensamiento crítico

Contesta estas preguntas en una hoja aparte.

1. ¿Cómo cambiaron a América para siempre las conquistas españolas?

2. Analiza los cambios de la vida de africanos y amerindios debido a la conquista europea de América.

Spain's Empire and European Absolutism

ANTES DE LEER

En el capítulo anterior, leíste acerca de la nueva relación de Europa con América.

En esta sección, aprenderás los cambios que ocurrieron en Europa durante los siglos 16 y 17.

AL LEER

Usa el cuadro para registrar las razones de cambios en España en el siglo 16.

CAUSAS	EFECTOS
Inflación e impuestos injustos afectaron a los pobres	Declina la economía española

A Powerful Spanish Empire
(pages 155–157)

¿*Por qué* aumentó el poder español y por qué disminuyó?

Carlos V de España gobernó el Sacro Imperio Romano y otros países europeos. En 1556, dejó el trono y dividió sus dominios. Su hermano Fernando recibió Austria y el Sacro Imperio Romano. Su hijo **Felipe II** recibió España y sus colonias.

Felipe II *expandió* sus dominios al apoderarse de Portugal cuando el rey de Portugal, su tío, murió sin heredero. También obtuvo las posesiones portuguesas en África, Asia y las Indias Orientales. Pero quiso invadir Inglaterra en 1588 y fracasó. La derrota debilitó a España; sin embargo, aún parecía fuerte debido a las riquezas —oro y plata—, que llegaban de las colonias de América.

1. ¿Quién fue Felipe II?

_____

_____

Golden Age of Spanish Art and Literature (pages 157–158)

¿*Cómo* expresan el arte y la literatura de la época de oro española los valores y las actitudes del momento?

Como España tenía abundante riqueza, los monarcas y los nobles patrocinaron el arte. El Greco y Diego Velásquez fueron dos artistas muy reconocidos en los siglos 16 y 17. En la obra del Greco se expresa la fe de España durante esa época, mientras que las pinturas de Velásquez expresan el orgullo de la monarquía española.

En literatura, Miguel de Cervantes escribió *Don Quijote de la Mancha*, obra que dio origen a la novela europea moderna. La novela cuenta la historia de un noble español que lee muchos libros de caballeros heroicos.

2. Enumera artistas y escritores de la época de oro española.

_____

_____

The Spanish Empire Weakens (pages 158–159)

¿*Qué* debilitó al imperio español?

Las nuevas riquezas de España provocaron varios problemas serios. Los precios de los productos subieron constantemente. Altos impuestos impedían que los pobres mejoraran su condición. A medida que los precios subían, los españoles compraban más productos de otras tierras. Para financiar sus guerras, España pidió préstamos a bancos extranjeros. Así, la plata de las colonias fluía hacia los enemigos de España.

En medio de estos problemas, España perdió tierras. Siete *provincias* de los Países Bajos españoles se rebelaron por los elevados impuestos y la represión del protestantismo. Esas siete provincias eran protestantes, mientras que España era profundamente católica. En 1579, se declararon independientes de España con el nombre de Provincias Unidas de los Países Bajos (hoy Holanda). Las diez provincias del sur (hoy Bélgica) eran católicas y no se independizaron.

3. ¿Por qué perdió poder España?

_____

_____

The Independent Dutch Prosper (pages 159–160)

¿*Por qué* prosperaron los holandeses?

Las Provincias Unidas de los Países Bajos era diferente de los demás estados europeos de la época. Era una república, no un reino. Cada provincia tenía un dirigente elegido por su pueblo.

Los holandeses también practicaron *tolerancia religiosa* y permitieron que cada quien adoptara la religión que quisiera. Establecieron un imperio comercial. Tenían la flota de buques mercantes más grande del mundo. Además eran los banqueros más importantes de Europa.

3. Da dos razones del éxito comercial de los holandeses.

_____

_____

Absolutism in Europe (pages 160–161)

¿*Qué* es el absolutismo?

Aunque perdió las posesiones holandesas, Felipe siguió ejerciendo estricto control en España. Quería controlar la vida de sus súbditos. Él y otros que gobernaron de la misma manera se llaman **monarcas absolutos.** Creían que eran dueños absolutos del poder. También creían en el **derecho divino,** es decir que los gobernantes reciben de Dios el derecho de gobernar.

Ante un amplio descontento en la Europa del siglo 17 aumentó el gobierno absoluto, o **absolutismo.** Los monarcas absolutos trataron de imponer el orden a la fuerza. Querían gobernar solos sin consultar a la nobleza ni a otros organismos del gobierno.

4. ¿Qué creían los monarcas absolutos?

_____

_____

The Reign of Louis XIV

TÉRMINOS Y NOMBRES

Edicto de Nantes Orden que dio a los hugonotes el derecho a vivir en paz en la Francia católica

cardenal Richelieu Primer ministro francés; redujo el poder de los nobles

escepticismo Creencia de que nada se sabe con seguridad

Luis XIV Rey francés que fue monarca absoluto

intendente Funcionario del gobierno francés

Jean Baptiste Colbert Ministro de Finanzas de Luis XIV

Guerra de Sucesión Española Guerra de varios países europeos contra Francia y España, cuando ambas naciones intentaron unir sus reinos

ANTES DE LEER

En la sección anterior, leíste acerca del concepto del absolutismo.

En esta sección, leerás acerca del poder absoluto en Francia.

AL LEER

Usa la línea cronológica para mostrar importantes acontecimientos en Francia.

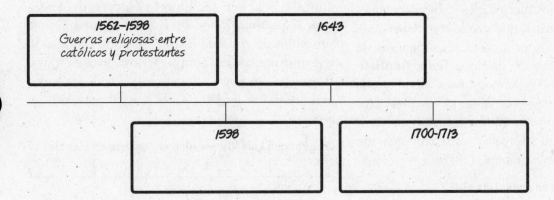

1562–1598
Guerras religiosas entre católicos y protestantes

1643

1598

1700–1713

Religious Wars and Power Struggles; Writers Turn Toward Skepticism (pages 162–164)

¿*Qué* cambios ocurrían en Francia?

Entre 1562 y 1598, Francia sufrió ocho guerras religiosas entre católicos y protestantes.

En 1589, un príncipe protestante, Enrique de Navarra, subió al trono como Enrique IV. En 1593, cambió de religión y se convirtió al catolicismo para complacer a la mayoría de su pueblo. En 1598, promulgó el **Edicto de Nantes,** una orden que dio a los hugonotes —protestantes franceses— el derecho a vivir en paz y a tener iglesias en algunas ciudades.

Enrique reconstruyó la economía y llevó la paz a Francia. Lo sucedió su hijo Luis XIII, un rey débil. Sin embargo, tenía un primer ministro muy capaz: el **cardenal Richelieu,** que gobernó en su nombre y aumentó el poder de la corona.

Richelieu prohibió a los hugonotes construir murallas alrededor de sus ciudades y ordenó a los nobles destruir sus castillos. Así, los protestantes y los nobles no podían ocultarse detrás de las murallas para *desafiar* al rey. Richelieu empleó a la gente de la clase media —no a los nobles— en el gobierno. Eso también redujo el poder de los nobles.

Los pensadores franceses reaccionaron con horror ante las guerras religiosas. Propusieron una nueva filosofía llamada **escepticismo,** que dice que nada puede saberse con seguridad. Cuestionar las viejas ideas era el primer paso para descubrir la verdad, afirmaron.

1. ¿Cómo se fortaleció la monarquía en Francia?

_____

_____

Louis XIV Comes to Power
(pages 164–165)

¿*Cómo* gobernó Luis XIV?

En 1643, **Luis XIV** subió al trono a los cinco años de edad. El cardenal Mazarin, que sucedió a Richelieu como ministro, gobernó en su nombre hasta que cumplió 23 años. Luis XIV fue un gobernante poderoso que ejerció control total sobre Francia. Quería impedir a toda costa que los nobles lo desafiaran.

Con ese fin, alejó a los nobles del gobierno. Dio más poder a los funcionarios gubernamentales llamados **intendentes,** que sólo le respondían a él. También se esforzó por aumentar las riquezas de Francia. Su ministro de finanzas, **Jean Baptiste Colbert,** se propuso crear industrias. Colbert quería convencer a los franceses de comprar sólo productos franceses, no extranjeros. Instó a colonizar el nuevo territorio francés de Canadá, cuyo comercio de pieles llevó riquezas a Francia.

2. ¿Cómo garantizó su poder Luis XIV?

_____

The Sun King's Grand Style; Louis Fights Disastrous Wars
(pages 165–168)

¿*Qué* cambios realizó Luis XIV?

El rey disfrutaba una vida de lujos en la corte. Construyó un palacio enorme en Versalles, cerca de París. Además, se aseguró de que los nobles dependieran de sus favores para progresar.

Luis XIV hizo de Francia la nación más poderosa de Europa. Tenía la mayor población y el ejército más numeroso. Pero cometió errores muy costosos. Tras ganar varias guerras contra países vecinos, intentó apoderarse de más tierras. En la década de 1680, varias naciones se aliaron para detener a Francia. El alto costo de esas guerras y una serie de malas cosechas provocaron problemas internos en Francia.

La última guerra que se luchó en tiempos de Luis XIV fue por la *sucesión* al trono de España y duró de 1700 a 1713. En esta **Guerra de Sucesión Española,** Francia y España intentaron unir sus reinos. El resto de Europa se sintió amenazado y se unió para pelear contra las dos naciones. Tanto Francia como España tuvieron que ceder colonias americanas a Inglaterra, la nueva potencia en ascenso.

3. ¿Por qué Luis XIV provocó el desastre en Francia?

_____

_____

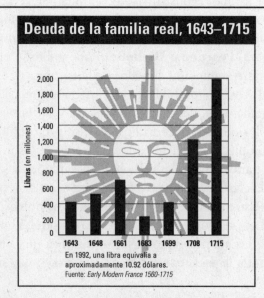

Deuda de la familia real, 1643–1715

Libras (en millones)

| 1643 | 1648 | 1661 | 1683 | 1699 | 1708 | 1715 |

En 1992, una libra equivalía a aproximadamente 10.92 dólares.
Fuente: *Early Modern France 1560-1715*

Desarrollo de destrezas
Usa la tabla para contestar las preguntas.

1. ¿Qué tendencia general muestra la gráfica?

_____

_____

2. ¿Cuál es la diferencia de la deuda (en millones de libras) entre 1683 y 1715?

_____

_____

Name _____ Date _____

Central European Monarchs Clash

TÉRMINOS Y NOMBRES

Guerra de los Treinta Años Conflicto por religión, territorio y poder entre las familias reinantes de Europa

María Teresa Emperatriz de Austria cuyo principal enemigo era Prusia

Federico el Grande Gobernante de Prusia que intentó aumentar su territorio

Guerra de los Siete Años Conflicto entre 1756 y 1763 en que Inglaterra y Prusia lucharon contra Austria, Francia, Rusia y otros países

ANTES DE LEER

En la sección anterior, leíste cómo aumentó el poder absoluto en Francia.

En esta sección, aprenderás acerca del absolutismo en Austria y Prusia.

AL LEER

Usa la línea cronológica para tomar notas acerca de acontecimientos en Europa central.

```
┌─────────────────────────┐   ┌─────────────────────────┐
│       1618–1648          │   │       1756–1763          │
│ Guerra de los Treinta Años│   │                         │
│                         │   │                         │
└────────────┬────────────┘   └────────────┬────────────┘
             │                              │
             └──────────────┬───────────────┘
                   ┌─────────┴─────────┐
                   │       1740        │
                   │                   │
                   │                   │
                   └───────────────────┘
```

The Thirty Years' War (pages 169–170)

¿Qué causó la Guerra de los Treinta Años?

Alemania sufrió por una serie de guerras religiosas que terminaron en 1555. Los príncipes de cada estado alemán acordaron decidir si sus tierras serían católicas o protestantes. Las relaciones entre católicos y protestantes empeoraron a lo largo de las décadas siguientes, y en 1618 estalló una nueva guerra que duró treinta terribles años. Se llamó la **Guerra de los Treinta Años.**

Durante la primera mitad de la guerra, ganaron las fuerzas católicas dirigidas por Fernando, el emperador del Sacro Imperio Romano. Alemania sufrió porque Fernando permitió que su enorme ejército *saqueara* pueblos. Después, el rey protestante de Suiza, Gustavo Adolfo, ganó varias batallas.

En los últimos años de la guerra, Francia ayudó a los protestantes. Aunque Francia era un país católico, Richelieu temía el poder creciente de la familia Habsburgo, encabezada por Federico.

La Guerra de los Treinta Años terminó en 1648 con la Paz de Westphalia. La guerra fue desastrosa para Alemania. Cerca de cuatro millones de personas murieron y la economía quedó en ruinas. Alemania necesitó dos siglos para recuperarse.

El tratado de paz debilitó el poder de Austria y España. Pero Francia se fortaleció y obtuvo territorios alemanes. El tratado también independizó a los príncipes alemanes de la autoridad del Sacro Imperio Romano. Acabó las guerras religiosas en Europa. Por último, el tratado planteó una nueva forma de negociar la paz. Ese método persiste en la actualidad. Todos los estados que participaron en la guerra se reunieron para resolver los problemas y acordar las condiciones de paz.

1. **¿Cuáles fueron los tres resultados de la Guerra de los Treinta Años?**

_____

_____

_____

_____

States Form in Central Europe
(page 171)

¿*Quién* gobernó Austria?

La formación de estados fuertes fue lenta en Europa central. Las economías eran más débiles que en Europa occidental. La mayoría de la gente era campesina. La economía no se basaba en las ciudades y en el mercantilismo. Los nobles ejercían enorme influencia. Dominaban a los siervos e impedían el ascenso de gobernantes fuertes. Sin embargo, surgieron dos estados importantes.

La familia Habsburgo gobernó Austria, Hungría y Bohemia. Su imperio vinculó a muchos pueblos: checos, húngaros, italianos, croatas y alemanes. **María Teresa,** nieta de Carlos VI, fue emperatriz de Austria a mediados del siglo 18. Logró aumentar su poder y reducir el de los nobles. Se le opusieron los reyes de Prusia, un nuevo estado poderoso en el norte de Alemania.

2. **¿Quiénes fueron los Habsburgo?**

_____

_____

_____

_____

Prussia Challenges Austria
(pages 172–173)

¿*Qué* fue Prusia?

Como Austria, Prusia consolidó su poder a fines del siglo 17. Al igual que los Habsburgo de Austria, la familia real de Prusia, los Hozenzollern, tenía ambiciones.

Prusia fue un estado poderoso que dio mucho poder a su ejército numeroso y bien entrenado. En 1740, **Federico el Grande** de Prusia invadió una de las tierras de María Teresa. Austria luchó mucho por mantener su territorio pero perdió. Sin embargo, al luchar en la Guerra de Sucesión Austriaca, María Teresa logró mantener el resto de su imperio *intacto*.

Ambas partes pelearon de nuevo a partir de 1756. En la **Guerra de los Siete Años,** Austria abandonó a Inglaterra, su antiguo *aliado*, por Francia y Rusia. Prusia se unió a Inglaterra, y ganaron. Con esa victoria, Inglaterra obtuvo el control económico de India.

3. **¿Qué beneficio sacó Inglaterra de la lucha entre Austria y Prusia?**

_____

_____

_____

_____

Absolute Rulers of Russia

ANTES DE LEER

En la sección anterior, leíste acerca de cómo Austria y Prusia se convirtieron en estados poderosos.

En esta sección aprenderás cómo Rusia adquirió poder.

AL LEER

Usa el cuadro para tomar notas acerca de los cambios realizados en Rusia por Pedro el Grande.

TÉRMINOS Y NOMBRES

Iván el Terrible Gobernante de Rusia que aumentó su territorio, implantó un código de leyes y mandó la policía secreta a matar a los "traidores"

boyardos Nobles rusos terratenientes

Pedro el Grande Gobernante de Rusia que comenzó la occidentalización

occidentalización Adopción de Europa occidental como modelo de desarrollo

---

Cambios de Pedro el Grande

políticos	**sociales**	**culturales**	**económicos**
Aumento de poder del zar			

The First Czar (pages 174–175)

¿Quién fue Iván el Terrible?

Iván III inició la centralización del gobierno ruso. Su hijo, Vasily, continuó su labor y conquistó nuevos territorios. Su nieto, Iván IV, fue llamado **Iván el Terrible.** Ascendió al trono en 1533, cuando tenía tres años.

Al principio, los nobles terratenientes, llamados los **boyardos,** intentaron controlar a Iván. Con el tiempo, él controló el poder. Añadió tierras a Rusia e implantó un nuevo código de leyes. Sin embargo, después de la muerte de su esposa Anastasia, su gobierno se volvió cruel. Mandó a la policía secreta a cazar y matar a sus enemigos. Incluso mató a su hijo mayor.

Pocos años después de su muerte, los nobles rusos se reunieron para nombrar a un nuevo gobernante. Eligieron a Miguel Romanov, el sobrino nieto de la esposa de Iván el Terrible. Comenzó la dinastía Romanov, que gobernó Rusia durante cerca de 300 años.

1. ¿Cuáles fueron los aciertos y los errores de Iván el Terrible?

_____

_____

_____

Peter the Great Comes to Power (page 175)

¿*Quién* fue Pedro el Grande?

Los Romanov restauraron el orden en Rusia. A fines del siglo 17, Pedro I —llamado **Pedro el Grande**— ascendió al trono. Recibió ese nombre porque fue uno de los más grandes reformadores de Rusia. Comenzó un intenso programa para modernizar Rusia. También continuó la tendencia de aumentar el poder del zar.

Cuando Pedro llegó al poder, Rusia era una tierra de boyardos y siervos. La servidumbre feudal duró mucho más en Rusia que en Europa occidental. Acabó a mediados del siglo 19.

Cuando un terrateniente ruso vendía tierras, las vendía con los siervos. También podía regalar los siervos o pagar deudas con ellos. La ley prohibía que los siervos huyeran.

La mayoría de los boyardos no sabían casi nada de Europa, pero Pedro admiraba a las naciones de Europa occidental. Viajó por Europa para aprender acerca de la nueva tecnología y los métodos de trabajo. Era la primera vez que un zar viajaba al occidente.

2. ¿Por qué Pedro el Grande visitó Europa?

_____

_____

_____

_____

Peter Rules Absolutely (pages 176–177)

¿*Qué* cambios hizo Pedro el Grande?

Pedro el Grande quería que Rusia fuera igual a los países de Europa occidental. Quería fortalecer su ejército y su comercio.

Para alcanzar esas metas, Pedro el Grande cambió a Rusia. Sus primeras medidas fueron aumentar su poder para obligar a la gente a adoptar los cambios que deseaba. Colocó a la Iglesia Ortodoxa Rusa bajo su control. Redujo el poder de los nobles. Aumentó su ejército y lo entrenó mejor.

Pedro también cambió a Rusia mediante la **occidentalización.** Tomó varias medidas para hacer más occidental a Rusia. Introdujo la papa, como alimento nuevo; fundó el primer periódico ruso; mejoró la condición social de la mujer; ordenó a los nobles que adoptaran ropas occidentales y fomentó la educación.

Pedro también sabía que Rusia necesitaba un puerto de mar para navegar hacia el oeste. Le declaró la guerra a Suecia y, tras una larga lucha, obtuvo tierras a lo largo de la costa del mar Báltico. Allí construyó una nueva y grandiosa capital, San Petersburgo. Cuando Pedro murió, en 1725, Rusia era una importante potencia en Europa.

3. ¿Cómo aumentó su poder Pedro el Grande?

_____

_____

_____

_____

CHAPTER 5 Section 5 (pages 180–183)

Parliament Limits the English Monarchy

ANTES DE LEER

En la sección anterior, leíste cómo se consolidó el poder absoluto en Rusia.

En esta sección, aprenderás cómo se debilitó el poder del monarca británico.

AL LEER

Usa la línea cronológica a continuación para tomar notas sobre los cambios clave en el gobierno de Inglaterra.

TÉRMINOS Y NOMBRES

Carlos I Rey de Inglaterra que fue ejecutado

Guerra Civil Inglesa Guerra que pelearon los realistas, o caballeros, contra los defensores puritanos del Parlamento. Duró de 1642 a 1649.

Oliver Cromwell Dirigente de los puritanos

Restauración Período después de que se restauró la monarquía en Inglaterra

habeas corpus Ley que da el derecho a no ser encarcelado sin antes ser juzgado

Revolución Gloriosa Derrocamiento pacífico del rey Jacobo II

monarquía constitucional Gobierno en que las leyes limitan el poder del monarca

gabinete Grupo de ministros que representaba los intereses del Parlamento

---

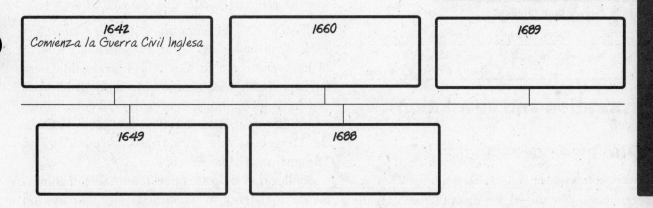

1642
Comienza la Guerra Civil Inglesa

1660

1689

1649

1688

Monarchs Defy Parliament
(page 180)

¿Por qué hubo tensión entre la monarquía y el Parlamento?

Cuando murió la reina Isabel I, su primo Jacobo, rey de Escocia, subió al trono de Inglaterra. El reino de Jacobo I comenzó con una larga serie de luchas con el Parlamento por dinero. Además, las medidas religiosas de Jacobo I enfurecieron a los puritanos del Parlamento. Ellos querían reformar la Iglesia de Inglaterra y despojarla de las prácticas católicas. Jacobo I no quería realizar esos cambios.

Durante el reinado de su hijo, **Carlos I,** hubo conflictos constantes entre el rey y el Parlamento. Éste obligó a Carlos I a firmar la Petición de Derecho en 1628. Al firmarla, Carlos I aceptó que el rey tenía que responder al Parlamento. Después *disolvió* el Parlamento e intentó reunir dinero sin su intervención. Esto contradecía directamente la Petición de Derecho.

1. ¿Por qué Carlos I provocó la ira del Parlamento?

_____

_____

English Civil War (pages 181–182)

¿Quién peleó en la Guerra Civil Inglesa?

Cuando Carlos I mandó que los presbiterianos escoceses se convirtieran a la Iglesia Anglicana, Escocia amenazó con invadir Inglaterra. Carlos I necesitaba dinero para luchar y formó un nuevo Parlamento para obtener dinero. Pero el Parlamento promulgó leyes para limitar el poder del rey. Entonces Carlos I mandó arrestar a sus dirigentes.

Pronto estalló una guerra civil. Carlos I y los realistas se enfrentaron a los defensores del Parlamento. Muchos defensores del Parlamento eran puritanos.

La **Guerra Civil Inglesa** duró de 1642 a 1649. Bajo la dirección de **Oliver Cromwell,** las fuerzas puritanas ganaron. Juzgaron y ejecutaron a Carlos I por *traición.* Ésta era la primera ocasión en que se ejecutaba a un rey en público. Cromwell gobernó como dictador militar hasta 1658. Sofocó una rebelión en Irlanda e impuso reformas en la sociedad.

2. ¿Qué sucedió como resultado de la Guerra Civil Inglesa?

_____

_____

Restoration and Revolution
(page 182)

¿Qué fue la restauración?

Poco después de la muerte de Cromwell, el gobierno cayó. Un nuevo Parlamento pidió al hijo mayor de Carlos I que restaurara la monarquía. Carlos II comenzó a gobernar en 1660. Este período de gobierno se llamó la **Restauración.**

El reinado de Carlos II fue pacífico. El Parlamento promulgó una importante garantía de libertad llamada *habeas corpus.* Dio a todos los prisioneros el derecho de obtener una orden para ser juzgados. Un juez decidía si el prisionero debía ser juzgado o puesto en libertad. Esto evitó que los monarcas encarcelaran a la gente sólo porque se oponía a sus deseos. Así, nadie podía permanecer preso para siempre sin ser juzgado.

Después de la muerte de Carlos II en 1685, gobernó su hermano, el rey Jacobo II. Sus medidas en pro de los católicos indignaron y preocuparon a los ingleses. Temían que restaurara el catolicismo. En 1688, siete miembros del Parlamento hablaron con la hija mayor de Jacobo, María, y con su esposo, Guillermo de Orange, príncipe de los Países Bajos. Ambos eran protestantes. Los miembros del Parlamento querían que Guillermo y María sustituyeran a Jacobo II en el trono. Esta sustitución se llamó la **Revolución Gloriosa.** Jacobo huyó a Francia en esta revolución pacífica.

3. ¿Por qué se realizó la Revolución Gloriosa?

_____

_____

Limits on Monarch's Power
(page 183)

¿Cómo disminuyó el poder de la monarquía en Inglaterra?

Guillermo y María aceptaron gobernar conforme a las leyes promulgadas por el Parlamento. Es decir, el Parlamento era su socio en el gobierno. Ahora Inglaterra era una **monarquía constitucional,** donde las leyes limitaban el poder del gobernante.

Guillermo y María también aceptaron la Carta de Derechos, que garantizaba al pueblo y al Parlamento ciertos derechos.

Al llegar el siglo 18, era evidente que el gobierno de Inglaterra se paralizaría si el monarca no estaba de acuerdo con el Parlamento o viceversa. Esto llevó a la formación del **gabinete.** Este grupo de ministros gubernamentales era el primer enlace entre el monarca y la mayoría del Parlamento.

4. ¿Cuáles fueron los tres cambios que dieron al Parlamento más poder en Inglaterra?

_____

_____

Glosario

CHAPTER 5 Absolute Monarchs in Europe

absolutismo Condición que ocurre cuando un gobernante tiene poder absoluto, o total

aliado Estado asociado a otro estado mediante la firma de un tratado o la formación de una alianza

desafiar Ir en contra

disolver Romper, acabar

expandir Agrandar

intacto Completo

provincias Divisiones políticas como estados

saquear Robar sitios que han sido conquistados o han experimentado otros desastres

sucesión Orden mediante el cual un monarca sigue al otro en el trono

tolerancia religiosa Aceptación de más de una serie de creencias religiosas

traición Acto de infidelidad a un gobierno

DESPUÉS DE LEER

Nombres y términos

A. Llena los espacios en blanco con el término que mejor completa cada oración.

Revolución Gloriosa

Guerra Civil Inglesa

Oliver Cromwell

Carlos I

Restauración

La **1** _____ ocurrió entre 1642 y 1649. Los puritanos que defendieron el Parlamento estaban dirigidos por **2** _____. Pelearon contra los realistas, quienes apoyaban a **3** _____. Aunque los puritanos ganaron la guerra, su poder no duró mucho. Cuando Carlos II regresó al trono, comenzó la **4**_____. Sin embargo, el siguiente rey que subió al trono fue derrocado. Su derrocamiento pacífico se conoció como la **5** _____.

B. Escribe la letra del nombre o término junto a su descripción.

a. María Teresa

b. Jean Baptiste Colbert

c. Federico el Grande

d. Pedro el Grande

e. cardenal Richelieu

_____ **1.** Ministro de finanzas de Luis XIV

_____ **2.** Ministro de Francia con enorme poder

_____ **3.** Gobernante que occidentalizó a Rusia

_____ **4.** Gobernante de Austria

_____ **5.** Gobernante de Prusia

Ideas principales

1. ¿Cómo perdió poder España?

_____

_____

2. ¿Qué tipo de gobernante fue Luis XIV?

_____

_____

3. ¿Cómo afectó a Alemania la Guerra de los Treinta Años?

_____

_____

4. ¿Qué hizo Pedro el Grande para cambiar a Rusia?

_____

_____

5. ¿En qué se diferencia una monarquía constitucional de una monarquía absoluta?

_____

_____

Pensamiento crítico

Contesta estas preguntas en una hoja aparte.

1. ¿Cómo Richelieu y Luis XIV aumentaron el poder del rey francés?

2. ¿Qué sucesos llevaron a la monarquía constitucional en Inglaterra?

CHAPTER 6 Section 1 (pages 189–194)

The Scientific Revolution

TÉRMINOS Y NOMBRES

Revolución Científica Nueva forma de pensar acerca del mundo natural, que se basa en observación cuidadosa y en la disposición a cuestionar

teoría heliocéntrica Teoría de que el Sol es el centro del universo

teoría geocéntrica Teoría de que la Tierra es el centro del universo

Galileo Galilei Científico obligado por la Iglesia Católica a retractarse de sus ideas científicas porque contradecían la opinión de la Iglesia

método científico Procedimiento lógico para reunir y probar ideas

Isaac Newton Científico que descubrió las leyes del movimiento y la gravedad

ANTES DE LEER

En el capítulo anterior, aprendiste acerca de guerras y cambios políticos en Europa.

En esta sección, leerás cómo la Ilustración transformó a Europa y contribuyó a la Revolución Norteamericana.

AL LEER

Usa el diagrama para registrar los sucesos importantes que ocurrieron durante la Revolución Científica.

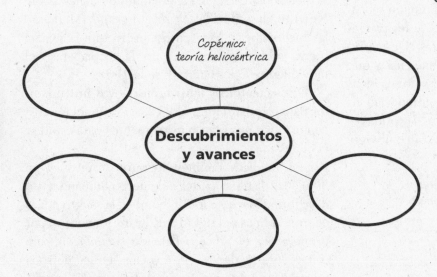

The Roots of Modern Science
(pages 189–190)

¿Cómo comenzó la ciencia moderna?

Durante la Edad Media, pocos pensadores cuestionaron las creencias predominantes desde tiempo atrás. Los europeos seguían las ideas de los antiguos griegos y romanos o de la Biblia. Aún se pensaba que la Tierra era el centro del universo, y que el Sol, la Luna y otros planetas y estrellas giraban en torno a la Tierra.

A mediados del siglo 16, las actitudes comenzaron a cambiar. Los académicos iniciaron lo que

se llamó la **Revolución Científica.** Era una nueva forma de pensar acerca del mundo natural. Se basaba en la observación cuidadosa y en la disposición a cuestionar viejas creencias. Los viajes europeos de exploración contribuyeron a la Revolución Científica. Cuando los europeos exploraron nuevas tierras, vieron plantas y animales que los escritores antiguos jamás habían visto. Estos descubrimientos abrieron nuevos campos de estudio en las universidades europeas.

1. ¿Qué fue la Revolución Científica?

_____

_____

A Revolutionary Model of the Universe (pages 190–191)

¿*Cómo* cambió la astronomía a raíz de las nuevas ideas?

El primer desafío al pensamiento aceptado en la ciencia llegó de la *astronomía.* A principios del siglo 16, Nicolás Copérnico, un astrónomo polaco, estudió las estrellas y planetas. Desarrolló una **teoría heliocéntrica,** o centrada en el Sol. Dijo que la Tierra, al igual que otros planetas, giraba en torno al Sol. No publicó sus descubrimientos sino hasta poco antes de su muerte. Temía que sus ideas fueran atacadas porque desmentían la creencia aceptada de la **teoría geocéntrica,** que sostenía que la Tierra era el centro del universo. A principios del siglo 17, Johannes Kepler demostró con pruebas matemáticas que la idea de Copérnico era correcta.

Un científico italiano —**Galileo Galilei**— realizó varios descubrimientos que también cuestionaron ideas antiguas. Fabricó uno de los primeros telescopios y estudió los planetas. Descubrió que Júpiter tenía lunas, el Sol tenía manchas y que la luna de la Tierra era rocosa. Algunas de sus ideas sobre la Tierra, el Sol y los planetas contradecían las enseñanzas de la Iglesia Católica. Las autoridades de la Iglesia lo obligaron a retractarse. Sin embargo, sus ideas se difundieron.

2. ¿Qué vieja creencia acerca del universo destruyeron los nuevos descubrimientos?

_____

_____

The Scientific Method (pages 191–192)

¿*Por qué* fue el método científico un importante avance?

El interés en la ciencia condujo a un nuevo enfoque: el **método científico.** Con este método, los científicos plantean una pregunta basada en una observación del mundo físico. Después plantean una *hipótesis*, o posible respuesta a la pregunta. Entonces ponen a prueba su hipótesis mediante experimentos o comprobación de otros hechos. Por último, cambian la hipótesis si es necesario.

El escritor inglés Francis Bacon defendió este nuevo enfoque del conocimiento. Dijo que los científicos deberían basar su pensamiento en lo que pudieran observar y comprobar. El matemático francés René Descartes también alentó el uso del método científico. Su pensamiento se basaba en la lógica y las matemáticas.

3. ¿Qué pensadores difundieron el método científico?

_____

_____

Newton Explains the Law of Gravity; The Scientific Revolution Spreads (pages 192–194)

¿*Qué* descubrimientos científicos se realizaron?

A mediados del siglo 17, el científico inglés **Isaac Newton** describió la *ley de gravedad.* Mediante las matemáticas, Newton demostró que la misma fuerza gobierna el movimiento de los planetas y el movimiento de los cuerpos de la Tierra.

Otros científicos fabricaron nuevos instrumentos para estudiar el mundo. Uno inventó el microscopio. Otros inventaron instrumentos para estudiar el clima.

Los médicos también lograron avances. Uno dibujó las distintas partes del cuerpo humano. Otro descubrió cómo el corazón bombea la sangre por el cuerpo. A fines del siglo 18, Edward Jenner usó por primera vez el proceso llamado *vacunación* para evitar enfermedades. Al inyectar a una persona microbios de una enfermedad del ganado llamada viruela de vacas, impidió que contrajera una enfermedad humana más seria: la viruela.

Los científicos también lograron avances en la química. Uno cuestionó la vieja idea de que todos los objetos estaban hechos de sólo cuatro elementos: tierra, aire, fuego y agua. Él y otros científicos pudieron aislar el oxígeno del aire.

4. ¿Cómo cambió la medicina?

_____

_____

The Enlightenment in Europe

ANTES DE LEER

En la sección anterior, leíste acerca de cómo empezó la Revolución Científica en Europa.

En esta sección, aprenderás cómo empezó la Ilustración en Europa.

AL LEER

Usa el cuadro para tomar notas sobre ideas importantes de la Ilustración.

PENSADOR	IDEA
Hobbes	contrato social entre el pueblo y el gobierno

TÉRMINOS Y NOMBRES

Ilustración Edad de la razón

contrato social Conforme a Thomas Hobbes, acuerdo entre el pueblo y el gobierno

John Locke Filósofo que escribió acerca del gobierno

philosophe Crítico social en Francia

Voltaire Escritor que luchó por la tolerancia, la razón, la libertad de creencias religiosas y la libertad de expresión

Montesquieu Escritor interesado en el gobierno y la libertad política

Jean Jacques Rousseau Pensador de la Ilustración que defendió la libertad

Mary Wollstonecraft Autora que escribió sobre los derechos de las mujeres

---

Two Views on Government
(pages 195–196)

¿*Cuáles* eran las ideas de Hobbes y Locke?

La **Ilustración** fue un movimiento *intelectual*. Los pensadores de la Ilustración aplicaron la razón y el método científico para identificar las leyes que rigen la conducta humana. Querían construir una sociedad fundada en las ideas de la Revolución Científica. Dos escritores ingleses —Thomas Hobbes y John Locke— fueron importantes para este movimiento. Llegaron a conclusiones muy distintas acerca del gobierno y la naturaleza humana.

Hobbes escribió que si no hay gobierno habría una guerra de "todos contra todos". Para evitar esa guerra, dijo Hobbes, se formaba un **contrato social:** un acuerdo entre el pueblo y el gobierno. El pueblo cede sus derechos al gobierno para vivir con seguridad y orden. El mejor gobierno, dijo, es aquél de un rey fuerte que pueda obligar a todos a obedecer.

John Locke propuso que el ser humano tiene tres derechos naturales: vida, libertad y propiedad. El propósito del gobierno es proteger esos derechos. Cuando no lo logra, dijo, el pueblo tiene el derecho de derrocar al gobierno.

1. ¿En que se diferencia la postura de Hobbes de la de Locke?

The Philosophes Advocate Reason (pages 196–198)

¿Quiénes eran los philosophes?

Los pensadores franceses llamados *philosophes* tenían cinco creencias principales: 1) se puede encontrar la verdad usando la razón; 2) lo natural es bueno y razonable, y los actos humanos obedecen a leyes naturales; 3) actuar conforme a la naturaleza trae felicidad; 4) con una postura científica, la gente y la sociedad pueden progresar y avanzar hacia una vida mejor; y 5) con la razón se puede alcanzar la libertad.

El más brillante de los *philosophes* fue el escritor **Voltaire.** Luchó por la tolerancia, la razón, la libertad de creencias religiosas y la libertad de expresión. El barón de **Montesquieu** escribió acerca de la separación de poderes: dividir el poder entre varias ramas del gobierno. El tercer gran *philosophe* fue **Jean Jacques Rousseau.** Escribió en defensa de la libertad humana. Quería una

sociedad donde todos fueran iguales. El italiano Cesare Beccaria denunció los *abusos* de la justicia.

2. Nombra los derechos y libertades propuestos por la Ilustración.

Women and the Enlightenment; Impact of the Enlightenment
(pages 199–201)

¿Qué decía la Ilustración acerca de los individuos?

Muchos pensadores de la Ilustración tenían posturas tradicionales acerca del lugar de la mujer en la sociedad. Querían derechos iguales para todos los hombres pero olvidaron que las mujeres no tenían esos derechos. Algunas mujeres protestaron por esta situación injusta. La escritora británica **Mary Wollstonecraft** declaró: "Si todos los hombres nacen iguales, ¿por qué todas las mujeres nacen esclavas?"

Las ideas de la Ilustración influyeron poderosamente sobre la Revolución Norteamericana y la Francesa. Los pensadores de la Ilustración también difundieron la idea del progreso. La razón, decían, puede mejorar la sociedad. Hicieron que el mundo fuera menos religioso. Además, subrayaron la importancia del individuo.

3. Explica la influencia de las ideas de la Ilustración.

Principales ideas de la Ilustración		
Idea	**Proponente**	**Impacto**
Derechos naturales: vida, libertad, propiedad	Locke	Fundamental para la Declaración de Independencia de Estados Unidos
Separación de poderes	Montesquieu	Se aplica en las nuevas constituciones de Francia, Estados Unidos y naciones de Latinoamérica
Libertad de pensamiento y de expresión	Voltaire	Se garantiza en Carta de Derechos (Estados Unidos) y Declaración de los Derechos del Hombre y del Ciudadano (Francia); los monarcas europeos reducen o eliminan la censura
Abolición de tortura	Beccaria	Se garantiza en Carta de Derechos (Estados Unidos); se prohíbe o reduce la tortura en Europa y América
Libertad de religión	Voltaire	Se garantiza en Carta de Derechos (Estados Unidos) y Declaración de los Derechos del Hombre y del Ciudadano (Francia); los monarcas europeos reducen la persecución
Igualdad de la mujer	Wollstonecraft	Se forman grupos pro derechos de la mujer en Europa y Norteamérica

Desarrollo de destrezas
Usa la tabla para contestar las preguntas.

1. ¿Qué pensadores de la Ilustración influyeron sobre el gobierno de Estados Unidos?

2. ¿Qué ideas de la Ilustración se ven en la Carta de Derechos de Estados Unidos?

Name _____ Date _____

The Enlightenment Spreads

TÉRMINOS Y NOMBRES

salón Reunión social para discutir ideas o disfrutar arte

barroco Estilo muy ornamentado

neoclásico Estilo sencillo que se inspiró en la Grecia y la Roma clásicas

déspota ilustrado Gobernante que apoyaba las nuevas ideas de la Ilustración pero que no cedía el poder

Catalina la Grande Gobernante rusa que tomó medidas para reformar y modernizar a Rusia

ANTES DE LEER

En la sección anterior, leíste acerca de cómo empezaron las ideas de la Ilustración.

En esta sección, aprenderás acerca de la difusión de dichas ideas.

AL LEER

Usa el cuadro para tomar notas acerca de la difusión de las ideas de la Ilustración.

Se difunden las ideas de la Ilustración

conocimiento general	arte y arquitectura	literatura	música
La Enciclopedia reúne todo el conocimiento			

A World of Ideas (page 202)

¿*Cómo* se difundieron las ideas de un individuo a otro?

En el siglo 18, París era el centro cultural de Europa. Llegaba gente de otros países para conocer las nuevas ideas de la Ilustración. Escritores y artistas organizaban reuniones sociales llamadas **salones** para discutir nuevas ideas. La señora Marie-Thérese Geoffrin fue famosa por organizar esas discusiones.

Geoffrin también dio dinero para uno de los principales proyectos de la Ilustración. Con sus fondos, Denis Diderot y otros pensadores escri-

bieron y publicaron una serie enorme de libros llamada la *Enciclopedia*. Su propósito era reunir todos los conocimientos del mundo. El gobierno francés y los representantes de la Iglesia Católica desaprobaron muchas de las ideas publicadas en la *Enciclopedia*. Al principio la prohibieron pero después cambiaron de opinión.

Las ideas de la Ilustración se difundieron por toda Europa mediante obras como la *Enciclopedia* y salones. Se difundieron entre la clase media. Este grupo disfrutaba de riqueza pero no tenía el reconocimiento social de los nobles y tenía poco poder político. Aceptó las ideas acerca de la igualdad.

1. ¿Por qué fueron importantes los salones?

_____

_____

New Artistic Styles (page 203)

¿Cómo cambiaron el arte y la literatura?

Hacia finales del siglo 18, el arte —la pintura, la arquitectura, la música y la literatura—tomó un rumbo nuevo. Usó las ideas del orden y la razón propuestas por la Ilustración.

La pintura europea anterior había sido muy ostentosa y ornamentada. Era el estilo **barroco.** Pero los estilos comenzaron a cambiar. Se desarrolló un estilo más simple y elegante en la pintura y la arquitectura que se inspiraba en temas de la Grecia y la Roma clásicas. Por eso se llamó estilo **neoclásico.**

La música de esa época se llama música clásica. Tres importantes compositores de la época son Franz Joseph Haydn, Wolfang Amadeus Mozart y Ludwig von Beethoven. Su música era elegante y original. Idearon nuevas composiciones, como la sonata y la sinfonía.

En literatura, la novela ganó popularidad. Esta nueva expresión literaria narra largas historias con tramas complicadas. Explora los pensamientos y sentimientos de los personajes. Varios escritores europeos, hombres y mujeres, empezaron a escribir novelas. Se volvieron muy populares en la clase media, pues a ésta le gustaba leer tramas interesantes en lenguaje sencillo.

2. ¿Qué estilos y expresiones aparecieron en arte, música y literatura?

_____

_____

_____

_____

Enlightenment and Monarchy
(pages 204–205)

¿Quiénes fueron los déspotas ilustrados?

Algunos pensadores de la Ilustración creían que la mejor forma de gobierno era una monarquía en la cual el gobernante respetaba los derechos del pueblo. Esos pensadores trataron de influir sobre los gobernantes para que fueran justos. Los gobernantes que adoptaron parte de las ideas de la Ilustración pero que no estaban dispuestos a ceder demasiado poder recibieron el nombre de **déspotas ilustrados.**

Federico el Grande de Prusia fue un déspota ilustrado. Dio a su pueblo libertad religiosa, mejoró la educación y _reformó_ el sistema judicial. Sin embargo no terminó con el _sistema de siervos_ que convertía a los campesinos en esclavos de ricos terratenientes. José II de Austria terminó con el sistema de siervos. Pero, después de muerto, los nobles deshicieron su reforma.

Catalina la Grande de Rusia fue otra gobernante que aceptó las ideas de la Ilustración. Intentó reformar las leyes de Rusia pero encontró oposición. Quería terminar con el sistema de siervos, pero un sangriento levantamiento campesino la hizo cambiar de opinión. En vez de terminar con el sistema, dio más poder a los nobles sobre los siervos. Catalina logró aumentar sus territorios. Rusia, Prusia y Austria acordaron dividirse Polonia. Como consecuencia, Polonia desapareció como nación independiente durante casi 150 años.

3. ¿Por qué se dice que Federico el Grande era un déspota ilustrado?

_____

_____

_____

_____

CHAPTER 6 Section 4 (pages 206–211)

The American Revolution

ANTES DE LEER

En la sección anterior, leíste acerca de la difusión de las ideas de la Ilustración en Europa.

En esta sección, aprenderás cómo influyeron las ideas de la Ilustración sobre la Revolución Norteamericana.

AL LEER

Usa la red para tomar notas sobre la influencia de la Ilustración en la formación de Estados Unidos.

TÉRMINOS Y NOMBRES

Declaración de Independencia Documento que declaró que Estados Unidos era independiente de Gran Bretaña

Thomas Jefferson Autor de la Declaración de Independencia

control y compensación de poderes Sistema en el que cada rama del gobierno limita el poder de las otras dos ramas

sistema federal Sistema de gobierno que divide el poder entre el gobierno nacional y el estatal

Carta de Derechos Primeras diez enmiendas a la Constitución de Estados Unidos; protecciones a los derechos básicos de los individuos

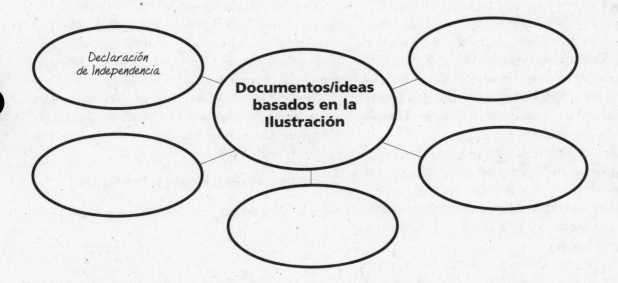

Britain and Its American Colonies (page 206)

¿*Qué* gobierno tenían las colonias?

La riqueza y la población de las 13 colonias británicas en Norteamérica crecieron durante el siglo 18. La población aumentó de 250,000 habitantes en 1700 a 2,150,000 en 1770. Gracias al comercio con las naciones de Europa, los colonos prosperaron. Las 13 colonias tenían una especie de autogobierno.

Los colonos comenzaron a considerarse cada vez menos como súbditos británicos. Sin embargo, el Parlamento inglés promulgaba leyes para gobernar a las colonias. Una serie de leyes prohibió el comercio con cualquier nación que no fuera Inglaterra.

1. ¿Por qué el concepto que los colonos tenían de sí mismos no concordaba con la realidad?

_____

_____

Americans Win Independence
(pages 207–209)

¿*Qué* hizo que los colonos se distanciaran de los británicos?

Para pagar el alto costo de la Guerra contra Franceses e Indígenas, el Parlamento inglés mandó pagar impuestos a los colonos. Éstos se indignaron mucho. Jamás habían pagado impuestos directamente al gobierno británico. Les pareció que los impuestos *violaban* sus derechos y que, como el Parlamento no tenía representantes de las colonias, no tenía derecho a exigirles impuestos.

Ante el primer impuesto, aprobado en 1765, respondieron con un *boicot* a los productos ingleses. Su negativa a comprar productos ingleses fue muy eficaz. Obligó al Parlamento a *anular* la ley.

En la década siguiente, los colonos y los británicos se separaron aún más. Algunos colonos querían la independencia y tomaron medidas que provocaron una severa respuesta de Gran Bretaña. Con el tiempo, el conflicto llevó a la guerra. Los representantes de las colonias se reunieron en un congreso y formaron un ejército. En julio de 1776, anunciaron su independencia de Gran Bretaña. Promulgaron la **Declaración de Independencia.** Se basaba en las ideas de la Ilustración. **Thomas Jefferson** la escribió.

De 1775 a 1781, las colonias y los británicos se enfrentaron en una guerra en Norteamérica. Los colonos tenían un ejército mal equipado y Gran Bretaña era una de las naciones más poderosas del mundo. Sin embargo, al final, los colonos ganaron su independencia.

Los británicos se cansaron del costo de la guerra y el Parlamento acordó la paz. Los colonos recibieron importante ayuda de Francia. En 1783, ambas partes firmaron un tratado en el que Gran Bretaña reconoció la independencia de Estados Unidos de América.

2. Enumera algunos sucesos que provocaron la Revolución Norteamericana.

_____

_____

Americans Create a Republic
(pages 210–211)

¿*Cuáles* son los fundamentos de la Constitución de Estados Unidos?

Los 13 estados formaron un nuevo gobierno con los Artículos de la Confederación. El gobierno era muy débil. Los estados tenían todo el poder y el gobierno central tenía poco. No podía funcionar. En 1787, los dirigentes del país se reunieron de nuevo y elaboraron una nueva estructura de gobierno.

La Constitución de Estados Unidos se inspiró en muchas ideas de la Ilustración. Tomó la idea de Montesquieu de separar los poderes en tres ramas del gobierno. Mediante un sistema de **control y compensación de poderes,** cada rama evitaría que las otras abusaran del poder. La Constitución también estableció un **sistema federal.** Este sistema divide el poder entre el gobierno nacional y los gobiernos estatales.

La Constitución adoptó la idea de Locke de dar poder al pueblo. Adoptó las ideas de Voltaire de proteger el derecho a la libertad de expresión y de creencias religiosas. Tomó las ideas de Beccaria acerca del sistema judicial justo.

Muchos de estos derechos se garantizaron en una serie de adiciones a la Constitución llamada **Carta de Derechos.** Esa documento facilitó que la Constitución fuera aprobada.

3. Explica cómo divide el poder la Constitución.

_____

_____

_____

Glosario

abuso Uso inadecuado, incorrecto

anular Retirar una ley

astronomía El estudio del universo

boicot Negativa organizada a comprar cierto producto o a participar en cierta acción

hipótesis Respuesta a una pregunta que necesita ser comprobada o rechazada

intelectual Relacionado al pensamiento o a la mente

ley de gravedad Idea que relaciona el movimiento en los cielos con el movimiento en la Tierra; se basa en el principio de que todo objeto atrae a todos los demás objetos

reformar Cambiar, mejorar

sistema de siervos Sistema en que los campesinos deben obediencia total a su señor

vacunación Introducción de virus o bacterias —debilitados o muertos— en el cuerpo para protegerlo de una enfermedad

violar Contrariar

DESPUÉS DE LEER

Términos y nombres

A. Llena los espacios en blanco con el término que mejor completa cada oración.

Isaac Newton

teoría heliocéntrica

Revolución Científica

teoría geocéntrica

Galileo Galilei

Muchos pensadores contribuyeron a los importantes cambios que experimentó el pensamiento científico durante la **1** _____. En astronomía, Nicolás Copérnico propuso la idea de que la Tierra giraba alrededor del Sol. A esta teoría se le conoció como **2** _____. Esta teoría desmentía la antigua concepción de que la Tierra era el centro del universo, o **3** _____. **4.** _____ fue un gran pionero de esta época de la ciencia que describió la ley de gravedad. Otra figura importante fue **5** _____, quien tuvo que retractarse de sus ideas ante un tribunal papal.

B. Escribe la letra del nombre o término junto a su descripción.

a. Mary Wollstonecraft

b. John Locke

c. Montesquieu

d. Thomas Jefferson

e. Voltaire

____ **1.** Filósofo que dijo que el ser humano tiene derechos naturales

____ **2.** Pensador conocido por sus ideas acerca de la separación de poderes

____ **3.** Escritor que defendió la libertad de expresión y de religión

____ **4.** Escritora que defendió los derechos de la mujer

____ **5.** Autor de la Declaración de Independencia

DESPUÉS DE LEER (continued)   *CHAPTER 6* Enlightenment and Revolution

Ideas principales

1. ¿Por qué las exploraciones europeas estimularon la Revolución Científica?

_____

_____

_____

2. ¿Quiénes fueron los *philosophes* y qué propusieron?

_____

_____

_____

3. ¿Cuál fue una de las ideas centrales de Montesquieu acerca del gobierno?

_____

_____

_____

4. ¿Cómo cambiaron el arte y la literatura con la Ilustración?

_____

_____

_____

5. ¿Cómo se reflejaron las ideas de la Ilustración en el gobierno de Estados Unidos?

_____

_____

_____

Pensamiento crítico

Contesta estas preguntas en una hoja aparte.

1. ¿Cómo se relacionó la Revolución Científica con la Ilustración?

2. ¿Cómo reaccionaron los monarcas a las ideas de la Ilustración?

The French Revolution Begins

ANTES DE LEER

En la sección anterior, leíste acerca de la Ilustración y la Revolución Norteamericana.

En esta sección, leerás acerca de los inicios de la Revolución Francesa.

AL LEER

Usa el cuadro para tomar notas sobre las causas y efectos de las primeras etapas de la Revolución Francesa.

TÉRMINOS Y NOMBRES

antiguo régimen Sistema feudal

estado Clase social en Francia

Luis XVI Rey débil que subió al trono francés en 1774

María Antonieta Reina poco popular; esposa de Luis XVI

Estados Generales Asamblea de representantes de los tres estados

Asamblea Nacional Congreso establecido por los representantes del tercer estado

Juramento de la Cancha de Tenis Promesa hecha por representantes del tercer estado de elaborar una nueva constitución

Gran Miedo Ola de pánico

causas

> Antiguo régimen: sociedad injusta

Principio de la revolución

efectos

The Old Order (pages 217–218)

¿Qué desigualdades había en la sociedad francesa?

En el siglo 18, Francia era el país principal de Europa. Era el centro de las nuevas ideas de la Ilustración. Sin embargo, bajo la superficie había problemas importantes. Pronto la nación se dividiría por una revolución violenta.

Un problema era que la gente no recibía trato igual en la sociedad francesa. Continuaba el sistema político y social llamado el **antiguo régimen.** Los franceses estaban divididos en tres **estados,** o clases. El *primer estado* eran los clérigos de la Iglesia Católica. El *segundo estado* estaba formado por los nobles. Sólo dos por ciento de la población pertenecía a esos estados. Sin embargo, eran dueños del 20 por ciento de la tierra. Su vida era fácil.

Todos los demás pertenecían al *tercer estado.* Eran tres grupos:

- la *burguesía:* principalmente comerciantes acomodados y trabajadores especializados
- trabajadores urbanos: cocineros, sirvientes y otros mal pagados y a menudo desempleados
- campesinos: trabajadores agrícolas que formaban el 80 por ciento del pueblo francés

Los miembros del tercer estado estaban

furiosos. Tenían pocos derechos. Pagaban la mitad de sus ingresos en impuestos, mientras que los ricos no pagaban casi nada.

1. ¿Cuáles eran las tres clases de la sociedad francesa?

_____

_____

_____

The Forces of Change (pages 218–219)

¿Por qué los franceses estaban dispuestos a la revolución?

Tres factores llevaron a la revolución. Primero, la Ilustración difundió la idea de que todos deberían ser iguales. Eso le gustó a la gente sin poder del tercer estado. Segundo, la economía francesa tenía problemas. Los elevados impuestos reducían las ganancias; escaseaban los alimentos; el gobierno debía dinero. Tercero, el rey **Luis XVI** era un monarca débil. Su esposa, **María Antonieta,** no era querida. Era de Austria, país enemigo de Francia desde tiempo atrás, y tenía fama de gastar mucho dinero.

En la década de 1780, Francia estaba profundamente endeudada. Luis intentó cobrar impuestos a los nobles. Pero éstos lo obligaron a convocar una junta de los **Estados Generales,** una asamblea de *delegados* de los tres estados.

2. ¿Cuáles fueron los tres factores que provocaron la revolución?

_____

_____

Dawn of the Revolution (pages 220–221)

¿Cómo comenzó la revolución?

La reunión de los Estados Generales comenzó en mayo de 1789 con discusiones sobre cómo contar votos. En el pasado, cada estado daba un voto. Ahora, el tercer estado quería que cada delegado tuviera un voto. El rey y los otros estados no aceptaron el plan porque el tercer estado era más numeroso y tendría mayor número de votos.

Entonces, el tercer estado rompió con los otros y se reunió por separado. En junio de 1789, los delegados del tercer estado se dieron el nombre de **Asamblea Nacional.** Dijeron que representaban a toda la gente. Fue el principio del *gobierno representativo* en Francia.

En algún momento, los miembros del tercer estado descubrieron que no podían entrar a su reunión porque les habían cerrado las puertas. Rompieron una puerta que conducía a una cancha de tenis. Entonces juraron permanecer ahí hasta que terminaran una nueva constitución. La promesa se llamó el **Juramento de la Cancha de Tenis.**

Luis XVI buscó la paz. Ordenó a clérigos y nobles que se reunieran con la Asamblea Nacional. Sin embargo, surgieron problemas. Se difundieron rumores de que unos soldados extranjeros iban a atacar a los ciudadanos franceses. El 14 de julio, una multitud enfurecida tomó la *Bastilla,* una cárcel parisina. La *muchedumbre* quería obtener pólvora para sus armas a fin de defender la ciudad.

3. ¿Por qué se formó la Asamblea Nacional?

_____

_____

A Great Fear Sweeps France (page 221)

¿Qué fue el Gran Miedo?

Una ola de violencia llamada el **Gran Miedo** invadió al país. Los campesinos entraron a las casas de los nobles, las incendiaron y rompieron los documentos que los obligaban a pagarles. A fines de 1789, una muchedumbre de mujeres marchó desde París hasta el palacio real en *Versalles.* Estaban enfurecidas por el alto costo del pan y exigieron al rey que regresara a París. Esperaban que él terminara el hambre de la ciudad. El rey y la reina abandonaron Versalles y nunca regresaron.

4. ¿Qué sucedió durante el Gran Miedo?

_____

_____

CHAPTER 7 Section 2 (pages 222–228)

Revolution Brings Reform and Terror

ANTES DE LEER

En la sección anterior, leíste cómo se inició la Revolución Francesa.

En esta sección, aprenderás el curso que siguió.

AL LEER

Usa la línea cronológica para tomar notas de los principales sucesos.

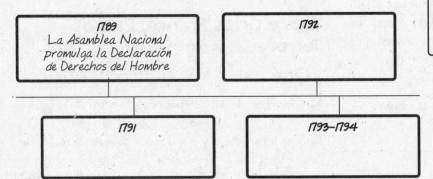

1789 La Asamblea Nacional promulga la Declaración de Derechos del Hombre	1792
1791	1793–1794

TÉRMINOS Y NOMBRES

Asamblea Legislativa Asamblea que sustituyó a la Asamblea Nacional en 1791

émigrés Nobles y otros que abandonaron Francia durante los levantamientos campesinos y que esperaban regresar para restaurar al viejo sistema

sans-culottes Grupo radical de trabajadores parisinos

jacobino Miembro del Club Jacobino, organización política radical

guillotina Máquina para decapitar

Maximilien de Robespierre Dirigente revolucionario que intentó borrar todo rastro de la monarquía y la nobleza francesa

Régimen del Terror Período del gobierno de de Robespierre

The Assembly Reforms France

(pages 222–223)

¿**Qué** reformas implantó la revolución?

En agosto de 1789, la Asamblea Nacional tomó medidas para cambiar a Francia. Promulgó un documento revolucionario llamado la *Declaración de los Derechos del Hombre*. Una nueva ley terminó con todos los derechos especiales de los miembros del primero y segundo estados. Otra ley dio a todos los hombres derechos iguales. Aunque las mujeres no obtuvieron esos derechos, fue un paso audaz. Otras leyes dieron al gobierno poder sobre la Iglesia Católica.

Las nuevas leyes sobre la Iglesia dividieron a la gente que apoyaba a la revolución. Los campesinos católicos, leales a la Iglesia, estaban indignados porque la Iglesia no iba a ser parte del aparato estatal. A partir de ese momento, muchos se opusieron a las reformas de la revolución.

Durante meses, la Asamblea elaboró planes para un nuevo gobierno. El rey y su familia temieron que los mataran e intentaron escapar del país. Los atraparon, los llevaron a París y los pusieron bajo vigilancia. Con el escape, el rey y la reina perdieron más popularidad, y el poder de sus enemigos aumentó.

1. ¿Qué leyes nuevas se implantaron?

_____

_____

Divisions Develop (pages 223–224)

¿Qué grupos exigieron distintos tipos de cambios?

En el otoño de 1791, la Asamblea elaboró una nueva constitución. Retiró casi todo el poder al rey. La asamblea entregó su poder a una nueva **Asamblea Legislativa.**

Esta nueva asamblea pronto se dividió en grupos. Los *radicales* querían cambios más dramáticos en el gobierno. Los moderados querían algunos cambios en el gobierno, aunque no tantos como los radicales. Los *conservadores* querían una monarquía limitada y deseaban pocos cambios.

Otros grupos fuera de la Asamblea Legislativa también deseaban influir en el gobierno. Un grupo deseaba que terminaran los cambios revolucionarios. A él pertenecían los **émigrés:** los nobles y otras personas que se fueron de Francia durante los levantamientos. Los **sans-culottes,** grupo formado por trabajadores y pequeños comerciantes, deseaban cambios más importantes: querían tener más voz en el gobierno.

2. ¿En qué se oponían los objetivos de los *émigrés* y los *sans-culottes*?

_____

_____

War and Execution
(pages 224–226)

¿Por qué el pueblo francés tomó medidas extremas?

Al mismo tiempo, Francia tenía serios problemas en sus fronteras. Los reyes de otros países temían que la revolución se difundiera a sus tierras. Querían devolver el control de Francia a Luis XVI por la fuerza de las armas. Pronto, soldados extranjeros marcharon hacia París. Mucha gente pensó que el rey y la reina estaban dispuestos a ayudarlos. Los ciudadanos franceses, enfurecidos, encar-

celaron a los reyes. Muchos nobles murieron a manos de las muchedumbres.

El gobierno tomó medidas severas para enfrentar el peligro de las tropas extranjeras. Retiró todos los poderes al rey. En 1792, se formó un nuevo gobierno: la Convención Nacional. Los **jacobinos,** miembros de una organización política radical, pronto tomaron el control de este nuevo gobierno y declararon que Luis era un ciudadano común. Después fue enjuiciado por traición y condenado. Al igual que muchos otros, el rey fue decapitado con una máquina llamada **guillotina.** La Convención Nacional también reclutó a miles de franceses en el ejército.

3. ¿Qué le sucedió al rey?

_____

_____

Terror Grips France; End of Terror (pages 226–228)

¿Qué fue el Régimen del Terror?

Maximilien de Robespierre, director del *Comité de Seguridad Pública,* tomó el poder. De Robespierre juzgó y condenó a muerte a miles de "enemigos de la república". Este gobierno, que comenzó en 1793, fue llamado el **Régimen del Terror.** Terminó en julio de 1794, cuando el propio de Robespierre fue ejecutado.

El pueblo francés estaba cansado de las muertes y los trastornos. Quería regresar al orden. Los moderados elaboraron un nuevo plan de gobierno, menos revolucionario.

4. ¿A qué llevó el Régimen del Terror?

_____

_____

CHAPTER 7 **Section 3** (pages 229–233)

Napoleon Forges an Empire

TÉRMINOS Y NOMBRES

Napoleón Bonaparte Dirigente militar que tomó el poder en Francia

coup d'état Golpe de estado

plebiscito Voto del pueblo

liceo Escuela pública administrada por el gobierno

concordato Acuerdo

código Napoleónico Serie de leyes propuesta por Napoleón que eliminó muchas injusticias

Batalla de Trafalgar Derrota de las fuerzas de Napoleón en el mar por Inglaterra

ANTES DE LEER

En la sección anterior, leíste acerca de los excesos de la revolución y del Régimen del Terror.

En esta sección, aprenderás cómo Napoleón tomó el poder e impuso el orden en Francia.

AL LEER

Usa la línea cronológica para tomar notas de los cambios de poder de Napoleón.

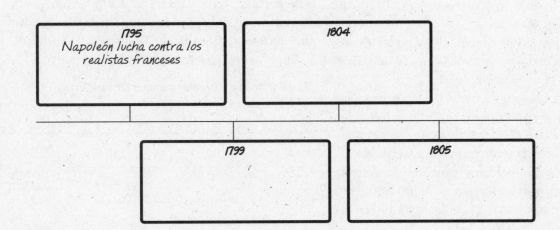

1795
Napoleón lucha contra los realistas franceses

1804

1799

1805

Napoleon Seizes Power
(pages 229–230)

¿*Cómo* subió al poder Napoleón?

Napoleón Bonaparte nació en 1769 en la isla mediterránea de Córcega. A los nueve años lo mandaron a una academia militar. En 1785 se graduó de oficial de artillería. Cuando estalló la revolución, Napoleón entró al ejército del nuevo gobierno.

En 1795, Napoleón Bonaparte combatió contra los *realistas*, que estaban atacando la Convención Nacional. Por eso fue considerado el salvador de la república francesa.

En 1799, el gobierno francés, tambaleante, había perdido el apoyo del pueblo. Con una acción audaz, Napoleón dio un *coup d'etat,* o golpe de estado, y tomó el poder. Napoleón asumió poderes dictatoriales.

1. ¿Cómo se apoderó Napoleón del control del gobierno?

_____

_____

_____

Napoleon Rules France (pages 230–231)

¿*Cómo* aplicó Napoleón las ideas de la revolución en su gobierno?

Al principio Napoleón quiso dar la apariencia de que fue elegido debidamente por el pueblo. En 1800 organizó un **plebiscito,** o voto del pueblo, sobre una nueva constitución. La mayoría del pueblo francés la aprobó. Ese voto le dio el poder a Napoleón como primer cónsul.

Napoleón realizó varios cambios cuyo propósito era utilizar las buenas ideas de la revolución:

1. Hizo que la recaudación de impuestos fuera más justa y ordenada. Como resultado, el gobierno pudo contar con un abasto de dinero constante.
2. Destituyó a los trabajadores del gobierno deshonestos.
3. Fundó **liceos:** nuevas escuelas públicas para ciudadanos comunes.
4. Devolvió a la Iglesia parte de su poder. Firmó un **concordato** (acuerdo) con el Papa. Esto le ganó el apoyo de la Iglesia.
5. Elaboró una nueva serie de leyes llamadas **código Napoleónico,** que dio a todos los ciudadanos los mismos derechos. Sin embargo, las nuevas leyes retiraron muchos de los derechos individuales ganados durante la Revolución. Por ejemplo, se limitó la libertad de expresión y se restauró la esclavitud en las colonias francesas.

2. ¿Qué cambios hizo Napoleón?

_____

_____

_____

_____

_____

Napoleon Creates an Empire (pages 231–233)

¿*Cuáles* eran las metas de Napoleón fuera de las fronteras de Francia?

Napoleón esperaba ensanchar su imperio tanto en Europa como en el Nuevo Mundo. En 1801 envió tropas a reconquistar la isla que actualmente es Haití. Los esclavos de esa colonia habían tomado el poder durante una guerra civil. Pero las tropas de Napoleón fracasaron y él abandonó sus planes en el Nuevo Mundo. En 1803 vendió el territorio más grande de Francia en Norteamérica —el enorme Territorio de Louisiana— a Estados Unidos.

Napoleón había sido frenado en América, pero concentró esfuerzos para aumentar su poder en Europa. En 1804, se autonombró *emperador* de Francia. Se apoderó de los Países Bajos austriacos, y de parte de Italia y de Suiza. La única derrota de Napoleón en esa época fue frente a la fuerza naval británica en la **Batalla de Trafalgar.** Esta derrota le impidió conquistar Gran Bretaña.

3. ¿Dónde logró triunfar y aumentar territorio Napoleón, y dónde fracasó?

_____

_____

_____

_____

Napoleon's Empire Collapses

TÉRMINOS Y NOMBRES

bloqueo Cierre forzoso de puertos

Sistema Continental Política napoleónica de evitar el comercio y la comunicación entre Gran Bretaña y otras naciones europeas

guerrillero Campesino español combatiente

Guerra Peninsular Guerra de Napoleón contra España

política de arrasamiento Política de quemar los propios campos de granos y de matar el ganado para que las tropas enemigas no tengan comida

Waterloo Batalla en Bélgica que culminó la derrota de Napoleón

Cien Días Último intento de Napoleón por recuperar el poder; terminó en Waterloo

ANTES DE LEER

En la sección anterior, leíste acerca de cómo Napoleón construyó su imperio.

En esta sección, verás cómo lo perdió.

AL LEER

Usa el cuadro para tomar notas de los errores de Napoleón.

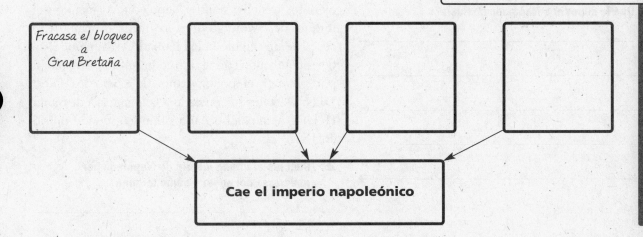

Fracasa el bloqueo a Gran Bretaña

Cae el imperio napoleónico

Napoleon's Costly Mistakes
(pages 234–236)

¿*Cuáles* fueron los errores de Napoleón en el extranjero?

La personalidad de Napoleón perjudicó su imperio. Su sed de poder lo llevó a extender sus dominios, pero eso provocó la caída del imperio.

Napoleón cometió tres errores que provocaron su caída. El primer error fue su deseo de aplastar a Inglaterra. Quería perjudicar la economía británica. Así, en 1806, ordenó un **bloqueo** para impedir todo el comercio entre Gran Bretaña y el resto de los países europeos. Napoleón llamó a esta política el **Sistema Continental.** Su propósito, dijo, era hacer más autosuficiente a Europa continental.

El bloqueo fracasó porque en Europa continental compraban, secretamente, productos ingleses. Al mismo tiempo, los británicos impusieron su propio bloqueo a Europa continental. Como su fuerza naval era tan poderosa, esta medida funcionó. Pronto la economía francesa, junto con otras, se debilitó.

El segundo error de Napoleón fue nombrar rey de España a su hermano en 1808. El pueblo español era leal a su propio rey. Con ayuda de Gran

Bretaña, grupos de **guerrilleros,** o campesinos combatientes, lucharon contra Napoleón durante cinco años. Napoleón perdió 300,000 soldados durante la **Guerra Peninsular** (su nombre se debe a la península Ibérica, donde se localiza España).

El tercer error de Napoleón quizá fue el peor. En 1812 se propuso conquistar a Rusia. Entró a Rusia con más de 400,000 soldados. Pero cuando a los rusos les tocó retirarse, siguieron una **política de arrasamiento,** es decir, quemaron sus campos y mataron su ganado para que el ejército napoleónico no tuviera comida.

Aunque los franceses llegaron hasta Moscú, ya llegaba el invierno y Napoleón tuvo que ordenar la retirada de sus tropas. El regreso fue de fríos terribles y de hambre, y los ataques rusos mataron a miles. Miles más *desertaron.* Cuando el ejército francés salió del territorio ruso, sólo 10,000 soldados estaban en condiciones de pelear.

1. ¿Qué le sucedió a Napoleón en Rusia?

_____

_____

_____

_____

Napoleon's Downfall (pages 236–237)

¿**Qué** otras derrotas sufrió Napoleón?

Otros dirigentes vieron que Napoleón se había debilitado. Inglaterra, Rusia, Prusia, Suecia y Austria formaron una alianza y atacaron a Francia. En 1813, Napoleón fue derrotado en la Batalla de Leipzig, en Alemania. En 1814, Napoleón cedió el trono y lo exiliaron a la pequeña isla de Elba, frente a Italia.

Luis XVIII tomó el poder pero muy pronto perdió la confianza del pueblo. Los campesinos temían que anulara las reformas agrarias de la revolución.

Al oír que el reinado de Luis XVIII estaba en problemas, Napoleón escapó de la isla de Elba en marzo de 1815 y audazmente regresó a Francia. Se apoderó del poder y formó otro ejército.

El resto de los países europeos mandaron sus ejércitos a luchar contra Napoleón. Al mando del duque de Wellington, derrotaron a Napoleón cerca de un pueblo belga llamado **Waterloo.** Esta derrota terminó con el último intento de Napoleón por obtener el poder, conocido como los **Cien Días.** Después fue enviado a la lejana isla de Santa Helena, al sur del océano Atlántico, donde murió en 1821.

2. ¿Cuál fue el último intento de Napoleón por apoderarse del poder y cómo terminó?

_____

_____

_____

_____

_____

The Congress of Vienna

ANTES DE LEER

En la sección anterior, estudiaste la caída del imperio napoleónico.

En esta sección, aprenderás cómo reaccionó el resto de Europa ante la Revolución Francesa, y ante el ascenso y caída de Napoleón.

AL LEER

Usa el cuadro para tomar notas acerca de cómo las ideas y los resultados de la Revolución Francesa afectaron a los dirigentes y al pueblo de otras naciones.

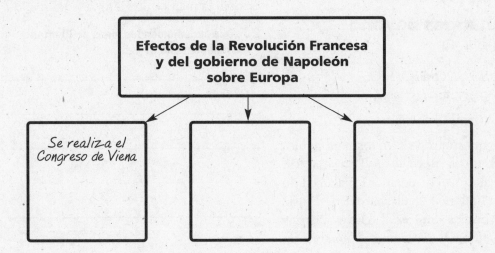

Efectos de la Revolución Francesa y del gobierno de Napoleón sobre Europa

Se realiza el Congreso de Viena

Metternich's Plans for Europe
(pages 238–239)

¿Qué fue el Congreso de Viena?

En 1814, los dirigentes de muchas naciones se reunieron para elaborar un plan de paz para Europa. Esa serie de reuniones se llamó el **Congreso de Viena.** La persona más importante fue el ministro de relaciones exteriores de Austria, **Klemens von Metternich,** quien elaboró las condiciones de paz que fueron aceptadas.

Metternich tenía tres objetivos. Primero, garantizar que Francia no atacara a otro país de nuevo. Segundo, lograr un **equilibrio de poder** para que ninguna nación fuera demasiado poderosa para amenazar a las demás. Tercero, quería la **legitimidad,** es decir, restaurar a los reyes que reinaban antes de las conquistas napoleónicas. Los dirigentes aprobaron las ideas de Metternich.

El primer objetivo de Meternich se cumplió cuando el Congreso fortaleció a las pequeñas naciones que rodeaban a Francia. Por otra parte,

Francia no recibió un castigo demasiado fuerte. Conservó la independencia y algunas colonias. Eso facilitó la meta de alcanzar un equilibrio de poder.

El Congreso también preparó el terreno para satisfacer el tercer objetivo de Metternich. Muchos reyes volvieron al trono en Francia y por toda Europa.

El Congreso de Viena creó acuerdos de paz que se respetaron. Las grandes potencias no volvieron a pelear entre sí sino hasta 40 años después. Algunas no participaron en guerras por el resto del siglo.

1. ¿Cuáles eran los tres objetivos de Metternich?

_____

_____

_____

_____

Political Changes Beyond Vienna (pages 239–241)

¿*Cómo* respondieron los dirigentes europeos a la Revolución Francesa?

Muchos gobernantes europeos vieron con inquietud los efectos de la Revolución Francesa. En 1815, el zar Alejandro, el emperador Francisco I de Austria y el rey Federico Guillermo III de Prusia formaron la **Alianza Sagrada.** Otras alianzas creadas por Metternich recibieron el nombre de **Concierto de Europa.** El propósito de esas alianzas fue que las naciones se ayudaran si estallaba una revolución.

En toda Europa, los *conservadores* tomaron el poder. Los conservadores se oponían a los ideales de la Revolución Francesa. Por lo general apoyaban los derechos y poderes de la monarquía. No defendían las libertades individuales. No deseaban igualdad de derechos.

Sin embargo, muchas personas aún creían en los ideales de la Revolución Francesa. Pensaban que todos deberían tener igualdad y compartir el poder. Más tarde habrían de luchar por esos derechos nuevamente.

Los pueblos americanos también deseaban la libertad. Las colonias españolas de América se rebelaron contra el rey de España. Muchas colonias se independizaron de España. El nacionalismo también aumentó en Europa. Pronto regiones como Italia, Alemania y Grecia se rebelarían y formarían nuevas naciones. La Revolución Francesa cambió la política de Europa y del mundo.

2. ¿Qué sucedió con las ideas de libertad e independencia?

_____

_____

_____

_____

_____

Glosario CHAPTER 7 The French Revolution and Napoleon

Bastilla Prisión de París

burguesía Comerciantes ricos y trabajadores especializados

Comité de Seguridad Pública Comité encabezado por de Robespierre que juzgó y ejecutó a "los enemigos de la revolución"

conservadores Quienes están a favor de formas de pensamiento o acción establecidas o tradicionales

Declaración de Derechos del Hombre Declaración revolucionaria que garantizó derechos como la libertad y la propiedad

delegados Representantes

desertar Abandonar sin permiso; huir

emperador Gobernante absoluto

estabilidad Orden; seguridad

gobierno representativo Gobierno en el que los legisladores representan la voluntad del pueblo

muchedumbre Grupo de gente que sale a la calle con el mismo propósito

primer estado Clase formada por los clérigos de la Iglesia Católica

radical Revolucionario; gente de opiniones políticas extremas

realistas Defensores de la monarquía

segundo estado Clase formada por los nobles

tercer estado Todos los comerciantes, trabajadores especializados, trabajadores urbanos y campesinos

Versalles Palacio sumamente lujoso de los reyes franceses

DESPUÉS DE LEER

Términos y nombres

A. Llena los espacios en blanco con el término que mejor completa cada oración.

Asamblea Nacional

Estados Generales

Juramento de la Cancha de Tenis

antiguo régimen

estados

Antes de la revolución francesa, había un sistema conocido como el **1** _____. En este sistema, los franceses estaban divididos en tres **2** _____ que no tenían igualdad. En 1789, el rey convocó a estos grupos a la **3** _____. Poco después, el grupo más bajo se dio el nombre de **4** _____. Los miembros de esta reunión hicieron el **5** _____ y prometieron no marcharse hasta que hubieran escrito una nueva constitución.

B. Escribe la letra del nombre o término junto a su descripción.

a. jacobinos

b. Sistema Continental

c. Congreso de Viena

d. Concierto de Europa

e. Cien Días

_____ **1.** Política de Napoleón para separar a Gran Bretaña del resto de Europa

_____ **2.** Último intento de Napoleón por tomar el poder

_____ **3.** Miembros de una organización política radical, como Jean-Paul Marat y Georges Danton

_____ **4.** Serie de alianzas para proteger a las naciones europeas de revoluciones

_____ **5.** Reunión de naciones europeas para decidir el destino de Europa después de la caída de Napoleón

DESPUÉS DE LEER (continued) **CHAPTER 7** The French Revolution and Napoleon

Ideas principales

1. ¿Qué problemas provocaron la Revolución Francesa?

_____

_____

_____

2. ¿Qué sucedió cuando de Robespierre gobernó a Francia?

_____

_____

_____

3. ¿Qué hizo Napoleón para restaurar el orden en Francia?

_____

_____

_____

4. ¿Cuáles fueron los errores de Napoleón en España y Rusia?

_____

_____

_____

5. ¿Qué ideas importantes aportó Metternich al Congreso de Viena?

_____

_____

_____

Pensamiento crítico

Contesta estas preguntas en una hoja aparte.

1. ¿Por qué la Revolución Francesa dividió en vez de unir en un objetivo común?

2. ¿Por qué cayó el imperio napoleónico?

CHAPTER 8 Section 1 (pages 247–252)

Latin American Peoples Win Independence

ANTES DE LEER

En el capítulo anterior, leíste acerca de la revolución en Francia y del Congreso de Viena.

En esta sección, aprenderás cómo obtuvieron independencia los países latinoamericanos.

AL LEER

Usa el cuadro para tomar notas sobre la forma en que cada país obtuvo su independencia.

> **TÉRMINOS Y NOMBRES**
>
> **peninsulares** Nacidos en España
>
> **criollos** Hijos de españoles nacidos en Latinoamérica
>
> **mulatos** Hijos de europeos y de africanos
>
> **Simón Bolívar** Dirigente de la independencia venezolana
>
> **José de San Martín** Dirigente de la independencia de Chile y Argentina
>
> **Miguel Hidalgo** Sacerdote que comenzó la lucha de independencia contra el gobierno español en México
>
> **José Morelos** Dirigente de la lucha después de la derrota de Hidalgo

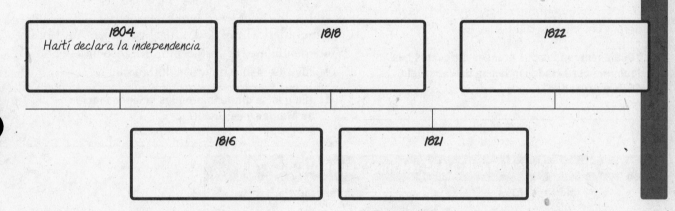

| 1804 Haití declara la independencia | 1818 | 1822 |

| 1816 | 1821 |

Colonial Society Divided (pages 247–248)

¿Qué clases existían en la sociedad latinoamericana?

En Latinoamérica, la sociedad se dividía en seis clases. Los **peninsulares** —nacidos en España— estaban en la cima. Después estaban los **criollos,** o españoles nacidos en Latinoamérica; luego seguían los *mestizos*, hijos de europeos y amerindios; a continuación estaban los **mulatos,** hijos de europeos y africanos; luego seguían los africanos y al final estaban los amerindios.

1. ¿Qué grupos de la sociedad tenían antepasados europeos?

_____

_____

Revolutions in the Americas (page 248)

¿Dónde se declaró la independencia primero en Latinoamérica?

A principios del siglo 19, las colonias europeas de Latinoamérica lucharon por la independencia. La colonia francesa de Santo Domingo fue la primera.

Casi toda la gente que vivía en la colonia francesa era esclava y de origen africano. En 1791 cerca de 100,000 esclavos se rebelaron bajo la dirección de Toussaint L'Ouverture, antiguo esclavo. En 1802, Napoleón envió tropas a la isla para aplastar la rebelión, pero no lo lograron. En 1804, la colonia declaró su independencia como Haití.

2. ¿Cómo se independizó Haití?

_____

Creoles Lead Independence
(pages 248–250)

¿*Por qué* querían independencia los criollos?

Los criollos sentían que no eran tratados con justicia. Este resentimiento aumentó cuando Napoleón derrocó al rey de España y colocó a su propio hermano en el trono. Los criollos no sentían lealtad hacia el nuevo rey. Se rebelaron. Pero aun después de que el antiguo rey fue restaurado, no cedieron en su lucha por la libertad.

Dos dirigentes lucharon por la independencia en Suramérica. **Simón Bolívar,** quien fue escritor, militar y pensador político, sobrevivió a las derrotas y el *exilio* y ganó la independencia de Venezuela en 1821. **José de San Martín** ganó la independencia de Argentina en 1816 y de Chile en 1818. Bolívar dirigió a los dos ejércitos y conquistó una enorme victoria en 1824. Esta victoria obtuvo la independencia de todas las demás colonias españolas.

3. ¿Cuáles fueron los dos grandes dirigentes que lucharon por la independencia de Venezuela, Chile y Argentina?

_____

_____

Mexico Ends Spanish Rule; Brazil's Royal Liberator (pages 251–252)

¿*Cómo* obtuvieron México y Brasil su independencia?

En México, mestizos y amerindios encabezaron la lucha de independencia. La lucha comenzó en 1810. **Miguel Hidalgo,** un sacerdote de un pueblo, inició la revuelta contra el gobierno español. Los criollos se unieron al gobierno español para sofocar la revuelta de las clases bajas.

Hidalgo fue derrotado, pero el padre **José María Morelos** tomó la dirección de los rebeldes. La lucha continuó hasta 1815, cuando ganaron los criollos.

Después, una revolución colocó un nuevo gobierno en el poder en España, y los criollos se unieron a los otros grupos que luchaban por la independencia. En 1821, México ganó la independencia. En 1823, la región de Centroamérica se separó de México.

En Brasil, 8,000 criollos solicitaron por escrito que el hijo del rey de Portugal gobernara un Brasil independiente. El rey aceptó. Brasil se independizó ese año mediante una revuelta sin sangre.

4. ¿En qué se diferenciaron las independencias de México y de Brasil?

_____

_____

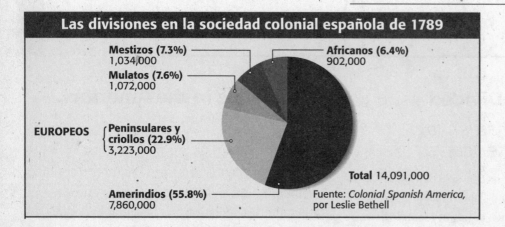

Las divisiones en la sociedad colonial española de 1789

Mestizos (7.3%) 1,034,000
Mulatos (7.6%) 1,072,000
EUROPEOS Peninsulares y criollos (22.9%) 3,223,000
Amerindios (55.8%) 7,860,000
Africanos (6.4%) 902,000
Total 14,091,000
Fuente: *Colonial Spanish America,* por Leslie Bethell

Desarrollo de destrezas
Usa la tabla para contestar las preguntas.

1. Comparar ¿Cuáles eran los grupos más grandes y los más pequeños de la sociedad?

_____

2. Comparar ¿Cuántos más amerindios que europeos había en la sociedad española?

_____

CHAPTER 8 Section 2 (pages 253–257)

Europe Faces Revolutions

ANTES DE LEER

En la sección anterior, leíste acerca de los movimientos de independencia en Latinoamérica.

En esta sección, aprenderás acerca de las revoluciones de Europa.

AL LEER

Usa el cuadro para tomar notas sobre los cambios que ocurrieron en Europa en esta época.

TÉRMINOS Y NOMBRES

conservadores Los que apoyaban a la monarquía

liberales Los que querían dar más poder a las legislaturas

radicales Los que que querían terminar el gobierno de reyes y dar derecho a votar a toda la población

nacionalismo Lealtad a la nación, más que al gobernante de la nación

estado nacional País con su propio gobierno independiente

Balcanes Región que abarca todo o parte de las actuales Grecia, Albania, Bulgaria, Rumania, Turquía y lo que fue Yugoslavia

Luis Napoleón Ganador de las elecciones presidenciales en Francia en 1848; después fue emperador

Alejandro II Gobernante de Rusia que liberó a los siervos

Grecia *Gana el autogobierno a los otomanos*

Francia

Rusia

Cambios en Europa

Clash of Philosophies; Nationalism Develops (pages 253–255)

¿Qué *fuerzas y pueblos lucharon por el poder?*

En la primera mitad del siglo 19 hubo una lucha de poder en Europa. Tres fuerzas se enfrentaron. Los **conservadores** apoyaron a los reyes que habían gobernado durante muchos siglos. Eran nobles y propietarios de extensas tierras. Los **liberales** querían dar más poder a las *legislaturas* elegidas. Eran comerciantes y negociantes de la clase media. Querían dar derechos limitados al voto a gente educada que tenía propiedades. Los **radicales** querían terminar el gobierno de reyes y dar derechos totales de voto a toda la población.

Al mismo tiempo, surgió otro movimiento en Europa: el **nacionalismo.** Era la creencia de que

se debe ser leal a la nación, más que al gobernante de la nación. Cuando la nación también tenía su propio gobierno independiente, era un **estado nacional.** Los nacionalistas pensaban que un grupo que tenía un idioma y cultura comunes formaba una nación, y que tenía el derecho al autogobierno. Estas ideas fueron resultado de la Revolución Francesa.

1. ¿Qué diferencias tenían los objetivos de conservadores, liberales y radicales?

_____

_____

_____

_____

Nationalists Challenge Conservative Power (pages 255–256)

¿Qué cambios ocurrían en Europa occidental?

Los primeros europeos en obtener el autogobierno durante este período fueron los griegos. Grecia había formado parte del imperio otomano durante siglos. Los otomanos controlaban gran parte de los **Balcanes.** La región abarca todo o partes de las actuales Grecia, Albania, Bulgaria, Rumania, Turquía y lo que fue Yugoslavia. En 1821 los griegos se rebelaron contra el gobierno turco. Obtuvieron su independencia en 1830.

En Europa estallaron otras revueltas. En 1830, los belgas declararon independencia del gobierno holandés. En Italia, los nacionalistas comenzaron una larga lucha por *unificar* el país. Por su parte, los polacos se rebelaron contra el gobierno ruso. Los conservadores lograron sofocar estas rebeliones. Más adelante, en 1848, estallaron nuevas revueltas de húngaros y checos. De nuevo fueron sofocadas por la fuerza.

2. ¿Qué grupos se rebelaron contra el gobierno conservador?

_____

_____

Radicals Change France (page 256)

¿Por qué perdieron los radicales franceses?

El curso de los acontecimientos fue distinto en Francia. Las revueltas de 1830 hicieron *huir* al rey y se instaló a un nuevo rey en su lugar. Otra revuelta estalló en 1848. El rey fue derrocado y se estableció una república. Sin embargo, los radicales que ganaron esta victoria comenzaron a discutir entre sí acerca de cuánto debía cambiar Francia. Algunos sólo querían cambios políticos. Otros querían cambios sociales y económicos que ayudaran a los pobres.

Cuando los radicales comenzaron a luchar en las calles, un sector conservador de Francia hizo a un lado el programa radical e impuso un nuevo gobierno con una legislatura y un presidente fuerte. El nuevo presidente fue **Luis Napoleón,** sobrino de Napoleón Bonaparte. Después se proclamó emperador de Francia. Construyó ferrocarriles y ayudó a la industria. La economía mejoró y hubo empleos para más gente.

3. ¿Qué hizo Luis Napoleón por Francia?

_____

_____

Reform in Russia (pages 256–257)

¿Cómo cambió Alejandro II a Rusia?

A principios del siglo 19, Rusia aún no tenía una economía industrial. El principal problema era que todavía existía el sistema de siervos. Los campesinos estaban ligados a las tierras de los nobles. Los gobernantes rusos no querían liberar a los siervos porque temían perder el apoyo de los nobles.

Un nuevo gobernante de Rusia, **Alejandro II,** decidió liberar a los siervos. Aunque parecía audaz, esta medida de Alejandro fue sólo parcial. Los nobles conservaron la mitad de sus tierras y recibieron pago por la otra mitad que se destinó a los campesinos. Los antiguos siervos no recibieron tierras. Tuvieron que pagar para obtenerlas. Esta deuda los mantuvo atados a la tierra. Los cambios del *zar* terminaron cuando fue asesinado en 1881. Alejandro III, el nuevo zar, nuevamente controló con severidad al país. También buscó industrializar la economía.

4. ¿Qué reforma se hizo en Rusia durante esa época?

_____

_____

_____

Nationalism
Case Study: Italy and Germany

TÉRMINOS Y NOMBRES

rusificación Política del imperio ruso de obligar a los grupos étnicos a adoptar la cultura rusa

Camillo di Cavour Primer ministro que unificó el norte de Italia

Giuseppe Garibaldi Dirigente de los Camisas Rojas que controló varias regiones del sur de Italia

junkers Alemanes adinerados que tenían tierras

Otto von Bismarck Dirigente que quiso expandir Prusia

realpolitik Política dura y práctica

káiser Emperador

ANTES DE LEER

En la sección anterior, leíste acerca de las revoluciones y reformas de Europa.

En esta sección, aprenderás acerca del nacionalismo.

AL LEER

Usa el cuadro para tomar notas sobre los efectos del nacionalismo.

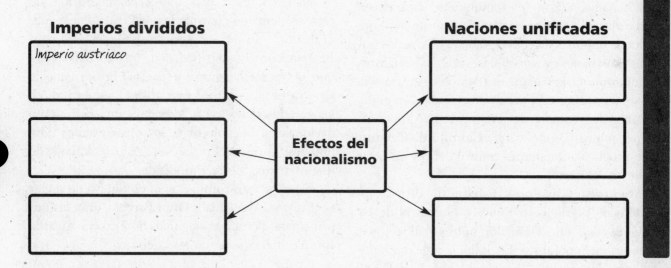

Imperios divididos

Imperio austriaco

Efectos del nacionalismo

Naciones unificadas

Nationalism: A Force for Unity or Disunity (pages 258–259)

¿Qué es el nacionalismo?

Muchos factores unen a la gente. Uno es la nacionalidad, es decir, descender del mismo grupo *étnico*. Otros factores son el idioma, la cultura, la historia y la religión. Los nacionalistas pensaban que la gente que compartía esas características tenía derecho a tener una tierra propia. Los grupos con gobiernos propios se llaman estados nacionales.

Los gobernantes comenzaron a ver que este sentimiento nacionalista era una poderosa fuerza para unificar a la población. La Revolución Francesa fue un buen ejemplo de lo anterior. Sin embargo, el nacionalismo también podía dividir imperios, como se vio en tres imperios de Europa.

1. **¿Qué características pueden unir a la gente y crear un sentimiento nacionalista fuerte?**

_____

_____

Nationalism Shakes Aging Empires (page 259)

¿Por qué el nacionalismo dividió imperios?

El nacionalismo amenazaba dividir tres antiguos imperios. El imperio austriaco tuvo que dividirse en dos: Austria y Hungría. En Rusia, un gobierno cruel y la política de **rusificación**, es decir, obligar a otros pueblos a adoptar las costumbres rusas, contribuyeron a la Revolución de 1917. Esta revolución derrocó al zar. El imperio otomano se dividió en la época de la I Guerra Mundial, al igual que los otros dos imperios.

2. ¿Cuáles fueron los tres imperios que dividió el nacionalismo?

_____

_____

Cavour Unites Italy (page 260)

¿Por qué el nacionalismo unió a Italia?

Los italianos usaron el sentimiento nacionalista para forjar una nación, no para destruir un imperio. Grandes regiones de Italia estaban gobernadas por reyes austriacos y españoles. Los nacionalistas intentaron unir la nación en 1848. Pero la revuelta fue sofocada. Las esperanzas descansaban en el rey italiano del estado de Piedmont-Sardinia. Su primer ministro era el conde **Camillo di Cavour.** Éste procuró aumentar el control del rey en otras regiones del norte.

Mientras, **Giuseppe Garibaldi** dirigió un ejército de patriotas que obtuvo el control de las regiones del sur. Garibaldi entregó al rey las regiones que conquistó. En 1866, la región alrededor de Venecia se añadió al control del rey. En 1870, el rey terminó de unir Italia.

3. ¿Quién ayudó a unificar a Italia?

_____

Bismarck Unites Germany; A Shift in Power (page 263)

¿Cómo se unificó Alemania?

Durante siglos, Alemania también había estado dividida en muchos estados. En 1815, 39 estados se unieron en una liga llamada la Confederación Germánica. Prusia y Austria-Hungría controlaron ese grupo. Con el tiempo, Prusia fue la más poderosa, gracias a su primer ministro **Otto von Bismarck,** a quien apoyaban los **junkers,** alemanes adinerados que tenían tierras. Bismarck fue un maestro de la **realpolitik:** política dura y práctica para obtener poder.

Bismarck creó una nueva *confederación* de estados alemanes controlada por Prusia. Para ganar la lealtad de las regiones alemanas del sur, Bismarck provocó a propósito la ira de Francia para que declarara la guerra a Prusia. Prusia ganó la Guerra Franco-Prusiana en 1871. La guerra dio a los estados del sur de Alemania un sentimiento nacionalista. Se unieron a los otros estados para nombrar al rey de Prusia emperador, o **káiser,** de una Alemania fuerte y unificada.

Estos sucesos cambiaron el equilibrio de poder en Europa. Alemania y Gran Bretaña eran las dos principales potencias, seguidas de Francia. Austria, Rusia e Italia quedaron más débiles.

4. ¿Cuál fue el resultado de la derrota de Francia y la unificación de Alemania?

_____

Tipos de movimientos nacionalistas		
Tipo	**Características**	**Ejemplos**
Unificación	• Fusión de tierras separadas con culturas similares	• Alemania en el siglo 19 • Italia en el siglo 19
Separación	• Grupo cultural distinto que no quiere sumarse a un estado o intenta separarse	• Los griegos en el imperio otomán • Los canadienses francófonos
Formación de estado	• Grupos de distintas culturas forman un nuevo estado al aceptar una sola cultura	• Estados Unidos • Turquía

Desarrollo de destrezas

Usa la tabla para contestar las preguntas.

1. **Categorizar** ¿Qué tipo de movimiento nacionalista ocurrió en Estados Unidos?

_____

2. **Sacar conclusiones** ¿Qué tipo de movimiento nacionalista lleva a la disociación?

_____

Revolutions in the Arts

ANTES DE LEER

En la sección anterior, leíste acerca de cómo cambiaron las fronteras políticas en Europa.

En esta sección, aprenderás acerca de los cambios de las artes en Europa.

AL LEER

Usa el cuadro para tomar notas sobre los nuevos movimientos de las artes.

MOVIMIENTO	DEFINICIÓN	AUTORES/COMPOSITORES
romanticismo	Interés en la naturaleza; enfoque en los pensamientos y sentimientos	William Wordsworth, Beethoven

The Romantic Movement
(pages 264–265)

¿Qué es el romanticismo?

A principios del siglo 19, la Ilustración fue sustituida por otro movimiento llamado **romanticismo.** Este movimiento del arte y del pensamiento se enfocó en la naturaleza, y en los pensamientos y sentimientos de individuos. Atrás había quedado la idea de la razón y el orden como lo mejor. Los pensadores románticos valoraban el sentimiento, no la razón; la naturaleza, no la sociedad. Los pensadores románticos tenían posturas idealizadas acerca del pasado, pensando que eran tiempos mejores y más sencillos. Apreciaban a la gente común. Como resultado, les gustaban las historias, canciones y tradiciones populares. También apoyaron la lucha por la democracia. Pero no todos los artistas y pensadores apoyaron esas ideas.

Los escritores románticos trataron distintos temas. Durante la primera mitad del siglo 19, los hermanos Grimm coleccionaron cuentos populares alemanes. También elaboraron un diccionario y trabajaron en una gramática del idioma alemán. Sus obras eran una celebración de la nación alemana, antes de que se uniera. Otros autores escribieron sobre individuos fuertes, así como sobre la belleza y la naturaleza.

Alemania fue la cuna de uno de los más importantes escritores románticos. Johann Wolfgang von Goethe escribió *Los sufrimientos del joven Werther*, la historia de un joven que se mata porque está enamorado de una mujer casada.

Los poetas románticos ingleses William Wordsworth y Samuel Taylor Coleridge celebraron la naturaleza como fuente de bondad y belleza. Durante el romanticismo también se popularizó un tipo de historia de horror llamada *novela gótica*. Novelas como *Frankenstein,* de Mary Shelley, eran narraciones de terror acerca del bien y el mal.

El romanticismo también fue importante en la música. Los compositores apelaron al corazón de sus escuchas. El alemán Ludwig van Beethoven, fue el más importante de esos compositores. El romanticismo popularizó la música.

1. **¿Qué valoraban los pensadores y artistas románticos?**

_____

_____

_____

_____

The Shift to Realism in the Arts
(pages 266–267)

¿Qué es el realismo?

A mediados del siglo 19, la *cruda* realidad de la vida industrial hizo que los sueños del romanticismo parecieran tontos. Surgió un nuevo movimiento: el **realismo.** Artistas y escritores intentaron mostrar la vida en toda su realidad. Se valieron del arte para protestar por las condiciones sociales injustas. Los libros del escritor francés Emile Zola mostraron las crueles condiciones de trabajo de los

pobres. El realismo contribuyó a que se promulgaran nuevas leyes para mejorar la situación de los pobres. En Inglaterra, Charles Dickens escribió muchas novelas que mostraron los sufrimientos de los pobres en la nueva economía industrial.

En esta época apareció un nuevo invento: la cámara. Los fotógrafos la usaron para captar imágenes realistas.

2. **¿Para qué propósitos usaron los escritores el realismo?**

_____

_____

_____

_____

Impressionists React Against Realism (page 267)

¿Qué es el impresionismo?

En la década de 1860, los pintores parisinos reaccionaron contra el estilo realista. Un nuevo estilo artístico —el **impresionismo**— usó la luz y los colores llenos de luz para producir una "impresión" del tema o el momento. Los pintores impresionistas, como Claude Monet y Pierre-Auguste Renoir, ensalzaron los encantos de la vida de la nueva clase media. Mediante diferentes estructuras, instrumentos y patrones musicales, los compositores crearon música que influía en el estado de ánimo.

3. **¿Cuál fue el enfoque del arte y la música impresionistas?**

_____

_____

Glosario · CHAPTER 8 Nationalist Revolutions Sweep the West

confederación Grupo que se une con un propósito común

cruda Dura; difícil de soportar

étnico Relacionado con un grupo religioso, racial, nacional o cultural

exilio Vida fuera del país propio por fuerza mayor

huir Escapar

legislaturas Cuerpos encargados de hacer las leyes

mestizos Hijos de europeos y amerindios

novela gótica Historias de miedo, violencia o acontecimientos sobrenaturales

unificar Unir; crear un país a partir de estados separados o de otras divisiones políticas

zar Emperador de Rusia

DESPUÉS DE LEER

Términos y nombres

A. Llena los espacios en blanco con el término que mejor completa el párrafo.

Camillo di Cavour

Giuseppe Garibaldi

Balcanes

nacionalismo

estado nacional

En Europa, surgieron sentimientos de **1** _____. La gente ya no sentía lealtad hacia el rey, la reina o cualquier otro gobernante. Sentía lealtad hacia su grupo particular, país o **2** _____. Estos sentimientos provocaron luchas por el autogobierno en Grecia, que formaba parte de una extensa región controlada por los otomanos llamada los **3** _____. Los sentimientos de orgullo nacional y el deseo de unidad también contribuyeron a que **4** _____ unificara el norte de Italia. Los mismos sentimientos ayudaron a **5** _____ unificar el sur de Italia.

B. Escribe la letra del nombre o término junto a su descripción.

a. Otto von Bismarck

b. Miguel Hidalgo

c. José de San Martín

d. Luis Napoleón

e. Simón Bolívar

_____ **1.** Emperador de Francia

_____ **2.** Libertador de Chile y Argentina

_____ **3.** Libertador de Venezuela

_____ **4.** Dirigente prusiano

_____ **5.** Sacerdote que comenzó la independencia mexicana

Name _____ Date _____

Ideas principales

1. ¿Cómo estaba dividida la sociedad en las colonias españolas de América?

_____

_____

_____

2. ¿Cómo se independizó México del gobierno español?

_____

_____

_____

3. ¿Por qué el nacionalismo cambió a Europa?

_____

_____

_____

4. ¿Cómo unió Otto von Bismarck a Alemania?

_____

_____

_____

5. ¿Qué nuevos movimientos artísticos que surgieron en Europa en esta época?

_____

_____

_____

Pensamiento crítico

Contesta estas preguntas en una hoja aparte.

1. Explica los diferentes efectos de la unificación de Alemania y de Italia.

2. ¿Por qué piensas que el realismo sustituyó al romanticismo?

The Beginnings of Industrialization

ANTES DE LEER

En la sección anterior, leíste acerca del romanticismo y el realismo en las artes.

En esta sección, leerás acerca del inicio de la Revolución Industrial.

AL LEER

Usa el cuadro para tomar notas sobre los avances y condiciones que provocaron la industrialización.

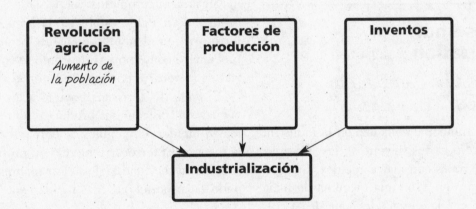

Industrial Revolution Begins in Britain (pages 283–284)

¿Cómo comenzó la Revolución Industrial?

La **Revolución Industrial** fue el gran aumento de la producción que comenzó en Inglaterra durante el siglo 18. Antes de la Revolución Industrial, la mayoría de los productos se hacían a mano. A mediados del siglo 18, muchos se hacían en máquinas.

La Revolución Industrial comenzó con una *revolución agrícola*. A principios del siglo 18, los terratenientes ingleses compraron muchas tierras de campesinos pobres y reunieron esas tierras en grandes campos cerrados con bardas o alambrados, llamados **cercados.** Muchos de los campesinos pobres que perdieron sus tierras se convirtieron en *arrendatarios*. Otros abandonaron la agricultura y se mudaron a las ciudades.

Los nuevos métodos agrícolas eran más productivos. Por ejemplo, Jethro Tull inventó un arado que hizo más eficiente la siembra. También se practicaba la **rotación de cultivos,** que es sembrar distintos productos en un campo cada año.

El aumento de la *producción* agrícola aumentó la cantidad de alimentos y mejoró la alimentación. La población también aumentó, pero se necesitaban menos agricultores para producir alimentos. Más gente se dedicó a elaborar otros productos.

El aumento de la cantidad de gente de las ciudades disponible para trabajar en fábricas contribuyó a la Revolución Industrial.

Por distintas razones, Inglaterra fue el primer país en industrializarse. La **industrialización** es el proceso de fabricar bienes por medio de máquinas.

Inglaterra tenía los materiales y recursos que se necesitaban para la industrialización: carbón, agua, hierro, ríos, muelles y bancos. También tenía todos los **factores de producción** que requería la Revolución Industrial; por ejemplo, tenía tierras, mano de obra (trabajadores) y capital (riqueza).

1. ¿Por qué Inglaterra fue el primer país en industrializarse?

_____

_____

_____

_____

Inventions Spur Industrialization (pages 284–286)

¿Qué inventos cambiaron los negocios?

La Revolución Industrial comenzó en la industria *textil*. Gracias a varios inventos, las fábricas hicieron telas y ropas con mayor rapidez. Richard Arkwright inventó en 1769 una máquina de hilar que funcionaba con la energía del agua. En 1779, Samuel Compton inventó una hiladora mecánica que hacía hilo mejor y más rápido. En 1787, Edmund Cartwright inventó la máquina tejedora, que aceleró el proceso de fabricación de ropa.

Estos nuevos inventos eran máquinas grandes y costosas. Para albergar y operar esas máquinas, los dueños construyeron grandes **fábricas** cerca de ríos porque las máquinas funcionaban con la energía del agua.

2. ¿Cómo cambió la industria textil con los nuevos inventos?

_____

_____

Improvements in Transportation; The Railway Age Begins (pages 287–288)

En 1705, la invención del motor de vapor representó una nueva fuente de energía. El motor de vapor usaba agua caliente para producir vapor. La energía del vapor hacía funcionar los motores. Con el tiempo se usaron motores de vapor en las fábricas.

Al mismo tiempo, se realizaron mejoras en el transporte. El estadounidense Robert Fulton inventó el primer barco de vapor. Este invento permitió transportar productos más rápidamente por ríos y canales.

A partir de la década de 1820, el vapor provocó mayor crecimiento industrial. George Stephenson, un ingeniero inglés, estableció la primera línea de ferrocarril en el mundo con una locomotora que funcionaba con vapor. Muy pronto se construyeron vías de ferrocarril por toda Inglaterra.

El *auge* del ferrocarril ayudó a los dueños de negocios a trasladar sus productos al mercado con mayor rapidez. Creó miles de empleos en distintas industrias. El ferrocarril ejerció un profundo efecto sobre la sociedad inglesa. Por ejemplo, la gente pudo viajar por el país más rápidamente.

3. ¿Qué efectos tuvo la invención del motor de vapor?

_____

_____

_____

_____

Industrialization Case Study: Manchester

TÉRMINOS Y NOMBRES

urbanización Construcción de ciudades y traslado de población a las ciudades

clase media Clase social de trabajadores especializados, profesionales, comerciantes y agricultores ricos

ANTES DE LEER

En la sección anterior, leíste acerca de cómo empezó la Revolución Industrial.

En esta sección, leerás acerca de sus efectos.

AL LEER

Usa el cuadro para registrar los efectos de la industrialización.

Efectos negativos

Ciudades congestionadas

Efectos positivos

Industrialización

Industrialization Changes Life
(pages 289–291)

¿Por qué la industrialización cambió la vida?

La industrialización provocó muchos cambios en Inglaterra. Mayor número de gente pudo calentar sus hogares con carbón, comer mejores alimentos y vestirse mejor.

Otro cambio fue la **urbanización:** construcción de ciudades y traslado de población a las ciudades. Durante siglos, la mayoría de los habitantes de Europa había vivido en el campo. En el siglo 19 aumentó la cantidad de gente que iba a las ciudades a buscar trabajo.

Las condiciones de vida eran malas en las ciudades sobrepobladas. Mucha gente no tenía buena vivienda, escuelas o protección policial. Suciedad, basura y enfermedades eran parte de la vida de los *tugurios.* La esperanza de vida en las ciudades era de 17 años; en el campo, de 38.

Las condiciones de trabajo también eran malas. El trabajador promedio trabajaba 14 horas diarias, seis días a la semana. Muchos morían o recibían heridas serias en accidentes de trabajo.

1. ¿Qué cambios importantes ocurrieron en las condiciones de vida y de trabajo?

_____

_____

Class Tensions Grow; Positive Effects of the Industrial Revolution (pages 291–292)

¿Quiénes constituían la clase media?

La vida de algunos mejoró con la nueva economía. La Revolución Industrial significó nuevas riquezas para la **clase media,** formada por trabajadores especializados, profesionales, comerciantes y agricultores ricos. La clase media disfrutaba de una vida cómoda en hogares agradables. Esta clase comenzó a aumentar. Algunos reunieron más riquezas que los nobles, quienes habían tenido el control durante muchos siglos.

La Revolución Industrial tuvo muchos efectos buenos. Creó riqueza, empleos y, con el tiempo, permitió a muchos trabajadores tener una vida mejor. Produjo mejor alimentación, vivienda y ropa a precios más bajos.

2. Nombra tres efectos positivos de la industrialización.

_____

_____

_____

The Mills of Manchester (pages 292–294)

¿Qué cambios ocurrieron en Manchester?

La ciudad inglesa de Manchester fue un buen ejemplo de la forma en que la industrialización cambió a la sociedad. La ciudad se volvió sucia y sobrepoblada debido al crecimiento rápido. Los dueños de fábricas arriesgaron su dinero y trabajaron largas horas para impulsar sus empresas. A cambio, disfrutaban de enormes ganancias y construyeron grandes casas. Los trabajadores también trabajaban largas horas pero con pocas ganancias. Muchos trabajadores eran niños, algunos de seis años. El gobierno no limitó el trabajo infantil sino hasta 1819.

La industrialización de Manchester provocó problemas ambientales. El humo de carbón y los tintes para textiles de las fábricas contaminaron el aire y el agua. Sin embargo, Manchester también creó gran cantidad de empleos, productos y riqueza.

3. ¿Por qué Manchester es un buen ejemplo de los cambios que la industrialización llevó a las ciudades?

_____

_____

_____

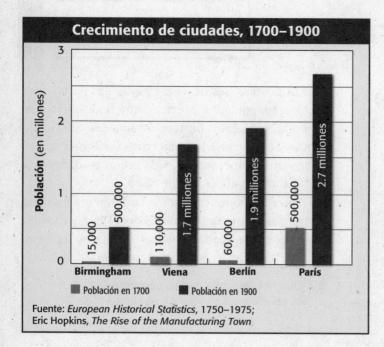

Crecimiento de ciudades, 1700–1900

Población (en millones)

- Birmingham: 15,000 / 500,000
- Viena: 110,000 / 1.7 millones
- Berlín: 60,000 / 1.9 millones
- París: 500,000 / 2.7 millones

■ Población en 1700   ■ Población en 1900

Fuente: *European Historical Statistics*, 1750–1975; Eric Hopkins, *The Rise of the Manufacturing Town*

Desarrollo de destrezas

Usa la tabla para contestar las preguntas.

1. ¿Cuántos años abarcan estos datos?

_____

_____

2. ¿Cuál fue la tasa de crecimiento de Birmingham de 1700 a 1900?

_____

_____

Name _____ Date _____

Industrialization Spreads

ANTES DE LEER

En la sección anterior, leíste acerca de los efectos de la industrialización.

En esta sección, aprenderás cómo la industrialización se extendió a otros países.

AL LEER

Usa el cuadro para tomar notas acerca de cómo, dónde y por qué comenzó la industrialización en otros países.

Expansión de la industrialización

Estados Unidos	Bélgica	Alemania	Francia
Comienza al noreste en la industria textil			

Industrial Development in the United States (pages 295–297)

¿*Cómo* comenzó la industrialización en Estados Unidos?

Otros países comenzaron a industrializarse después de Gran Bretaña. Estados Unidos fue el primero. Al igual que Gran Bretaña, tenía mucho carbón y agua para generar energía. También tenía mucho hierro. Además, los inmigrantes que llegaron a Estados Unidos crearon gran oferta de mano de obra.

Asimismo, Estados Unidos se benefició del conflicto con Gran Bretaña. Durante la Guerra de 1812, Gran Bretaña interrumpió el envío de productos a Estados Unidos. Como resultado, las industrias estadounidenses comenzaron a fabricar los productos que la población necesitaba.

En Estados Unidos, la industrialización comenzó en la industria textil. En 1789, Samuel Slater, trabajador británico, trajo el secreto de las máquinas textiles británicas a Norteamérica y construyó una máquina hiladora.

En 1813, un grupo de inversionistas de Massachusetts construyó fábricas de textiles en

Waltham, Massachusetts. Pocos años después, construyeron más fábricas en Lowell, Massachusetts. Miles de trabajadores, principalmente jovencitas, llegaron a estas ciudades para trabajar en las nuevas fábricas.

La industria estadounidense comenzó a crecer en el noreste. En las últimas décadas del siglo 19, el crecimiento industrial se extendió a otras regiones del país. Se alimentó de grandes abastos de carbón, petróleo y hierro. Nuevos inventos, como la luz eléctrica, también contribuyeron. Al igual que en Gran Bretaña, la construcción de redes de ferrocarril contribuyó al crecimiento industrial estadounidense.

Las empresas necesitaban enormes sumas de dinero para la realización de proyectos. Para reunir el dinero, las compañías vendieron **acciones.** Las acciones son participación de la propiedad de una corporación. Todos los que tienen acciones son dueños de parte de la compañía. Esta forma de organización empresarial se llama **corporación.**

1. ¿Cómo comenzó la industrialización en Estados Unidos?

_____

_____

_____

Continental Europe Industrializes (pages 297–298)

¿*En qué parte* de Europa continental comenzó la industrialización?

El crecimiento industrial también se extendió de Inglaterra al continente europeo. Bélgica fue la primera en industrializarse. Era rica en hierro y carbón, y tenía buenas vías acuáticas.

Alemania estuvo dividida políticamente hasta fines del siglo 19. En consecuencia, no desarrolló demasiada industria al principio. Sin embargo, el valle del Ruhr, en Alemania occidental, era rico en carbón y se convirtió en importante región industrial.

En toda Europa, pequeñas regiones comenzaron a adoptar nuevas industrias. El crecimiento industrial no ocurrió en Francia sino hasta después de 1830, cuando el gobierno comenzó a construir una gran red de ferrocarriles. Algunos países, como Austria-Hungría y España, tenían serios problemas de transporte que les impidieron industrializarse.

2. ¿Qué naciones se industrializaron primero y por qué?

_____

_____

_____

The Impact of Industrialization
(page 299)

¿*Por qué* la industrialización cambió al mundo?

La Revolución Industrial cambió al mundo. Los países que se industrializaron ganaron más riqueza y poder que los demás. Los países europeos pronto comenzaron a aprovechar las tierras de África y Asia.

Los europeos querían usar esas tierras como fuentes de *materias primas* para sus fábricas. Los comerciantes europeos consideraban a los pueblos de otros continentes sólo como mercados para sus productos. Las naciones europeas se apoderaron de tierras en muchas regiones del mundo fuera de Europa. Esta práctica se llama *imperialismo.*

La Revolución Industrial de los siglos 18 y 19 cambió para siempre la vida de los países que se industrializaron. Los problemas que causó originaron movimientos de reforma social.

3. ¿Por qué la industrialización llevó al imperialismo?

_____

_____

_____

Reforming the Industrial World

ANTES DE LEER

En la sección anterior, leíste acerca de la expansión de la industrialización a distintas naciones.

En esta sección, aprenderás acerca de nuevas ideas y reformas.

AL LEER

Llena la red con las principales ideas y cambios que leas.

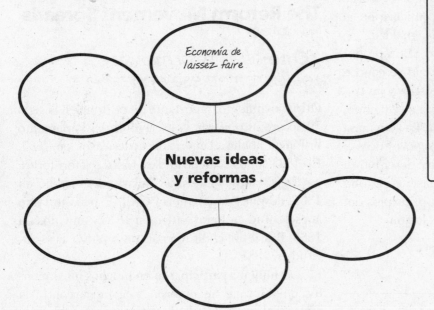

TÉRMINOS Y NOMBRES
laissez faire Teoría económica que propone que los gobiernos no deben intervenir en asuntos comerciales
Adam Smith Filósofo que defendió la economía de *laissez faire*
capitalismo Sistema económico en el que se invierte dinero para obtener ganancias
utilitarismo Teoría que propone que las ideas sólo son buenas si son útiles
socialismo Teoría que propone que los negocios deben ser propiedad de toda la sociedad
Karl Marx Economista que escribió acerca de una forma radical de socialismo
comunismo Forma de socialismo en la cual toda la producción es propiedad del pueblo
sindicato Grupo organizado de trabajadores que negocian con los propietarios para obtener mejores salarios y condiciones de trabajo
huelga Negativa organizada a trabajar

The Philosophers of Industrialization (pages 300–301)

¿*Qué* es el capitalismo?

La industrialización llevó a nuevas formas de pensamiento sobre la sociedad. Algunos *economistas* pensaron que el gobierno no debía intervenir en los negocios. Esa teoría se llama ***laissez faire.***

Adam Smith propuso que los gobiernos no debían limitar a los negocios. Creía que esa libertad ayudaría al crecimiento económico de las naciones. Junto con los economistas ingleses Thomas Malthus y David Ricardo, Adam Smith apoyó el sistema llamado **capitalismo.** En una economía capitalista, la gente invierte su dinero en negocios para obtener ganancias. Smith y otros creían que la sociedad se beneficiaría con este sistema. Los defensores del *laissez faire* se opusieron a las leyes de protección a los trabajadores.

1. ¿Cómo funciona el capitalismo?

_____

_____

_____

Rise of Socialism; Marxism; Radical Socialism (pages 301–304)

¿Qué es el socialismo?

Otros desafiaron las ideas capitalistas. Uno era el grupo de los utilitarios. Conforme al **utilitarismo,** una idea o práctica es buena sólo si es útil. Los utilitarios pensaban que era injusto que los trabajadores trabajaran tanto por tan poca paga y con tan malas condiciones de vida. Pensaban que el gobierno debía esforzarse por terminar las grandes diferencias entre ricos y pobres.

Otros querían que la sociedad entera fuera propietaria de los negocios. De esa manera se evitaría que unos cuantos fueran ricos a expensas de todos los demás. Así, toda la gente disfrutaría de los beneficios del aumento de producción. Esta teoría, llamada **socialismo,** surgió de la confianza en el progreso, e interés por la justicia y la igualdad.

Un pensador alemán llamado **Karl Marx** propuso una forma radical de socialismo que se conoce como *marxismo.* Dijo que los empresarios y los trabajadores lucharían por el poder. Con el tiempo, dijo, el sistema capitalista se destruiría. La gran masa de trabajadores se rebelaría contra los pocos ricos.

En *El manifiesto comunista* Marx describió el **comunismo,** una forma de socialismo en que el pueblo controla la producción. A principios del siglo 20, esas ideas llevarían a la revolución.

2. ¿En qué se diferencian el capitalismo y el socialismo?

_____

_____

_____

Labor Unions and Reform Laws (pages 304–305)

¿Qué hicieron los trabajadores para mejorar?

Los trabajadores lucharon por mejorar su vida. Muchos formaron **sindicatos.** El sindicato es un grupo que busca negociar con los patrones para obtener mejores salarios y condiciones de trabajo.

Cuando los patrones *se resistieron* a la formación de sindicatos, los trabajadores se declararon en **huelga,** es decir, se negaron a trabajar. Los trabajadores británicos y estadounidenses lucharon mucho para ganar el derecho a formar sindicatos. A fines del siglo 19, lograron algunos avances.

El Parlamento británico y los reformadores de Estados Unidos también intentaron arreglar otros problemas sociales. Gran Bretaña promulgó leyes para limitar el trabajo de la mujer y de los niños. En Estados Unidos se luchó por leyes similares.

3. ¿De qué manera tanto el gobierno como los trabajadores intentaron mejorar la vida del trabajador?

_____

_____

_____

The Reform Movement Spreads (pages 305–307)

¿Qué otras reformas se realizaron en esa época?

Otro movimiento importante de reforma en el siglo 19 se propuso *abolir* la esclavitud. El Parlamento británico abolió el mercado de esclavos en 1807. En 1833 abolió la esclavitud en todos sus territorios.

En Estados Unidos, la esclavitud se abolió en 1865, después de la Guerra Civil. España terminó la esclavitud en Puerto Rico en 1873 y en Cuba en 1886. Brasil fue el último país en *prohibir* la esclavitud en 1888.

Las mujeres participaron en muchos movimientos de reforma. Se unieron a la lucha contra la esclavitud y muchas lucharon por la igualdad de derechos para la mujer. El movimiento de igualdad para la mujer comenzó en Estados Unidos en 1848. En 1888, mujeres de todo el mundo formaron un grupo dedicado a esta causa.

Asimismo, los reformadores se encargaron de otros proyectos. Algunos lucharon y obtuvieron mejoras en la educación. Otros esperaban mejorar las prisiones.

4. Enumera dos movimientos de reforma importantes del siglo 19.

_____

_____

_____

Glosario

abolir Terminar algo

arrendatario Campesino que trabaja tierras alquiladas

auge Época de aumento en actividad, riqueza y prosperidad

economista Persona que estudia la forma en que se fabrican, venden y compran los bienes

imperialismo Política de controlar a otros países

marxismo Forma de socialismo propuesta por Karl Marx

materia prima Materiales usados en fábricas para crear productos

producción Cantidad que se produce o manufactura

prohibir Impedir

resistirse Oponerse

revolución agrícola Cambios que provocaron grandes aumentos en la producción de alimentos

textil Relacionado con telas o ropas

tugurios Áreas de pobreza y mala vivienda

DESPUÉS DE LEER

Términos y nombres

A. Llena los espacios en blanco con el término que mejor completa el párrafo.

Karl Marx

Adam Smith

socialismo

capitalismo

laissez faire

Un importante economista que estaba a favor del libre mercado era **1** _____. Defendió la política de dar libertad a las empresas para que manejen la economía. Esta filosofía se llama **2** _____. Esas ideas son parte del sistema económico llamado **3** _____. Otro importante pensador de la economía y la sociología fue **4** _____. Describió el sistema económico y de gobierno llamado comunismo. Su sistema es una forma de **5** _____.

B. Escribe la letra del nombre o término junto a su descripción.

a. industrialización

b. urbanización

c. corporación

d. utilitarismo

e. factores de producción

_____ **1.** Fabricación de productos por medio de máquinas

_____ **2.** Teoría de que una idea sólo es buena si es útil

_____ **3.** Recursos necesarios para producir bienes y servicios

_____ **4.** Negocio de propiedad de accionistas

_____ **5.** Construcción de ciudades y traslado de gente a ciudades

DESPUÉS DE LEER (continued)   *CHAPTER 9*   The Industrial Revolution

Ideas principales

1. ¿Qué fue la revolución agrícola y qué la causó?

_____

_____

_____

2. ¿Qué inventos estimularon el inicio de la Revolución Industrial?

_____

_____

_____

3. ¿De qué manera la Revolución Industrial cambió a las ciudades?

_____

_____

_____

4. Enumera dos países en los que la industrialización comenzó temprano. Explica las razones.

_____

_____

_____

5. ¿Cuáles fueron las tres reformas sociales más importantes que siguieron a la Revolución Industrial?

_____

_____

_____

Pensamiento crítico

Contesta estas preguntas en una hoja aparte.

1. Analiza los principales efectos negativos de la industrialización sobre la sociedad.

2. ¿Cómo afectó la Revolución Industrial al pensamiento económico?

Name _____ Date _____

CHAPTER 10 Section 1 (pages 313–316)

Democratic Reform and Activism

<table>
<tr><td>

ANTES DE LEER

En la sección anterior, leíste acerca de la Revolución Industrial.

En esta sección, aprenderás acerca de las reformas democráticas en Gran Bretaña y Francia.

AL LEER

Usa la línea cronológica para tomar notas sobre sucesos importantes en Gran Bretaña y Francia.

</td><td>

TÉRMINOS Y NOMBRES

sufragio Derecho a votar

movimiento cartista Movimiento de Inglaterra para dar a más gente el derecho al voto y otros derechos

reina Victoria Gobernante británica cuando se realizaron los cambios democráticos

Tercera República Gobierno formado en Francia después del exilio de Napoleón III

caso Dreyfus Juicio injusto a un oficial judío del ejército francés

antisemitismo Prejuicio contra los judíos

sionismo Movimiento que buscaba establecer un país judío en Palestina

</td></tr>
</table>

1832	1890
Gran Bretaña: la Ley de Reforma de 1832 da el voto a más gente	

1875	1903

Britain Enacts Reforms (pages 313–314)

¿*Cómo* adquirió más democracia Gran Bretaña?

Desde el siglo 17, el gobierno británico había sido una monarquía constitucional. Un rey o reina gobernaba, pero el Parlamento ejercía más poder.

Los miembros del Parlamento eran elegidos, pero poca gente podía votar por ellos. Sólo los hombres dueños de propiedades —cerca del 5 por ciento de la población— tenían el derecho del voto. La situación cambió en el siglo 19. La *Ley de Reforma de 1832* fue el primer paso. La clase media de toda Inglaterra protestó porque no podía votar. Preocupado por las revoluciones que estallaban en Europa, el Parlamento promulgó la Ley de Reforma que dio el **sufragio,** o derecho a votar, a muchos de la clase media.

Los que aún no podían votar comenzaron el **movimiento cartista.** Querían el voto y otros derechos. Presentaron sus demandas al Parlamento en la Carta del Pueblo de 1838. Aunque al principio no obtuvieron lo que querían, con el tiempo sus demandas se cumplieron.

La gobernante de Inglaterra durante estos cambios era la **reina Victoria.** Reinó durante 64 años con sabiduría y capacidad. Pero, durante su reinado, el Parlamento adquirió más poder. El período de su reinado se llama la era victoriana.

1. ¿Cómo cambió el poder en Gran Bretaña durante el siglo 19?

_____

_____

_____

_____

Women Get the Vote (page 315)

¿*Cuándo* comenzó la lucha por el derecho de la mujer al voto?

En 1890, unos cuantos países le habían dado el derecho al voto a todos los hombres. Pero ninguno se lo dio a las mujeres. En el siglo 19, las mujeres de Estados Unidos y Gran Bretaña lucharon pacíficamente por el derecho a votar.

En 1903, un grupo llamado Unión Política y Social de las Mujeres comenzó una campaña más fuerte por el sufragio femenino en Gran Bretaña. Esta campaña incluyó manifestaciones, marchas y protestas durante los discursos de funcionarios de gobierno. Pero la mujer no ganó el derecho a votar en Gran Bretaña y Estados Unidos sino hasta después de la I Guerra Mundial.

2. ¿Cuándo obtuvo el voto la mujer en Gran Bretaña y Estados Unidos?

_____

_____

_____

_____

France and Democracy (pages 315–316)

¿*Qué* fue el caso Dreyfus?

En Francia, el camino a la democracia fue difícil. Cuando Francia perdió una guerra con Prusia, la Asamblea Nacional se reunió para formar un nuevo gobierno. El nuevo gobierno se formó finalmente en 1875. Se llamó la **Tercera República** y duró más de 60 años. Fueron años de fuerte lucha entre muchos partidos políticos.

En la década de 1860, la sociedad francesa se dividió por el caso de un oficial del ejército llamado Alfred Dreyfus que fue acusado de traición, principalmente porque era judío. Mucha gente creía que era traidor y lo declararon culpable. El asunto se conoció como el **caso Dreyfus.** Pocos años después, se comprobó que había sido una *trampa*. Después fue declarado inocente.

El caso Dreyfus reveló **antisemitismo,** o *prejuicio* contra los judíos en Europa. En Europa oriental el antisemitismo era agudo. El gobierno ruso incluso permitía ataques organizados contra aldeas judías. A partir de 1880, muchos judíos huyeron a Estados Unidos. En la década de 1890 comenzó un movimiento llamado **sionismo** con la meta de establecer un país judío en Palestina.

3. ¿En qué partes de Europa había antisemitismo?

_____

_____

_____

_____

Self-Rule for British Colonies

TÉRMINOS Y NOMBRES

dominio Nación del imperio británico que podía gobernar sus asuntos internos

maorí Pueblo polinesio que se estableció en Nueva Zelanda

aborigen Nativo de Australia

colonia penal Lugar donde los convictos cumplían sus condenas

autogobierno Control local sobre asuntos internos

Ejército Republicano Irlandés Fuerza militar no oficial que lucha por la independencia

ANTES DE LEER

En la sección anterior, leíste acerca de la democracia y el prejuicio en Gran Bretaña, Francia y otras partes de Europa.

En esta sección, leerás acerca de la lucha por el autogobierno en las colonias británicas.

AL LEER

Usa la red para mostrar las luchas por el autogobierno y sus resultados.

Canadá
Declarada dominio después de varias rebeliones

Nueva Zelanda

La lucha por el autogobierno

Australia

Irlanda

Canada Struggles for Self-Rule
(pages 317–318)

¿*Cómo* se formó el Dominio del Canadá?

Gran Bretaña tenía colonias en todo el mundo. Tres de ellas —Canadá, Australia y Nueva Zelanda— fueron pobladas por colonos europeos. Con el tiempo, la gente de estas colonias exigió controlar sus gobiernos.

Los colonos blancos de Canadá estaban divididos en dos grupos. Un grupo eran los católicos que hablaban francés (francófonos), pues Canadá fue colonia francesa hasta 1763. El otro grupo hablaba inglés (anglófonos) y, en su mayoría, era protestante. Los dos grupos no se llevaban bien. En 1791, Gran Bretaña dividió la colonia en dos *provincias*. Cada una tenía su propio gobierno.

Pero los francófonos no estaban contentos con el gobierno inglés. Tras varias rebeliones, el Parlamento británico unió de nuevo las dos provincias bajo un gobierno y añadió otras colonias más pequeñas para crear el Dominio del Canadá. Como **dominio,** Canadá tenía el derecho de elaborar todas las leyes concernientes a sus asuntos internos. Pero el Parlamento inglés tenía el derecho de controlar las relaciones de Canadá con otros países. En 1871, Canadá se extendía desde el océano Atlántico hasta el Pacífico.

1. ¿Por qué en Canadá actualmente hay francófonos y anglófonos?

_____

_____

_____

Australia and New Zealand
(pages 318–319)

¿*Cómo* colonizaron Australia y Nueva Zelanda?

Nueva Zelanda fue incorporada al imperio británico en 1769. En 1770, Gran Bretaña se adueñó de Australia y abrió una **colonia penal.** Los primeros pobladores eran criminales convictos. Los **aborígenes,** el pueblo australiano, eran *nómadas*. Pescaban y cazaban.

La colonización de Nueva Zelanda fue lenta porque el gobierno británico reconoció que los aborígenes —los **maoríes**— tenían derechos sobre las tierras. Pero hacia 1840, creció la cantidad de colonos británicos.

Durante la década de 1850, Australia y Nueva Zelanda adquirieron autogobierno pero permanecieron en el imperio británico. A principios del siglo 20, se convirtieron en dominios. Australia fue el primer país en usar el *voto secreto* en las elecciones. En 1893, Nueva Zelanda fue el primer país en dar el voto a la mujer.

2. **¿En qué se diferenció el trato a los pueblos aborígenes de Australia y Nueva Zelanda?**

_____

The Irish Win Home Rule
(pages 320–321)

¿*Por qué* se demoró la independencia de Irlanda?

Irlanda se opuso al gobierno inglés desde sus inicios en el siglo 12. Además, un conflicto religioso separaba a los irlandeses católicos del pequeño grupo de ingleses protestantes que vivía en el norte.

En la década de 1840, los irlandeses sufrieron una hambruna terrible. Muchos murieron de hambre y enfermedad. Otros perdieron sus tierras. Millones emigraron, es decir, abandonaron Irlanda. La mayoría fue a Estados Unidos o Gran Bretaña.

Hacia fines del siglo 19, unos irlandeses querían independencia total. La mayoría quería el **autogobierno,** o derecho a gobernar sus asuntos internos. El gobierno británico se opuso. Temía que la mayoría católica tratara mal a los protestantes del norte. En 1914, el Parlamento otorgó el autogobierno a la región sur de Irlanda. Pero no se *puso en vigor* debido a la I Guerra Mundial y los *nacionalistas* se rebelaron. El **Ejército Republicano Irlandés,** una fuerza militar que buscaba la independencia, atacó a oficiales ingleses en Irlanda.

Después, Gran Bretaña dividió a Irlanda en dos. Irlanda del Norte continuó como parte de Gran Bretaña. Irlanda del Sur se independizó. Durante décadas, estalló violencia en Irlanda por esa división. En 1998 Irlanda y Gran Bretaña firmaron un acuerdo para solucionar pacíficamente sus problemas.

3. **¿Por qué Irlanda se dividió en dos partes?**

_____

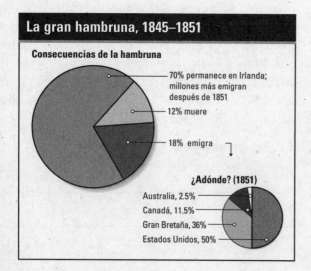

La gran hambruna, 1845–1851

Consecuencias de la hambruna

- 70% permanece en Irlanda; millones más emigran después de 1851
- 12% muere
- 18% emigra

¿Adónde? (1851)
- Australia, 2.5%
- Canadá, 11.5%
- Gran Bretaña, 36%
- Estados Unidos, 50%

Desarrollo de destrezas
Usa la tabla para contestar las preguntas.

1. **¿Qué porcentaje de irlandeses emigró en esta época?**

_____

2. **Nombra dos países a los cuales emigró la mayoría de los irlandeses.**

_____

War and Expansion in the United States

ANTES DE LEER

En la sección anterior, leíste acerca de la lucha por el autogobierno en las colonias británicas.

En esta sección, leerás acerca de los cambios de Estados Unidos durante el mismo período.

AL LEER

Usa la línea cronológica para tomar notas sobre los sucesos que provocaron cambios y crecimiento de Estados Unidos, tanto en territorio como en población.

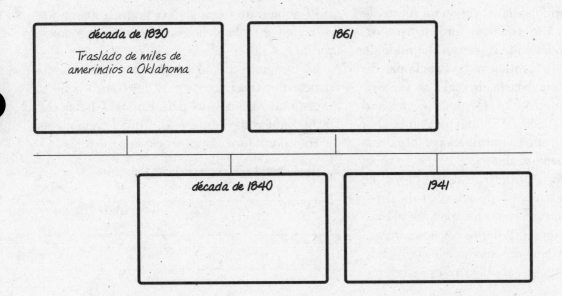

década de 1830 — Traslado de miles de amerindios a Oklahoma

1861

década de 1840

1941

Americans Move West (pages 324–325)

¿*Qué* fue el destino manifiesto?

Estados Unidos se expandió por Norteamérica y sufrió una sangrienta guerra civil. A principios del siglo 19, el territorio de la nación creció. Adquirió tierras de Francia mediante la Compra de Louisiana. Luego ganó una guerra contra México en la década de 1840 y conquistó más tierras.

Muchos creían en el **destino manifiesto:** la creencia de que Estados Unidos debía gobernar las tierras entre el océano Atlántico y el Pacífico. A medida que se establecieron los colonos blancos en el lejano oeste, los amerindios sufrieron. En la década de 1830, el gobierno obligó a miles de amerindios a abandonar los estados del este y a vivir en el actual Oklahoma.

El crecimiento de la nación planteó problemas serios. Los estados del Sur usaban esclavos para cultivar algodón. El Sur quería extender la esclavitud al oeste. Pero muchos norteños creían que la esclavitud era mala y que debía terminar.

1. ¿Qué problemas provocó la colonización del oeste?

_____

_____

_____

Civil War Tests Democracy
(pages 325–327)

¿*Cuáles* fueron las causas de la Guerra Civil?

La lucha en torno a la esclavitud provocó la **Guerra Civil.** Los estados del Sur declararon la **secesión,** es decir, se separaron de la *Unión.* Los sureños formaron su propia nación: los *Estados Confederados de América.* La guerra estalló cuando las fuerzas confederadas atacaron un fuerte de la Unión en 1861. Este conflicto duró cuatro años.

El Norte ganó. Durante la guerra, el presidente **Abraham Lincoln** promulgó la **Proclama de Emancipación,** que daba la libertad a los esclavos en los estados confederados. Después se *enmendó* la Constitución, es decir, se cambió para prohibir la esclavitud. Otro cambio constitucional hizo ciudadanos a los afroamericanos.

Por unos pocos años después de la guerra, los afroamericanos disfrutaron de igualdad de derechos. Pero los blancos pronto recuperaron el control local en los gobiernos de los estados sureños. Promulgaron leyes que despojaron a los negros de sus derechos. Los gobiernos blancos establecieron

la **segregación,** o separación, de negros y blancos. Desde entonces, los afroamericanos han seguido luchando por la igualdad.

2. ¿Qué cambios surgieron como resultado de la Guerra Civil?

_____

_____

_____

The Postwar Economy (page 327)

¿*Qué* sucedió después de la guerra?

Después de la Guerra Civil, la nación experimentó un rápido crecimiento industrial. Un notable aumento de la *inmigración* de Europa y Asia contribuyó a ese crecimiento. En 1914, había más de 20 millones de nuevos inmigrantes.

El gobierno ofrecía tierras gratis a los que se fueran al Oeste y muchos de los recién llegados se fueron.

El Congreso asignó fondos para construir un ferrocarril de costa a costa. El ferrocarril conectó las distintas regiones del país. En 1900, había casi 200,000 millas de vías férreas. Con el crecimiento del transporte ferroviario, creció la industria.

3. ¿Qué contribuyó al crecimiento industrial?

_____

_____

_____

Name _____ Date _____

Nineteenth-Century Progress

ANTES DE LEER

En la sección anterior, leíste acerca de los cambios políticos en Estados Unidos.

En esta sección, aprenderás acerca de los avances en la ciencia y en otros campos.

AL LEER

Usa la red para tomar notas de los cambios ocurridos en el siglo 19.

TÉRMINOS Y NOMBRES

línea de montaje Organización mediante la cual los productos pasan de un trabajador a otro en una fábrica para que cada uno realice un paso del trabajo

Charles Darwin Científico que propuso la teoría de la evolución

teoría de la evolución Teoría de que toda la vida de la Tierra se desarrolló a partir de organismos sencillos

radioactividad Forma de energía liberada por la descomposición del átomo

psicología Estudio de la mente

cultura de masas Arte y espectáculos para un gran público

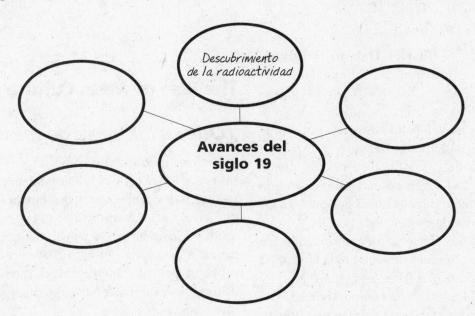

Descubrimiento de la radioactividad

Avances del siglo 19

Inventions Make Life Easier
(pages 328–330)

¿Por qué los inventos cambiaron la vida?

A fines del siglo 19, nuevos inventos cambiaron la vida cotidiana. En muchas partes del mundo se inventaron nuevas máquinas. Thomas Edison obtuvo *patentes* de más de mil inventos. Entre éstos estaban el foco de luz eléctrica y el fonógrafo. Alexander Graham Bell inventó el teléfono. Guglielmo Marconi creó el primer radio.

También hubo cambios en los transportes. Henry Ford ideó una fábrica con una **línea de montaje** que producía autos baratos y la gente común los podía comprar. En 1903, los hermanos Wright volaron por primera vez en un avión de motor. Pronto se creó la industria de la aviación.

1. **Nombra tres inventos importantes de este período.**

_____

_____

New Ideas in Medicine (page 330)

¿*Qué* descubrimientos se hicieron en medicina?

Hasta mediados del siglo 19, no se conocían los microbios. El científico francés Louis Pasteur descubrió que en la comida podían vivir animales microscópicos. Pasteur los llamó *bacterias.* Científicos como Joseph Lister pronto comprendieron que las bacterias causan enfermedades.

2. ¿Qué importancia tuvieron las ideas de Pasteur en el tratamiento de las enfermedades?

_____

_____

New Ideas in Science (pages 331–332)

¿*Qué* descubrimientos se hicieron en ciencia?

El científico inglés **Charles Darwin** propuso la **teoría de la evolución,** que afirma que toda la vida de la Tierra se desarrolló a partir de organismos sencillos a lo largo de millones de años. Esta teoría fue muy debatida. Mucha gente no la aceptó porque contradice la Biblia.

A mediados de la década de 1880, un monje austriaco llamado Gregorio Mendel demostró que los padres trasmiten características personales a los hijos. Así comenzó la ciencia de la genética.

Otros científicos hicieron descubrimientos de química y física. Descubrieron que toda la materia está hecha de partículas llamadas átomos. Marie y Pierre Curie descubrieron la **radioactividad,** que es la energía liberada por la *descomposición* del átomo.

3. Enumera lo que descubrió cada uno de los siguientes científicos: Charles Darwin, Gregorio Mendel, Marie y Pierre Curie.

_____

_____

_____

_____

Social Sciences Explore Behavior (page 332)

¿*Qué* es la psicología?

A fines del siglo 19, se comenzó a estudiar la mente humana. Esta nueva ciencia se llamó **psicología.** El científico ruso Ivan Pavlov realizó una serie de experimentos que lo convencieron de que los animales y las personas respondían a ciertas situaciones por aprendizaje.

Sigmund Freud, médico austriaco, propuso que los actos humanos están dictados por fuerzas del *inconsciente.* Esta postura escandalizó a muchos, pues parecía desmentir la idea de que podemos guiarnos por la razón.

4. ¿Qué dijo Freud acerca de la mente?

_____

_____

_____

The Rise of Mass Culture (pages 332–333)

¿*Qué* es la cultura de masas?

Antes, casi todo el arte, la música y el teatro eran sólo para los ricos. Con el surgimiento de la clase media, se desarrolló una nueva **cultura de masas** que atrajo a un vasto público. La gente común acudió a los teatros para disfrutar del canto y la danza. A principios del siglo 19, se proyectaron las primeras películas mudas. Mucha gente también disfrutó de los deportes, como participante y como observadora.

5. ¿Qué formas de entretenimiento se popularizaron?

_____

_____

_____

Name _____ Date _____

bacterias Organismos microscópicos

descomposición Ruptura, división

enmendar Cambiar

Estados Confederados de América Nombre de los estados que se separaron antes de la Guerra Civil

exilio Ausencia del país propio

inconsciente Parte de la mente que no conocemos

inmigración Acción de llegar a vivir en otro país

Ley de Reforma de 1832 Ley que dio el derecho al voto a miembros de la clase media británica

nacionalistas Leales a una nación o grupo específico

nómadas Sin hogar fijo

patentes Derechos de los inventores para hacer, usar y vender sus inventos

poner en vigor Aplicarse una ley

prejuicio Conducta negativa injusta contra un grupo

provincias Divisiones políticas semejantes a estados

trampa Engaño para hacer parecer culpable de un crimen que no se cometió

Unión Nombre de los estados del Norte durante la Guerra Civil

voto secreto Método para dar privacidad al voto

DESPUÉS DE LEER

Términos y nombres

A. Llena los espacios en blanco con el término que mejor completa el párrafo.

teoría de la evolución

cultura de masas

radioactividad

psicología

línea de montaje

      Uno de los avances más importantes en la producción masiva ocurrió en el siglo 19. Este avance fue el uso de la **1** _____. Otro avance importante en el siglo 19 fue el descubrimiento de **2** _____ por Marie y Pierre Curie. La **3** _____ de Darwin afirma que toda la vida de la Tierra se desarrolló a partir de organismos simples. Freud hizo grandes contribuciones al campo de la **4** _____. En esa época, se desarrolló una nueva **5** _____, que produjo arte y espectáculos que atrajeron a un gran público.

B. Escribe la letra del nombre o término junto a su descripción.

a. sufragio

b. antisemitismo

c. sionismo

d. segregación

e. Tercera República

_____ **1.** Separación de razas

_____ **2.** Gobierno establecido en Francia en 1875

_____ **3.** Prejuicio contra los judíos

_____ **4.** Derecho al voto

_____ **5.** Movimiento para crear un país para los judíos en Palestina

Ideas principales

1. ¿Qué relación tuvo el movimiento cartista con el sufragio?

_____

_____

_____

2. ¿Por qué fue importante el caso Dreyfus?

_____

_____

_____

3. ¿Qué problemas encontró Irlanda para obtener el autogobierno?

_____

_____

_____

4. ¿Cómo cambió la vida de los afroamericanos después de la Guerra Civil en Estados Unidos? ¿Qué siguió igual?

_____

_____

_____

5. ¿Cómo cambiaron el transporte los nuevos inventos?

_____

_____

_____

Pensamiento crítico

Contesta estas preguntas en una hoja aparte.

1. ¿En qué se parecieron las luchas por autogobierno en Canadá, Australia y Nueva Zelanda?

2. ¿Por qué muchos no aceptaron las ideas de Darwin y de Freud?

CHAPTER 11 Section 1 (pages 339–344)

The Scramble for Africa

ANTES DE LEER

En el capítulo anterior, leíste acerca de movimientos para obtener democracia y autogobierno.

En esta sección aprenderás acerca del imperialismo en África.

AL LEER

Usa el cuadro para tomar notas acerca de las razones por las cuales los europeos crearon imperios coloniales.

TÉRMINOS Y NOMBRES

imperialismo Control de una nación poderosa sobre una más débil

racismo Creencia de que la raza propia es superior a las demás

darvinismo social Aplicación de las ideas de Charles Darwin sobre la evolución a las sociedades humanas

Conferencia de Berlín Reunión en que los países europeos acordaron reglas para colonizar África

Shaka Jefe zulú que creó un estado centralizado grande

bóers Holandeses que colonizaron Sudáfrica

Guerra de los Bóers Guerra entre británicos y bóers

Económicas	**Políticas**	**Culturales**
Venta de productos a nuevos mercados		

↓ ↓ ↓

Imperialismo

Africa Before European Domination; Forces Driving Imperialism (pages 339–341)

¿Por qué comenzó el imperialismo en el siglo 19?

A principios del siglo 19, los europeos controlaban unas pocas regiones de la costa de África. A mediados del siglo 19, extendieron su control a nuevas tierras. Esta política se llamó **imperialismo.**

El imperialismo se debió a cuatro razones principales. La primera fue el dinero. Los europeos querían colonias que les proporcionaran materia prima para sus fábricas. También querían vender sus productos en nuevas colonias.

El orgullo nacional fue la segunda razón. Unos países querían colonias para demostrar su poder nacional.

El **racismo** fue la tercera razón. El racismo es la creencia de que la raza propia es mejor que las demás. Muchos europeos creían que la raza blanca era mejor que las otras.

El racismo se relaciona con el **darvinismo social.** El darvinismo social aplica las ideas de Charles Darwin sobre la evolución al desarrollo de las sociedades humanas. Una idea de Darwin es la "supervivencia del más apto"; esto quiere decir que sólo las especies más aptas, o fuertes, sobreviven. Las especies débiles no sobreviven.

Los seguidores del darvinismo social sostenían que sólo las naciones y los pueblos aptos sobreviven, y que las naciones y los pueblos débiles no sobreviven.

Los *misioneros* cristianos también apoyaron el imperialismo. Pensaron que un gobierno europeo terminaría con el comercio de esclavos. Los misioneros también querían *convertir* a los pueblos de otros continentes al cristianismo.

Los europeos comenzaron a conquistar tierras africanas por esas razones. La tecnología ayudó a los europeos. Los pueblos africanos estaban divididos y fue difícil oponerse a los avances europeos.

1. Nombra cuatro razones del imperialismo.

_____

_____

_____

_____

The Division of Africa (pages 341–342)

¿**Cómo** las naciones europeas se adjudicaron las tierras africanas?

La *"carrera por África"* comenzó en la década de 1880. En 1867 se descubrieron diamantes en Sudáfrica. En 1886 se descubrió oro. Los europeos se interesaron más en el continente.

Las naciones europeas no querían pelear por las tierras de África y decidieron reunirse en la **Conferencia de Berlín** en 1884–1885. Acordaron que cada nación podía tomar cualquier territorio de África con sólo avisar a las demás y demostrar que controlaba esa región. Los europeos rápidamente se lanzaron a conquistar tierras. En 1914, sólo Liberia y Etiopía estaban libres del control europeo.

2. ¿Cuál fue el propósito de la Conferencia de Berlín?

_____

_____

_____

_____

Three Groups Clash over South Africa (pages 342–344)

¿**Qué** grupos lucharon por Sudáfrica?

Tres grupos lucharon por las tierras de Sudáfrica. A principios del siglo 19, el jefe *zulu* **Shaka** conquistó muchas tierras, pero sus sucesores no pudieron mantener el reino. Los británicos se apoderaron de las tierras zulu en 1887.

Los británicos también tomaron una colonia holandesa de la costa sur. Miles de colonos holandeses, llamados **bóers,** se mudaron al norte para escapar de los británicos en un viaje llamado la Gran Caravana. Los bóers se refugiaron en tierras zulu y lucharon contra ellos.

A fines del siglo, los bóers se enfrentaron en una guerra contra los británicos, llamada la **Guerra de los Bóers.** Los bóers perdieron y se unieron a la Unión de Sudáfrica, bajo gobierno británico.

3. ¿Quiénes eran los bóers y contra quién pelearon?

_____

_____

_____

_____

Imperialism
Case Study: Nigeria

<table>
<tr><td colspan="2">**TÉRMINOS Y NOMBRES**</td></tr>
<tr><td>**paternalismo** Gobierno "paternal" que satisface necesidades pero no otorga derechos</td></tr>
<tr><td>**asimilación** Política de absorber al pueblo colonizado a la cultura de la nación imperialista</td></tr>
<tr><td>**Menelik II** Dirigente de la resistencia etíope</td></tr>
</table>

ANTES DE LEER

En la sección anterior, leíste acerca de las razones del imperialismo.

En esta sección, leerás acerca de las forma de control imperialista de las colonias.

AL LEER

Usa el cuadro para diferenciar el gobierno directo del indirecto.

GOBIERNO DIRECTO	GOBIERNO INDIRECTO
Los colonos controlaban los asuntos coloniales	Los gobiernos locales manejaban los asuntos cotidianos

A New Period of Imperialism; A British Colony (pages 345–348)

¿Cuáles fueron las formas y los métodos de control colonial de las naciones imperialistas?

Las potencias imperialistas tenían metas para sus colonias. Usaban cuatro formas de control: *colonia, protectorado, esfera de influencia* e *imperialismo económico.*

Una colonia es una región gobernada por un gobierno extranjero. Un protectorado maneja sus asuntos cotidianos, pero está controlado por una nación imperialista. Una esfera de influencia es una región donde una nación imperialista tiene derechos económicos exclusivos. El imperialismo económico es el control de una nación independiente por empresas extranjeras, no por gobiernos extranjeros.

Las naciones imperialistas tenían dos métodos básicos de gobernar sus colonias. Francia y otras naciones europeas usaron el *control directo.* Creían que los nativos no podían realizar el difícil trabajo de gobernar un país. Por tanto, la potencia imperialista gobernaba. A esta política se le llamó **paternalismo.** Los franceses también tenían una política de **asimilación.** Todas las instituciones coloniales seguían los patrones de la instituciones francesas. Los franceses esperaban que los pueblos nativos aprendieran los modelos franceses.

Los británicos usaron el *control indirecto*. Mediante este sistema, los gobiernos locales tenían poder sobre asuntos cotidianos. Además había consejos formados por gente local y funcionarios del gobierno con el fin de enseñar al pueblo a gobernarse conforme al método británico. Cuando Estados Unidos comenzó a colonizar también utilizó el método de control indirecto.

Gran Bretaña gobernó a Nigeria mediante el control indirecto. Permitió que los jefes locales gobernaran sus regiones. Este sistema no siempre funcionó. Los gobernantes de algunas regiones resintieron que su poder estuviera limitado.

1. ¿Qué formas y métodos usaron los imperialistas para controlar las colonias?

_____

_____

African Resistance (pages 348–350)

¿*Cómo* se opusieron los africanos al imperialismo?

Algunos africanos se opusieron al imperialismo. El pueblo de Argelia luchó contra Francia durante casi 50 años. En el este de África, dominada por Alemania, miles murieron luchando con armas sencillas y magia contra las ametralladoras alemanas.

Sólo Etiopía pudo ganarle a los europeos. Ahí, el emperador **Menelik II** logró enfrentar a un país europeo contra otro. En 1896, derrotó a un ejército italiano con armas europeas.

2. ¿Quién se opuso al imperialismo y cuáles fueron los resultados?

_____

_____

The Legacy of Colonial Rule
(page 351)

¿*Cómo* afectó el gobierno colonial a África?

Los africanos disfrutaron algunos beneficios del *gobierno colonial*. Los gobiernos europeos redujeron los conflictos locales. Además, acercaron más a África a la economía mundial. Se construyeron ferrocarriles, presas, y teléfonos y telégrafos.

Pero fueron más los daños causados por el imperialismo. Los africanos perdieron el control sobre gran parte de su territorio. Se destruyeron las tradiciones africanas y se expulsó a mucha gente de sus tierras. Muchos tenían que trabajar en malas condiciones. Las fronteras que trazaron los europeos no estaban relacionadas con las divisiones *étnicas* de África. Esas fronteras causaron problemas cuando las colonias se independizaron.

3. Nombra tres beneficios y tres problemas del gobierno colonial.

_____

_____

Formas de imperialismo	Definiciones
Colonia	Un país o región gobernado internamente por una potencia extranjera
Protectorado	Un país o territorio con gobierno propio pero bajo el control de una potencia extranjera
Esfera de influencia	Una región en la que una potencia extranjera tiene privilegios exclusivos de inversión o comercio
Imperialismo económico	Naciones independientes pero menos desarrolladas controladas por intereses de empresas privadas, en vez de otros gobiernos

Desarrollo de destrezas

1. ¿En qué forma de imperialismo es más independiente el gobierno local?

_____

_____

2. ¿Cuál es la diferencia entre esfera de influencia e imperialismo económico?

_____

_____

Europeans Claim Muslim Lands

TÉRMINOS Y NOMBRES
geopolítica Interés en apoderarse de tierras por su ubicación o materias primas
Guerra de Crimea Conflicto en el que el imperio otomano detuvo la expansión rusa cerca del mar Negro
Canal de Suez Canal artificial que conecta al mar Rojo con el Mediterráneo

ANTES DE LEER

En la sección pasada, leíste acerca del imperialismo en África.

En esta sección, aprenderás acerca del imperialismo en tierras musulmanas.

AL LEER

Usa la red para tomar notas acerca de la forma en que otros países controlaron regiones musulmanas en estas tierras.

```
        Egipto                        Europa
                                Los otomanos perdieron
                                 casi todas sus tierras

                      Tierras
                     musulmanas

                        Persia
```

Ottoman Empire Loses Power
(page 352)

¿*Cuándo* se debilitó el imperio otomano?

El imperio otomano quedaba en lo que hoy es Turquía, pero controlaba tierras en Europa del este, África del norte y el suroeste de Asia.

Este imperio duró cientos de años, pero se debilitó en el siglo 19. El partido gobernante se dividió en facciones en lucha. La corrupción y el robo causaron caos financiero. Los otomanos adoptaron las tecnologías modernas, pero ahora estaban rezagados de Europa.

Los pueblos del imperio recibieron la influencia del nacionalismo. En 1830, Grecia obtuvo su independencia y Serbia ganó el derecho al autogobierno. Las naciones europeas miraron con apetito los restos del imperio.

1. ¿Qué sucedió cuando el imperio otomano se debilitó?

_____

_____

_____

_____

_____

Europeans Grab Territory
(pages 352–354)

¿De qué territorios se apoderaron los europeos?

La **geopolítica** es el interés en tierras o en apoderarse de éstas por su ubicación o productos. Desempeñó un papel importante en la caída del imperio otomano. Rusia esperaba obtener el control del mar Negro para enviar granos al mar Mediterráneo. Rusia peleó una guerra contra los otomanos en la década de 1850 llamada la **Guerra de Crimea.**

Rusia perdió cuando Gran Bretaña y Francia se unieron a los otomanos. Sin embargo, los otomanos perdieron casi todas sus tierras en Europa y parte de su territorio en África. Los dirigentes musulmanes decidieron modernizar sus países.

Rusia también peleó contra Gran Bretaña en una guerra conocida como la "Gran Presa". Rusia buscaba ampliar su imperio y obtener acceso a India, una de las colonias inglesas más valiosas. Los ingleses defendieron India y trataron de expandir su imperio más allá de las fronteras de ese país. Gran parte de la guerra se libró en el reino musulmán independiente de Afganistán. Después de décadas de lucha, ambos países se retiraron y acordaron respetar la independencia de Afganistán.

2. ¿Por qué participó Rusia en la Guerra de Crimea y en la Gran Presa?

_____

_____

_____

_____

Egypt Initiates Reforms; Persia Pressured to Change (pages 354–356)

¿Qué medidas tomaron los países musulmanes para evitar la dominación imperialista?

Algunos líderes musulmanes adoptaron reformas para impedir que los europeos controlaran sus países. En Egipto, Mohamed Alí se independizó del control otomano, y reformó el ejército y la economía. El nieto de Alí continuó la modernización del imperio. Se unió a Francia para construir el **Canal de Suez** que conectó al Mediterráneo con el mar Rojo.

La construcción del canal fue sumamente costosa y Egipto no pudo pagar las deudas que contrajo. Gran Bretaña tomó el control del canal y, después, del resto del país.

Rusos y británicos lucharon por el control de Persia. Rusia quería a Persia para tener acceso al golfo Pérsico y al océano Índico. En dos ocasiones, Rusia se apoderó de tierras persas por medio de victorias militares.

Gran Bretaña quería a Afganistán como amortiguador entre India y Rusia. En 1857, Gran Bretaña obligó a Persia a entregarle Afganistán.

A principios del siglo 20, se descubrió petróleo en Persia. Una empresa británica firmó un acuerdo con el gobernante persa para explotar los campos de petróleo. Los persas se rebelaron contra ese gobernante, que era corrupto, y contra la influencia europea, que iba en aumento. Entonces Rusia y Gran Bretaña se apoderaron directamente del país.

En las tierras musulmanas, los europeos practicaron el imperialismo económico y conquistaron esferas de influencia. Varios países musulmanes trataron de modernizarse, pero fue demasiado tarde para impedir que los conquistaran los europeos.

3. ¿Qué sucedió en Egipto y en Persia?

_____

_____

_____

_____

CHAPTER 11 Section 4 (pages 357–361)

British Imperialism in India

TÉRMINOS Y NOMBRES

cipayo Soldado indio bajo mando británico

"joya de la corona" Término que se refiere a India como la colonia más preciada de Gran Bretaña

Motín de Cipayos Levantamiento de soldados indios contra británicos

Raja Gobierno británico en India de 1757 a 1947

ANTES DE LEER

En la sección anterior, aprendiste cómo los europeos se apoderaron de tierras musulmanas.

En esta sección, leerás acerca del control británico de India.

AL LEER

Usa el cuadro para tomar notas acerca de las causas del movimiento nacionalista en India.

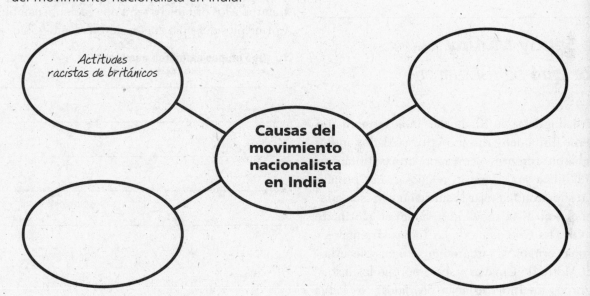

Actitudes racistas de británicos

Causas del movimiento nacionalista en India

British Expand Control over India
(pages 357–361)

¿*En qué* afectó el gobierno británico a India?

El imperio mogol de India se debilitó a principios del siglo 18. A mediados de siglo, la Compañía Británica de las Indias Orientales era el poder más importante en India. La compañía tenía enormes extensiones de tierra. Incluso tenía ejército propio, que estaba comandado por oficiales británicos. Se

formaba de **cipayos,** o soldados indios. India era la principal fuente de materias primas de Gran Bretaña. La llamaban **"la joya de la corona"** porque era su colonia más valiosa.

India recibió algunos beneficios durante el gobierno británico. Su sistema ferroviario era el tercero en tamaño del mundo. Los ferrocarriles ayudaron a modernizar la economía de India. También hubo otras mejoras. Se construyeron líneas telefónicas y telegráficas, presas, puentes y canales. Asimismo se mejoró la *sanidad* y la salud pública, y se construyeron escuelas.

Pero el gobierno británico también causó problemas. Gran cantidad de riqueza de India pasó a Gran Bretaña. La industria nacional murió debido a las leyes comerciales británicas. Muchos agricultores y aldeas no podían alimentarse porque tenían que cultivar productos para la venta. India sufrió hambrunas a fines del siglo 19. Además, la mayoría de los funcionarios británicos adoptaron actitudes *racistas* contra la cultura de India.

1. ¿Qué problemas provocó el gobierno británico?

_____

_____

_____

_____

The Sepoy Mutiny (pages 359–360)

¿*Por qué* se rebelaron los indios?

A mediados del siglo 19, muchos indios resentían al gobierno británico. En 1857, los soldados indios escucharon rumores acerca de armas británicas que ofendían sus creencias religiosas. Los británicos no supieron manejar la situación y los soldados se rebelaron. Esta rebelión se llamó el **Motín de Cipayos.** La Compañía de las Indias Orientales y las tropas británicas tardaron un año en sofocarla.

El Motín de Cipayos fracasó porque los distintos grupos de India estaban divididos. No había confianza entre musulmanes e hindúes. Tras la revuelta, el gobierno británico ejerció control directo. El término **Raja** se refiere al gobierno británico de India entre 1757 y 1947.

2. ¿Qué fue el Motín de Cipayos?

_____

_____

_____

Nationalism Surfaces in India
(page 361)

¿*Cuáles* fueron los objetivos del movimiento nacionalista indio?

Los indios también se opusieron al control británico de otras maneras. Dirigentes como Ram Mohun Roy instaron a cambiar algunas prácticas tradicionales. Quería modernizar la sociedad y liberarla del control extranjero.

Además, comenzaron a surgir sentimientos nacionalistas en India. Los indios resentían la discriminación británica. Se les impedía ocupar los mejores puestos en la administración pública de su país. Los trabajadores británicos obtenían mejores salarios por el mismo trabajo.

Los indios formaron dos grupos: el Congreso Nacional y la Liga Musulmana. Ambos grupos presionaron a los británicos para que hicieran cambios. A principios del siglo 20, exigieron el autogobierno.

3. ¿Qué grupos exigieron cambios?

_____

_____

_____

_____

Imperialism in Southeast Asia

TÉRMINOS Y NOMBRES

cuenca del Pacífico Tierra continental e islas del sureste de Asia a lo largo de la cuenca del océano Pacífico

rey Mongkut Rey que modernizó a Siam

Emilio Aguinaldo Dirigente nacionalista filipino

anexión Adición de territorio

reina Liliuokalani Última gobernante hawaiana

ANTES DE LEER

En la última sección, estudiaste cómo reaccionaron los indios ante el imperialismo.

En esta sección, leerás acerca del imperialismo en el sureste de Asia.

AL LEER

Usa la red para mostrar las distintas tierras que controlaba cada nación occidental.

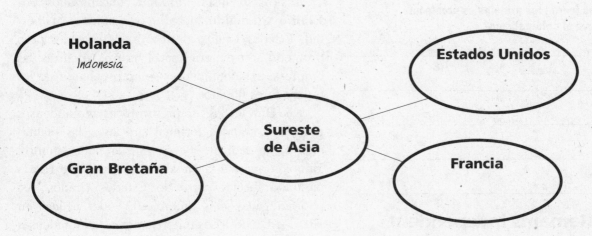

European Powers Invade the Pacific Rim (pages 362–365)

¿Qué potencias occidentales se apoderaron de tierras en el sureste de Asia?

Las naciones europeas también se apoderaron de tierras en la **cuenca del Pacífico,** el sureste de Asia y las islas del océano Pacífico. Las tierras del sureste de Asia eran perfectas para montar grandes plantaciones. El azúcar, el café, el cacao, el hule, el cacahuate, el coco, el plátano y la piña eran productos importantes.

Los holandeses controlaron Indonesia. Muchos holandeses que se mudaron a Indonesia la consi-

deraron su hogar. Establecieron un sistema de clases y se colocaron en la cima. Después seguían los indonesios ricos y cultos. Los trabajadores de las plantaciones estaban al final. Los holandeses obligaron a los agricultores a dedicar la quinta parte de sus tierras a cultivos de exportación.

Los británicos tomaron el puerto de Singapur, Malasia y Birmania (la actual Myanmar). Usaron Singapur como base comercial y llegó a ser uno de los puertos de más actividad del mundo. Los británicos alentaron a los chinos a trasladarse a Malasia. Los malasios se convirtieron en minoría en su propio país. La tensión entre malasios y chinos aún existe.

Francia se apoderó de Indochina (los actuales Laos, Camboya y Vietnam). Los franceses gobernaron Indochina directamente e intentaron imponer su cultura. No fomentaron la industria. El arroz era el principal cultivo. Aunque los vietnamitas cultivaban más arroz que antes, comían menos porque gran parte se exportaba. Este problema fue la causa de la oposición vietnamita al gobierno francés.

El colonialismo llevó algunas características de la vida moderna a estas regiones. Pero el cambio económico favoreció más a los europeos que a los habitantes del lugar. No obstante, mejoró la educación, la salud y la sanidad. Millones de personas emigraron a las nuevas regiones del sureste de Asia. La mezcla de culturas no siempre dio resultado. Los conflictos que existen hoy entre algunos pueblos son resultado de este período.

1. ¿Cuáles fueron los principales problemas que llevó el colonialismo?

_____

_____

_____

_____

Siam Remains Independent
(page 364)

¿*Cómo* se vio afectada Siam por el imperialismo?

Un país —Siam (la actual Tailandia)— permaneció independiente. Siam estaba rodeado por tierras tomadas por franceses y británicos, quienes no querían que Siam cayera en manos del otro. Los reyes siameses provocaron enfrentamientos entre franceses y británicos para permanecer libres de ambas naciones.

El **rey Mongkut** y su hijo modernizaron Siam. Fundaron escuelas y reformaron el gobierno. También construyeron redes de ferrocarril y líneas telegráficas, y terminaron con la esclavitud. Estos cambios sucedieron con poco trastorno social.

2. ¿Cómo confrontó Siam el imperialismo?

_____

_____

_____

_____

U.S. Imperialism in the Pacific Islands (pages 364–365)

¿*Qué* tierras adquirió Estados Unidos?

A fines del siglo 19, Estados Unidos comenzó a buscar colonias. En 1898, después de la Guerra Hispano-Americana, Estados Unidos tomó el control de Puerto Rico, Guam y Filipinas.

Los nacionalistas *filipinos*, encabezados por **Emilio Aguinaldo,** lucharon para obtener su libertad. Estados Unidos derrotó a los rebeldes pero prometió autogobierno en el futuro. Mientras, las empresas estadounidenses se aprovecharon de los trabajadores filipinos.

En Hawai, los empresarios estadounidenses reunieron grandes fortunas gracias a las plantaciones de azúcar. Pero querían más dinero. También querían la **anexión,** es decir, que Hawai pasara a formar parte de Estados Unidos. Así podrían ganar más dinero al vender azúcar en Estados Unidos. Los empresarios estadounidenses lograron mucho poder en Hawai.

En la década de 1890, la **reina Liliuokalani** intentó recuperar el control de su país. Los empresarios estadounidenses la derrocaron. Declararon república a Hawai y en 1898 se convirtió en territorio de Estados Unidos.

3. ¿Qué sucedió en Filipinas?

_____

_____

_____

_____

Glosario   CHAPTER 11   The Age of Imperialism

carrera por África toma de territorios africanos por europeos que comenzó en la década de 1880

colonia Región gobernada por una potencia extranjera

control directo Sistema de gobierno total de una colonia

control indirecto Sistema de gobierno de una colonia en el cual los gobernantes locales tienen cierto poder

convertir Cambiar de religión

esfera de influencia Región donde otro país tiene derechos exclusivos

a realizar inversiones y ejercer el comercio

étnico Relacionado con un grupo particular o con una raza

filipino Persona de las islas Filipinas

gobierno colonial Control de una nación sobre otra

imperialismo económico Región controlada por empresas privadas en vez de un gobierno extranjero

misioneros Gente que difunde el mensaje de su religión

protectorado Región con autogobierno bajo el control de una potencia extranjera

racista Persona que cree que su raza es superior a las demás

sanidad Limpieza, medidas para crear un entorno limpio o saludable

Siam Antiguo nombre de la moderna Tailandia

zulu miembro de una nación grande del sureste de África

DESPUÉS DE LEER

Términos y nombres

A. Escribe el nombre o término junto a su descripción.

racismo

darvinismo social

paternalismo

imperialismo

asimilación

1. _____ Control de una nación poderosa sobre una nación más débil

2. _____ Creencia de que la raza propia es superior a las otras

3. _____ Aplicación de la teoría de la evolución a las sociedades humanas

4. _____ Gobierno en forma "paternal" que satisface las necesidades pero no da derechos

5. _____ Política de absorber al pueblo colonizado a la cultura de la nación imperialista

B. Escribe la letra del nombre o término junto a su descripción.

a. Menelik II

b. Shaka

c. Emilio Aguinaldo

d. rey Mongkut

e. reina Liliuokalani

____ **1.** Dirigente que modernizó a Siam

____ **2.** Gobernante de Hawai

____ **3.** Dirigente de los nacionalistas filipinos

____ **4.** Jefe zulu que creó un estado grande

____ **5.** Dirigente de la resistencia etíope

Ideas principales

1. Explica lo que sucedió durante la carrera por África. ¿Qué naciones permanecieron independientes?

_____

_____

_____

2. Explica por qué no funcionó el control indirecto en Nigeria.

_____

_____

_____

3. ¿Por qué estalló la Guerra de Crimea y qué sucedió?

_____

_____

_____

4. ¿Cómo se rebelaron los indios contra el gobierno británico?

_____

_____

_____

5. ¿Cuáles son las diferencias entre Siam y otros países del sureste de Asia?

_____

_____

_____

Pensamiento crítico

Contesta estas preguntas en una hoja aparte.

1. Explica la relación entre estos términos: Raja y "joya de la corona".

2. ¿Cuáles fueron las similitudes y cuáles las diferencias entre el imperialismo estadounidense en Filipinas y en Hawai?

CHAPTER 12 Section 1 (pages 371–375)

China Resists Outside Influence

TÉRMINOS Y NOMBRES

Guerra del Opio Guerra entre Gran Bretaña y China por el comercio del opio

derechos extraterritoriales Derechos de extranjeros de seguir las leyes de su gobierno, en vez de las del país donde están

Rebelión Taiping Rebelión contra la dinastía Qing

esfera de influencia Área en donde una nación extranjera controla el comercio y la inversión

Política de Puertas Abiertas Política propuesta por Estados Unidos para dar a todas las naciones igualdad de oportunidades comerciales en China

Rebelión de los Bóxers Rebelión para terminar con la influencia extranjera en China

ANTES DE LEER

En el capítulo anterior, estudiaste el imperialismo en Asia.

En esta sección, verás cómo respondió China a la influencia extranjera.

AL LEER

Usa el cuadro para tomar notas sobre los sucesos ocurridos en China.

CAUSA	EFECTO SOBRE CHINA
Los británicos llevan opio a China	

China and the West (pages 371–372)

¿*Pudo* China rechazar la influencia extranjera?

A fines del siglo 18, China tenía una fuerte economía agrícola basada en el cultivo del arroz. Con otros cultivos, como el cacahuate, alimentaba a su enorme población. Fabricaba seda, algodón y cerámica. Las minas producían sal, estaño, plata y hierro. China no necesitaba nada del mundo exterior.

China limitó su comercio con las potencias europeas. Todos los productos que recibía entraban por un puerto. Gran Bretaña compraba tanto té de China que buscaba algo que ésta quisiera en grandes cantidades. A principios del siglo 19, empezó a enviar a China *opio*, una droga peligrosa, principalmente de India. China trató de frenar a los británicos.

Como resultado, Gran Bretaña declaró la guerra, la **Guerra del Opio,** y tomó posesión de Hong Kong. Más tarde, Estados Unidos y las naciones europeas ganaron **derechos extraterritoriales** y el derecho a comerciar en cinco puertos. China resintió esos tratados pero no los pudo impedir.

1. ¿Qué sucedió como resultado de la Guerra del Opio?

_____

_____

Growing Internal Problems
(pages 372–373)

¿Qué problemas tenía China?

China también tenía una serie de problemas *internos*. La población creció rápidamente. Cuando las lluvias eran escasas o excesivas, millones morían de hambre. El gobierno chino era débil y corrupto y no podía solucionar esos problemas.

Entonces surgió un dirigente que esperaba salvar a China. Se llamaba Hong Xiuquan y dirigió la **Rebelión Taiping.** Más de un millón de campesinos se unieron a su ejército. Los rebeldes ganaron el control de extensas regiones del sur. El gobierno necesitó 14 años para sofocar esa rebelión. La lucha destruyó muchos campos de cultivo. Al menos 20 millones de personas murieron.

2. ¿Qué fue la Rebelión Taiping?

_____

_____

_____

Foreign Influence Grows
(pages 373–374)

¿Cuál fue la actitud oficial hacia la reforma?

A fines del siglo 19, una persona gobernaba China: la emperatriz Cixi Dowager. Ella apoyó algunas reformas en educación, el servicio civil y militar. A pesar de sus esfuerzos por transformar China, el país siguió teniendo problemas.

Otros países advirtieron la debilidad de China y se aprovecharon de la situación. A finales del siglo 19, muchas potencias extranjeras ganaron una **esfera de influencia** en China, es decir, una región en donde un país extranjero controla el comercio y las inversiones.

Estados Unidos se opuso a esas esferas de influencia y luchó por la **Política de Puertas Abiertas,** para que todas las potencias tuvieran *acceso* igual a los mercados chinos. Los europeos aceptaron. Pero esa política no ayudó a China.

Aunque no era una colonia ni un grupo de colonias, China era *dominada* por potencias extranjeras.

3. ¿Cómo comenzó el control extranjero en China?

_____

_____

_____

An Upsurge in Chinese Nationalism
(pages 374–375)

¿Qué acciones causó el nacionalismo?

Humillados por la pérdida de poder, muchos chinos querían reformas profundas. En 1898, el joven emperador Guangxu, sobrino de Cixi, intentó implantar reformas más amplias.

Los *conservadores* no lo aprobaron. Cixi, ya retirada, arrestó a su sobrino y controló el gobierno nuevamente. China perdió la oportunidad de realizar reformas.

Grupos de campesinos y trabajadores formaron la Sociedad de Puños Armónicos conocida como los *Bóxers.* Querían librarse de toda influencia occidental. Eso incluía a cualquier chino que aceptara la cultura occidental o la religión cristiana. A principios del siglo 20, cuando comenzó la **Rebelión de los Bóxers,** éstos rodearon la sección europea de Beijing. Tras muchas semanas fueron expulsados por un ejército *multinacional*.

Por fin Cixi comenzó a permitir reformas importantes. Pero los cambios fueron lentos. En 1908, el gobierno declaró que China se convertiría en *monarquía constitucional* en 1917. Sin embargo, de nuevo surgió *descontento.*

4. ¿Qué fue la Rebelión de los Bóxers?

_____

_____

_____

CHAPTER 12 **Section 2** (pages 376–381)

Modernization in Japan

Tratado de Kanagawa Tratado entre Estados Unidos y Japón que abrió el comercio entre las dos naciones

era Meiji Período de gobierno del emperador Mutsuhito de 1867 a 1912

Guerra Ruso-Japonesa Guerra entre Rusia y Japón en 1904

anexión Adición de territorio

ANTES DE LEER

En la sección anterior, leíste acerca de la influencia extranjera en China.

En esta sección, aprenderás acerca de las medidas que tomó Japón para modernizarse.

AL LEER

Usa el cuadro para tomar notas acerca de cómo aumentó el poder de Japón dentro y fuera del país.

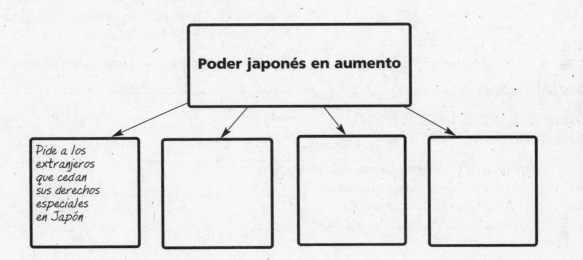

Poder japonés en aumento

Pide a los extranjeros que cedan sus derechos especiales en Japón

Japan Ends Its Isolation (paged 376–377)

¿*Cómo* terminó el aislamiento de Japón?

Desde principios del siglo 17 hasta mediados del siglo 19, Japón comerció con China y Holanda, y tuvo relaciones diplomáticas con Corea. Pero salvo esto, Japón estuvo *aislado*. Gran Bretaña, Francia, Rusia y Estados Unidos presionaron a Japón para que abriera sus puertas, pero éste no cedió.

La situación cambió en 1853, cuando buques cañoneros estadounidenses entraron en aguas japonesas. Al año siguiente, Japón y Estados Unidos firmaron el **Tratado de Kanagawa,** que abría el comercio con Estados Unidos. Poco después, Japón firmó tratados similares con naciones europeas.

Muchos japoneses estaban inconformes con el *shogún,* el dictador militar, que aceptó esos nuevos acuerdos. El emperador Mutsuhito obtuvo el apoyo de los inconformes y logró derrocar al shogún. Por primera vez en siglos, el emperador gobernó directamente. Reinó durante 45 años, de 1867 a 1912. Este período se llamó la **era Meiji.** El nombre *Meiji* significa "reinado ilustrado".

El emperador quería modernizar Japón. Envió a funcionarios gubernamentales a Europa y

Estados Unidos. Crearon un nuevo gobierno a partir de lo que vieron. De Alemania tomaron el modelo del ejército y del gobierno central poderoso, y de Gran Bretaña el modelo naval. Adaptaron el sistema educativo estadounidense para todos los niños japoneses.

El emperador también apoyó cambios en la economía. El país explotó las minas de carbón, y construyó fábricas y ferrocarriles. En pocos años, la economía japonesa fue tan moderna como cualquier otra.

1. ¿Qué pasos dio Mutsuhito para modernizar Japón?

_____

_____

_____

_____

Imperial Japan (pages 377–381)

¿*Cómo* aumentó la influencia japonesa en Asia?

Hacia 1890, Japón tenía el mayor poderío militar de Asia. Pidió a los extranjeros que cedieran sus derechos especiales en Japón. Las naciones europeas aceptaron. Japón se sintió igual a las naciones occidentales.

Japón se volvió imperialista. Cuando China rompió un acuerdo de no enviar ejércitos a Corea,

Japón le declaró la guerra. Expulsó a China de Corea y se apoderó de Taiwan y otras islas, que convirtió en colonias. En 1904, Japón y Rusia se enfrentaron en la **Guerra Ruso-Japonesa** por el territorio de Manchuria en China. Japón sorprendió al mundo al derrotar a una potencia mayor que supuestamente era más poderosa.

Al año siguiente, Japón atacó Corea y estableció un protectorado. Poco a poco le quitó el poder al rey coreano. Ningún país ayudó a Corea y en 1910 Japón declaró su **anexión.**

El gobierno japonés era duro. Mandó cerrar los periódicos coreanos. Sólo permitió la enseñanza de la historia y el idioma japoneses. Le quitó tierras a los agricultores coreanos y se las dio a colonos japoneses. Construyó fábricas que administraban los japoneses. Se prohibió a los coreanos abrir negocios. Los coreanos resintieron estas medidas. Comenzaron un movimiento nacionalista y protestaron contra el gobierno japonés.

2. ¿Cómo expandió Japón su imperio hasta Corea?

_____

_____

_____

_____

_____

CHAPTER 12 Section 3 (pages 382–387)

U.S. Economic Imperialism

ANTES DE LEER

En la sección anterior, leíste acerca de cómo Japón aumentó su poder y se convirtió en nación imperialista.

En esta sección, leerás acerca del imperialismo económico de Estados Unidos en Latinoamérica.

AL LEER

Usa el cuadro para tomar notas sobre las causas y efectos del imperialismo.

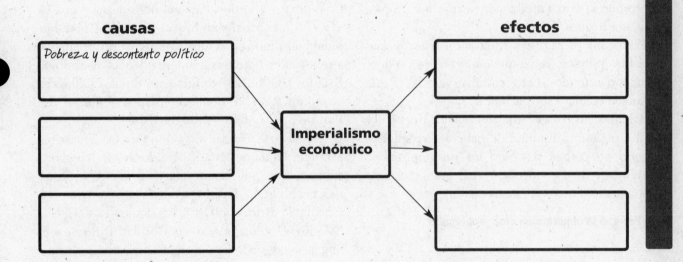

causas

Pobreza y descontento político

Imperialismo económico

efectos

Latin America After Independence (pages 382–383)

¿Qué condiciones existían en las nuevas naciones de Latinoamérica?

A principios del siglo 19, las nuevas naciones latinoamericanas tenían serios problemas. La mayoría de la población eran jornaleros pobres que trabajaban las tierras de grandes terratenientes.

Otro problema era el descontento político. Gobernaban **caudillos,** o dictadores militares. Los terratenientes mantenían a los caudillos en el poder. Los terratenientes se negaron a dar poder a las masas de gente pobre. Sólo la gente con propiedades podía votar.

Algunos reformadores subieron al poder, pero nunca duraron. Cuando sus reformas amenazaban el poder de los ricos, un dictador los derrocaba.

1. ¿Qué problemas tenía la gente de las nuevas naciones latinoamericanas?

_____

_____

_____

Economies Grow Under Foreign Influence (pages 383–384)

¿*Qué* naciones controlaron las economías latinoamericanas?

Las leyes de comercio españolas terminaron en Latinoamérica cuando España perdió el control de sus colonias. Los nuevos países pudieron comerciar con cualquier nación. Gran Bretaña y Estados Unidos fueron los principales socios comerciales. Sus empresas pronto dominaron las economías latinoamericanas.

Las economías latinoamericanas dependían de sus *exportaciones*. Otros países se beneficiaron más del comercio con Latinoamérica que los propios latinoamericanos.

Latinoamérica no desarrolló industrias de manufactura propias. Tenía que *importar* los productos manufacturados. Éstos costaban más de lo que se ganaba con las exportaciones.

Además, los países latinoamericanos frecuentemente pedían préstamos a bancos extranjeros. Cuando no podían pagarlos, los prestamistas se apoderaban de los negocios. Así, gran parte de Latinoamérica cayó en manos extranjeras.

2. ¿Por qué la importación creó problemas?

_____

_____

A Latin American Empire
(pages 384–385, 387)

¿*Cómo* obtuvo Estados Unidos territorios latinoamericanos?

En 1823, el presidente James Monroe proclamó la **Doctrina Monroe.** Advertía a las naciones europeas que no interfirieran en el continente americano. Estados Unidos no puso en vigor esa doctrina sino hasta fines del siglo.

En la década de 1890, el pueblo cubano luchaba por independizarse de España. El escritor **José Martí** era uno de sus dirigentes. Las empresas estadounidenses tenían intereses económicos en la isla. Además, España encerró a civiles cubanos en *campos de concentración*. Esto indignó a muchos estadounidenses. Por eso, Estados Unidos luchó contra España en la **Guerra Hispano Americana.**

Estados Unidos ganó la guerra y adquirió varios territorios. Impuso un gobierno militar en Cuba. Ésta y otras medidas provocaron la ira de los cubanos contra Estados Unidos.

Hasta principios del siglo 21, los barcos que viajaban de la costa este a la oeste tenían que rodear la punta sur de Sudamérica. Esto tomaba muchas semanas. Estados Unidos quería encontrar una ruta más rápida y quería construir un canal a través de Panamá.

El presidente Roosevelt ofreció $10 millones a Colombia —a la que Panamá pertenecía— por el derecho a construir ese canal. Cuando Colombia pidió más dinero, Estados Unidos ayudó a Panamá a rebelarse y obtener la independencia. A cambio, Estados Unidos obtuvo una zona de diez millas de ancho en Panamá, donde construyó el **Canal de Panamá.** El canal se abrió en 1914.

En 1904, Roosevelt amplió la Doctrina Monroe. Dijo que Estados Unidos tenía derecho a actuar como "policía internacional" en el hemisferio occidental. Esta declaración se llamó el **Corolario Roosevelt.** En las siguientes décadas, Estados Unidos aplicó el Corolario Roosevelt muchas veces. Cuando surgían problemas en distintos países, Estados Unidos enviaba tropas. A veces se quedaron muchos años.

3. ¿Cómo obtuvo Estados Unidos tierras para construir un canal en Panamá?

_____

_____

_____

Turmoil and Change in Mexico

ANTES DE LEER

En la sección anterior, leíste acerca del imperialismo económico de Estados Unidos en Latinoamérica.

En esta sección, leerás acerca de la revolución y reforma en México.

AL LEER

Usa la línea cronológica para tomar notas sobre las reformas y los sucesos de la Revolución Mexicana.

> ### TÉRMINOS Y NOMBRES
> **Antonio López de Santa Anna** Dirigente de la lucha de independencia de México
>
> **Benito Juárez** Dirigente de La Reforma
>
> **La Reforma** Movimiento para lograr reparto de tierras, mejor educación y otros objetivos
>
> **Porfirio Díaz** Dictador que subió al poder después de Juárez
>
> **Francisco Madero** Enemigo de Díaz, partidario de la democracia
>
> **"Pancho" Villa** Dirigente popular de la Revolución Mexicana
>
> **Emiliano Zapata** Dirigente de un poderoso ejército revolucionario

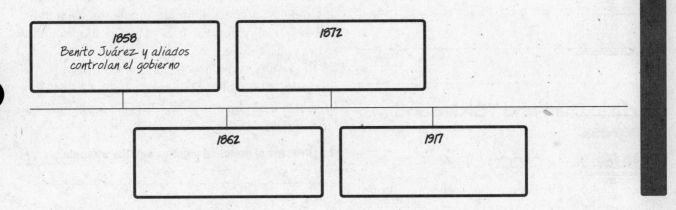

1858
Benito Juárez y aliados controlan el gobierno

1872

1862

1917

Santa Anna and the Mexican War (pages 388–389)

¿Quién era Santa Anna?

Antonio López de Santa Anna fue una figura importante en los primeros años del México independiente. Luchó por la independencia mexicana de España en 1821. Combatió contra España en 1829, cuando España trató de reconquistar a México. Fue presidente de México en cuatro ocasiones.

Pero, en la década de 1830, Santa Anna no pudo impedir que Texas declarara su independencia de México. En la década de 1840, Estados Unidos se anexó Texas. Esto enfureció a muchos mexicanos.

Cuando una disputa sobre fronteras entre México y Texas se convirtió en conflicto armado, Estados Unidos invadió México. Santa Anna dirigió el ejército mexicano y fue derrotado. México entregó enormes extensiones de tierra a Estados Unidos.

1. ¿Qué pérdidas sufrió México bajo el gobierno de Santa Anna?

_____

_____

Juárez and *La Reforma* (pages 389–391)

¿Qué fue La Reforma?

Otro importante dirigente de mediados del siglo 19 fue **Benito Juárez.** Quiso mejorar la situación de los pobres en México. Dirigió un movimiento llamado **La Reforma** para arrebatar el poder a los ricos terratenientes y dar mejor educación a los pobres. Juárez y sus seguidores tomaron el gobierno en 1858.

Pero los conservadores que se oponían a La Reforma no cedieron. *Tramaron* con Francia recuperar México. En 1862, Napoleón III de Francia envió un ejército que capturó al país en 18 meses. Napoleón III nombró emperador a un noble europeo. Pero Juárez y sus seguidores continuaron luchando. Cinco años después, expulsaron a los franceses de tierras mexicanas y ejecutaron al emperador.

2. ¿Cómo se opusieron los conservadores a La Reforma?

_____

_____

Porfirio Díaz and "Order and Progress" (pages 391–392)

¿Quién fue Porfirio Díaz?

Juárez luchó nuevamente por reformas. Logró algunos avances pero murió en el poder en 1872. Poco después de su muerte surgió un nuevo dirigente. **Porfirio Díaz** gobernó más de 30 años.

Implantó el orden en el país. Terminó con los asaltos de caminos y trajo crecimiento económico, pero limitó la libertad política. El dirigente **Francisco Madero** instó a derrocar a Díaz.

3. ¿Cuáles fueron los beneficios y los defectos del gobierno de Díaz?

_____

_____

_____

Revolution and Civil War
(pages 392–393)

¿Quiénes fueron Villa y Zapata?

A principios del siglo 20, las demandas de reforma fueron más fuertes. Francisco **"Pancho" Villa** y **Emiliano Zapata** exigieron mejores condiciones de vida para los pobres. Formaron ejércitos y obligaron a Díaz a renunciar. Pero continuó el descontento político. Durante muchos años, hubo luchas por el poder. En 1917, México adoptó una nueva constitución.

El conflicto continuó hasta que un nuevo partido político conquistó el poder en 1929. El Partido Revolucionario Institucional (PRI) llevó paz y *estabilidad* política.

4. ¿Cuál fue el principal objetivo de Villa y Zapata?

_____

_____

_____

Glosario
CHAPTER 12 Transformations Around the Globe

acceso Entrada

aislado Separado de otras naciones

bóxers Grupo chino que peleó contra la influencia extranjera

campo de concentración Centro de detención de enemigos políticos

conservadores Gente que no quiere cambiar

descontento Insatisfacción política

dominado Controlado

estabilidad Orden, continuidad

exportaciones Bienes que se venden a otro país

humillados Que han perdido el orgullo, la dignidad o el respeto

importar Comprar bienes a otro país

interno Dentro del país

monarquía constitucional Gobierno en el que el poder está limitado por la ley

multinacional Formado por gente de muchas naciones

opio Droga peligrosa que los británicos importaron a China desde India

shogún Dirigente militar japonés

tramar Hacer un plan secreto

DESPUÉS DE LEER

Términos y nombres

A. Llena los espacios en blanco con el término que mejor completa el párrafo.

"Pancho" Villa

Emiliano Zapata

Antonio López de Santa Anna

Benito Juárez

Porfirio Díaz

Uno de los dirigentes más importantes de la historia inicial de México es **1** _____. Peleó por la independencia mexicana cuando era colonia de España. **2** _____ fue el dirigente de La Reforma. Muchas de las reformas que estableció fueron suspendidas por **3** _____, quien llevó orden al país pero también limitó la libertad. Un dirigente más popular fue **4** _____. Junto con **5** _____, ayudó a los pobres a luchar por una vida mejor.

B. Escribe la letra del nombre o término junto a su descripción.

a. Política de Puertas Abiertas

b. Tratado de Kanagawa

c. Corolario Roosevelt

d. Rebelión de los Bóxers

e. Rebelión Taiping

_____ **1.** Política que dio a todas las naciones oportunidad de comerciar con China

_____ **2.** Acuerdo de abrir dos puertos japoneses a barcos estadounidenses

_____ **3.** Levantamiento contra la influencia extranjera en China

_____ **4.** Revuelta contra la dinastía Qing

_____ **5.** Adición a la Doctrina Monroe

DESPUÉS DE LEER (cont.)   *CHAPTER 12*   Transformations Around the Globe

Ideas principales

1. ¿Por qué ocurrió la Rebelión Taiping?

_____

_____

_____

2. ¿Quién fue Cixi?

_____

_____

_____

3. ¿Qué ocurrió en Japón durante la era Meiji?

_____

_____

_____

4. ¿De qué manera Estados Unidos ayudó y perjudicó al pueblo cubano?

_____

_____

_____

5. Nombra tres reformas de la constitución mexicana de 1917.

_____

_____

_____

Pensamiento crítico

Contesta estas preguntas en una hoja aparte.

1. Describe la forma en que Japón demostró orgullo y fuerza a fines del siglo 19.

2. ¿Qué tenían en común Juárez, Villa y Zapata?

Name _____ Date _____

Marching Toward War

ANTES DE LEER

En el capítulo anterior, leíste acerca de los cambios políticos en el mundo.

En esta sección, aprenderás acerca de la I Guerra Mundial.

AL LEER

Usa el cuadro para tomar notas sobre las causas de la I Guerra Mundial.

TÉRMINOS Y NOMBRES

militarismo Glorificación de la guerra y preparación para realizarla

Triple Alianza Acuerdo militar entre Alemania, Austria-Hungría e Italia

káiser Guillermo II Emperador de Alemania

Triple Entente Acuerdo militar entre Gran Bretaña, Francia y Rusia

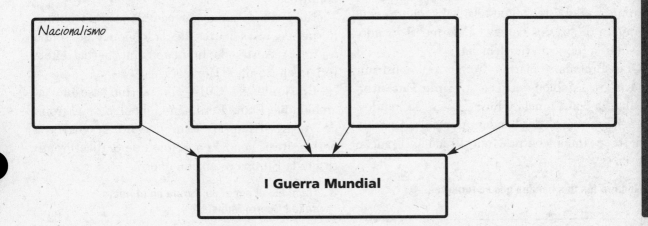

Nacionalismo → I Guerra Mundial

Rising Tensions in Europe
(pages 407–408)

¿Por qué no duró la paz en Europa?

En Europa mucha gente se unió a grupos que querían la paz. Pero varios factores llevaron a la guerra.

Uno de esos factores fue el *nacionalismo*, un profundo sentimiento de apego a la propia nación. El nacionalismo *unificó* a la gente de cada país. También creó competencia entre los países.

En 1900, seis naciones europeas eran *rivales* por el poder. Se llamaban las *Grandes Potencias;* eran: Alemania, Austria-Hungría, Gran Bretaña, Rusia, Italia y Francia. Compitieron económicamente y por tierras vecinas.

El imperialismo fue otro factor que contribuyó a la guerra. Francia y Alemania querían controlar regiones de África. Estuvieron al borde de la guerra dos veces a principios del siglo 20. La desconfianza era un enorme problema.

El tercer factor que llevó a la guerra fue la carrera armamentista. Cada país de Europa —excepto Gran Bretaña— formó un ejército enorme. Glorificar la guerra y prepararse para luchar se llama **militarismo**.

1. Nombra tres factores que condujeron a la guerra.

_____

_____

_____

Tangled Alliances (pages 408–409)

¿*Qué* causó miedo entre los países?

La creciente *rivalidad* llevó a las naciones a formar *alianzas* militares. El canciller de Prusia, Otto von Bismarck, temía que Francia quisiera vengarse por la derrota en la Guerra Franco-Prusiana. Decidió *aislar* a Francia. En 1879, formó la **Triple Alianza** con Austria-Hungría e Italia. Además firmó un tratado con Rusia.

El **káiser Guillermo II** de Alemania no quería compartir el poder con Bismarck. Lo obligó a renunciar e implantó su propia política exterior. Dejó que se venciera el tratado con Rusia. Rusia pronto se alió con Francia. Esta alianza significó que Alemania tendría que pelear con enemigos en las fronteras del este y el oeste si había guerra con cualquiera de los dos países. Guillermo II mandó aumentar la fuerza naval alemana.

Gran Bretaña se alarmó. Comenzó a construir más barcos. También entró en la **Triple Entente,** una alianza con Francia y Rusia. Las seis Grandes Potencias formaron dos bandos: Alemania, Austria-Hungría e Italia contra Gran Bretaña, Francia y Rusia.

2. **Nombra los dos bandos que se formaron.**

_____

_____

_____

_____

_____

Crisis in the Balkans (pages 409–410)

¿*Qué* papel desempeñaron los Balcanes en el aumento de tensiones?

Mientras tanto, se estaban gestando problemas en los Balcanes, al sureste de Europa. El imperio otomano controlaba esa región, pero se estaba desmoronando. Tanto Austria-Hungría como Rusia querían partes de sus tierras.

El reino de Serbia también estaba en esta región y quería controlar otros pueblos eslavos de los Balcanes. En 1908, Austria-Hungría se apoderó de Bosnia y Herzegovina, que eran tierras eslavas. Esa acción enfureció a Serbia. Sin embargo Rusia, su aliada, no estaba dispuesta a apoyarla y Serbia se contuvo.

En 1914, la situación cambió. Serbia obtuvo tierras en otras partes de la región y se sentía fuerte. A Austria le preocupó que Serbia interfiriera en Bosnia y Herzegovina.

En junio de 1914, un serbio asesinó al archiduque Franz Ferdinand, el *heredero* al trono de Austria-Hungría. Ésta declaró la guerra a Serbia. Rusia acudió en defensa de Serbia. Pronto casi toda Europa estaba en guerra.

3. **¿Cuál fue el papel de Serbia en el inicio de la I Guerra Mundial?**

_____

_____

_____

_____

Europe Plunges into War

ANTES DE LEER

En la sección anterior, leíste acerca de cómo empezó la I Guerra Mundial.

En esta sección, aprenderás detalles acerca de esta guerra costosa y trágica.

AL LEER

Usa el cuadro para comparar y contrastar el Frente Occidental con el Frente Oriental. Anota quién peleó, dónde peleó y cómo peleó en cada frente.

TÉRMINOS Y NOMBRES

plan Schlieffen Plan alemán para ganar la guerra en ambos frentes

Aliados Gran Bretaña, Francia, Rusia y otras naciones que pelearon juntas

Potencias Centrales Alemania, Austria-Hungría y otras naciones que pelearon a su lado

guerra de trincheras Pelea desde trincheras cavadas en el campo de batalla

Frente Occidental Región del norte de Francia donde se realizaron muchas batallas

Frente Oriental Región a lo largo de la frontera germano-rusa donde se realizaron muchas batallas

---

FRENTE OCCIDENTAL	FRENTE ORIENTAL
Región en Francia	

The Great War Begins (page 411)

¿Por qué participaron tantas naciones?

Con el sistema de alianzas, la guerra entre Austria-Hungría y Serbia adquirió una dimensión mayor. Rusia avanzó contra Austria-Hungría y, suponiendo que Alemania apoyaría a Austria-Hungría, lanzó también tropas contra Alemania. Ésta reaccionó declarando la guerra a Rusia y, poco después, a Francia, aliada de Rusia.

Alemania tenía un plan para ganar la guerra en ambos frentes. Era el **plan Schlieffen,** que contemplaba una rápida avanzada sobre Francia, con una veloz derrota, y luego un ataque a Rusia en el este. Para capturar Francia rápidamente, Alemania se movilizó a través de Bélgica, que era un país neutral. Gran Bretaña se indignó y le declaró la guerra a Alemania. Francia, Gran Bretaña y Rusia eran los **Aliados.** Después se les unió Italia, que rompió con Alemania y Austria-Hungría. Bulgaria y el imperio otomano se unieron a Alemania y Austria-Hungría. Eran las **Potencias Centrales.**

1. ¿Quiénes eran los Aliados y las Potencias Centrales?

_____

_____

_____

_____

_____

A Bloody Stalemate (pages 412–414)

¿*Qué* tipo de guerra se luchó?

Antes de que el ejército alemán llegara a París, Francia fortaleció sus defensas y detuvo a Alemania en septiembre de 1914. Se libró una sangrienta lucha con pocos avances. Los soldados cavaron *trincheras* en la tierra y comenzó la **guerra de trincheras**.

Cuando los soldados salían de las trincheras para lanzarse sobre líneas enemigas, se enfrentaban a armas potentes: las ametralladoras, los tanques, los gases venenosos y la *artillería* pesada mataron a cientos de miles de soldados. Así se luchó en Francia, llamada el **Frente Occidental**.

2. ¿Cómo fue la guerra en el Frente Occidental?

_____

_____

_____

_____

_____

The Battle on the Eastern Front
(pages 414–416)

¿*Qué* sucedió en el *Frente Oriental*?

La guerra en el **Frente Oriental** mostró más movimiento al principio, pero fue igualmente *destructiva*. Los ejércitos rusos atacaron tanto Alemania como Austria-Hungría. Tuvieron algunas victorias al principio pero fueron rechazados en ambos lugares. Una razón fue que Rusia no tenía una economía totalmente industrial y por lo tanto no podía abastecer a las tropas.

Sin embargo, Rusia tenía una enorme población y podía enviar a millones a la guerra. El numeroso ejército ruso fue una amenaza constante para Alemania y le impidió aplicar todos sus recursos contra los Aliados en el oeste.

3. ¿Qué puntos débiles y fuertes tenía Rusia?

_____

_____

_____

_____

_____

A Global Conflict

ANTES DE LEER

En la sección anterior, leíste acerca de cómo se luchó la guerra en Europa.

En esta sección, aprenderás cómo la guerra afectó al mundo.

AL LEER

Usa el cuadro para tomar notas sobre los efectos de la I Guerra Mundial en el mundo y en los países en guerra.

causas

Los Aliados capturan varias ciudades en el suroeste de Asia

→ **I Guerra Mundial** →

efectos

War Affects the World (pages 417–419)

¿Qué otras regiones del mundo se involucraron?

Los Aliados esperaban apoderarse de una región del imperio otomano llamada los Dardanelos. El ataque fracasó con grandes pérdidas humanas. Una operación más exitosa fue la encabezada por el oficial británico T.E. Lawrence, quien organizó una rebelión árabe contra el gobierno otomano. Como resultado, los Aliados pudieron capturar varias ciudades importantes en el suroeste de Asia.

Japón capturó colonias alemanas en China y el océano Pacífico. Los Aliados también capturaron tres de las cuatro colonias alemanas en África.

Los británicos usaron sus poderosas fuerzas navales para bloquear todos los abastos a Alemania.

Los alemanes respondieron aumentando sus ataques submarinos a barcos que llevaban alimentos y abastos a los Aliados. Fue una **guerra submarina irrestricta** que hundía cualquier barco sin advertencia alrededor de Gran Bretaña.

Cuando Alemania hundió barcos estadounidenses, la ciudadanía estadounidense se indignó. Después los británicos *interceptaron* un mensaje secreto de Alemania a México que le pedía que se le aliara. A cambio, le ofrecía ayuda para recuperar las tierras perdidas en la guerra con Estados Unidos en la década de 1840. En abril de 1917, el Congreso estadounidense declaró la guerra a Alemania.

1. ¿Qué regiones fuera de Europa fueron afectadas por la guerra?

_____

War Affects the Home Front
(pages 419–420)

¿*Qué* sucedió en los países en guerra?

Hacia 1917, la guerra había cobrado millones de vidas. Además, la vida de millones de personas de la población civil y del ejército sufrió cambios drásticos. La Gran Guerra fue una **guerra total** que absorbió todos los recursos de los países en guerra

Los gobiernos tomaron el control de fábricas. Ordenaron lo que debían producir y en qué cantidad. Además, impusieron **racionamiento.** Esto limitó la cantidad de alimentos y otros productos. De esa manera, los ejércitos podían tener los abastos necesarios. Los gobiernos usaron **propaganda** para apoyar la guerra. También tomaron medidas para frenar el *disentimiento,* es decir, la oposición a la guerra.

Con tantos hombres en el ejército, las mujeres desempeñaron papeles más importantes en la economía de los países en guerra. Trabajaron en fábricas, oficinas y tiendas. Construyeron aviones y tanques, cultivaron alimentos e hicieron ropas. Estos cambios cambiaron las actitudes sobre el trabajo que podían hacer las mujeres.

2. Nombra tres formas en que la guerra afectó la vida diaria.

_____

_____

The Allies Win the War (pages 420–421)

¿*Por qué* ganaron los Aliados?

En 1917, Estados Unidos entró en la guerra y Rusia se salió. El *zar* perdió el apoyo del pueblo debido al sufrimiento que produjo la guerra, y tuvo que abdicar. El nuevo gobierno quería continuar la guerra, pero los ejércitos se negaron. Pocos meses después, estalló una revolución. Los comunistas tomaron el poder. Rápidamente firmaron un tratado con Alemania y entregaron grandes extensiones de tierras a cambio de la paz.

En marzo de 1918, Alemania lanzó un ataque final. De nuevo avanzó hasta casi llegar a París.

Pero los soldados alemanes estaban cansados y los abastos escaseaban. Los Aliados —ahora con tropas estadounidenses frescas— hicieron retroceder a los alemanes.

Bulgaria y el imperio otomano se rindieron. En octubre, una revolución derrocó al emperador austro-húngaro. En noviembre, el káiser Guillermo II tuvo que abdicar. El nuevo gobierno firmó un **armisticio:** un acuerdo para suspender la guerra. El 11 de noviembre de 1918 Europa por fin alcanzó la paz.

3. ¿Cuáles fueron los problemas finales de Alemania y Austria-Hungría?

_____

The Legacy of the War (pages 421–422)

¿*Cuál* fue el costo de la guerra?

La I Guerra Mundial tuvo un impacto devastador en el mundo. Cerca de 8.5 millones de soldados murieron y 21 millones fueron heridos. Numerosos civiles también sufrieron. Las economías de las naciones en guerra sufrieron graves perjuicios. Se destruyeron los campos de cultivo y las fábricas. Se calcula que los daños provocados por la guerra fueron de 338 mil millones de dólares.

La guerra también tuvo un costo emocional. Parecía que todo el sufrimiento no había tenido propósito alguno. El arte y la literatura de los años posteriores a la guerra muestran esa desesperanza.

4. Enumera un costo político, uno económico y uno emocional de la guerra.

_____

_____

_____

_____

_____

CHAPTER 13 Section 4 (pages 424–427)

A Flawed Peace

TÉRMINOS Y NOMBRES

Woodrow Wilson Presidente que propuso los Catorce Puntos y representó a Estados Unidos en Versalles

Georges Clemenceau Primer ministro de Francia y delegado a Versalles

Catorce Puntos Plan para una paz justa y duradera

autodeterminación Derecho de la población a decidir qué clase de gobierno quiere

Tratado de Versalles Acuerdo para terminar la I Guerra Mundial entre Alemania y los Aliados

Liga de las Naciones Grupo internacional cuyo objetivo era mantener la paz entre las naciones

ANTES DE LEER

En la sección anterior, leíste acerca de cómo se extendió la I Guerra Mundial y cómo terminó.

En esta sección, aprenderás acerca de la dura paz que siguió.

AL LEER

Usa la red a continuación para tomar notas acerca del Tratado de Versalles.

The Allies Meet and Debate
(pages 424–425)

¿Qué decisiones se tomaron en Versalles?

Muchas naciones enviaron delegados a las conversaciones de paz en París. Los principales dirigentes presentes fueron **Woodrow Wilson** de Estados Unidos, **Georges Clemenceau** de Francia y David Lloyd George de Gran Bretaña. Alemania, sus aliados y Rusia no estuvieron presentes.

Wilson propuso un plan de paz llamado los **Catorce Puntos.** Quería terminar con los tratados y alianzas secretas, y dar a los pueblos **autodeterminación:** el derecho a formar su propia nación. También esperaba establecer una organización mundial que vigilara las acciones de los países y evitara futuras guerras.

Gran Bretaña y, especialmente Francia, tenían opiniones distintas. Habían sufrido mucho en la guerra y querían castigar a Alemania. Tras largos debates, se acordó una fórmula de paz: el **Tratado de Versalles,** que se firmó en junio de 1919.

El tratado proponía formar la **Liga de las Naciones,** la organización mundial que Wilson quería. Incluía 32 naciones. Estados Unidos, Gran Bretaña, Francia, Japón e Italia tendrían la dirección. Alemania y Rusia no estarían en la Liga. El tratado quitaba tierras a Alemania en Europa y todas sus colonias en África y el Pacífico. Impuso límites al tamaño de las fuerzas armadas alemanas. Culpaba a Alemania por completo de la guerra, lo que significaba que tendría que pagar a los Aliados por los daños causados.

1. ¿Cómo afectó a Alemania el Tratado de Versalles?

_____

_____

_____

A Troubled Treaty (pages 425–427)

¿*Quiénes* se opusieron al tratado?

El tratado dio a los Aliados las antiguas colonias alemanas para que las gobernaran en tanto se decidía si estaban preparadas para la independencia. Por otra parte, declaró la independencia de Polonia, Checoslovaquia y Yugoslavia. También declaró independientes a Finlandia, Estonia, Latvia y Lituania, que antes formaban parte de Rusia. El tratado dividió el imperio otomano y los otomanos sólo se quedaron con Turquía.

El tratado no llevó a una paz duradera. El senado de Estados Unidos jamás lo aprobó ni se unió a la Liga de las Naciones. Los alemanes resintieron mucho que el tratado los culpara de la guerra por completo. Los pueblos coloniales de África y Asia quedaron furiosos porque el tratado no les dio la independencia. Japón e Italia estaban muy disgustados por haber obtenido muy pocas ganancias *territoriales*.

2. ¿Qué grupos se opusieron al tratado y por qué?

_____

_____

_____

Estadísticas de la I Guerra Mundial

Número de soldados movilizados

Aliados: 42 millones

Potencias Centrales: 23 millones

Muertes en el campo de batalla

Estados Unidos 116,000
Alemania 1.8 millones
Rusia 1.7 millones
Imperio otomán 325,000
Italia 650,000
*Imperio británico 908,000
Austria-Hungría 1.2 millones
Francia 1.3 millones

Fuente: *Enciclopedia Británica*

* Incluye soldados de Inglaterra, Canadá, Australia, Nueva Zelanda, India y Sudáfrica

Desarrollo de destrezas

Usa la gráfica para contestar las preguntas.

1. ¿Qué país sufrió el mayor número de muertes en el campo de batalla? ¿Cuál sufrió el menor número de muertes?

_____

_____

2. Según la información de la gráfica, ¿qué ventaja tuvieron los Aliados en la guerra?

_____

_____

Glosario

aislar Separar, cortar

alianzas Acuerdos de ayuda militar a otros países

artillería Cañones y rifles grandes

destructivo Que causa efectos negativos, como la muerte y la ruina

disentimiento Desacuerdo

Grandes Potencias Alemania, Austria-Hungría, Gran Bretaña, Rusia, Italia y Francia

heredero Persona que hereda, siguiente en la línea familiar

interceptar Recibir algo que está dirigido a alguien más

legado Resultados; efectos duraderos

nacionalismo Sentimiento de apego a la nación propia

rival Que intenta ser mejor que el otro

rivalidad Competencia

territorial Relacionado con territorios, colonias u otras propiedades imperialistas

trincheras Zanjas largas para protegerse del fuego enemigo

unificar Reunir

zar Gobernante de Rusia

DESPUÉS DE LEER

Términos y nombres

A. Llena los espacios en blanco con el término que mejor completa cada oración.

Frente Occidental

Frente Oriental

guerra total

guerra de trincheras

racionamiento

La I Guerra Mundial fue una **1** _____. Las naciones usaron todos sus recursos para luchar en ella. En los países en guerra hubo **2** _____. Esto reservó los abastos para los militares. En el campo de batalla, la lucha fue cruel. Los soldados libraron una **3** _____ en el norte de Francia. Esta región se conoció como el **4** _____. En el **5** _____, se luchó una guerra sangrienta entre alemanes, serbios y rusos.

B. Escribe la letra del nombre o término junto a su descripción.

a. Catorce Puntos

b. Aliados

c. Potencias Centrales

d. Triple Alianza

e. Triple Entente

_____ **1.** Acuerdo entre Alemania, Austria-Hungría e Italia

_____ **2.** Alianza británica con Francia y Rusia

_____ **3.** Gran Bretaña, Francia, Rusia y otras naciones que lucharon de su lado

_____ **4.** Alemania, Austria-Hungría y otras naciones que lucharon de su lado

_____ **5.** Plan para conservar la paz

Ideas principales

1. ¿Cómo contribuyó el imperialismo a la I Guerra Mundial?

_____

_____

_____

2. ¿Qué dictaba el plan Schlieffen?

_____

_____

_____

3. ¿Por qué entró en guerra Estados Unidos?

_____

_____

_____

4. ¿Por qué la guerra llevó a la revolución en Rusia?

_____

_____

_____

5. ¿Cuál fue el plan de Wilson para la paz y qué implicó?

_____

_____

_____

Pensamiento crítico

Contesta estas preguntas en una hoja aparte.

1. Explica por qué esta guerra puede llamarse "un conflicto verdaderamente mundial".

2. Analiza las debilidades del Tratado de Versalles.

Revolutions in Russia

ANTES DE LEER

En el capítulo anterior, leíste acerca de la I Guerra Mundial.

En esta sección, aprenderás acerca de las revoluciones que ocurrieron durante ese tiempo en Rusia.

AL LEER

Usa la línea cronológica para tomar notas sobre aconte-cimientos clave en la historia de Rusia, antes, durante y después de las revoluciones.

TÉRMINOS Y NOMBRES

bolcheviques Grupo revolucionario encabezado por Lenin

Lenin Dirigente bolchevique y primer gobernante de la Unión Soviética

Rasputín Monje excéntrico asesinado por su influencia corrupta sobre la familia real rusa

gobierno provisional Gobierno temporal de Alexander Kerensky

sóviet Consejo de gobierno local

Partido Comunista Partido político basado en las ideas de Karl Marx y Lenin

José Stalin Dirigente revolucionario que tomó control del Partido Comunista después de Lenin

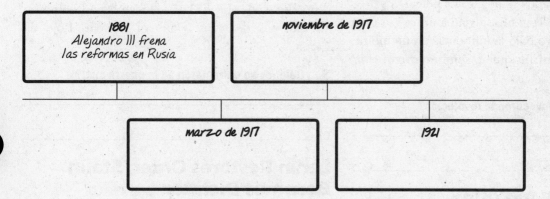

1881
Alejandro III frena las reformas en Rusia

noviembre de 1917

marzo de 1917

1921

Czars Resist Change (page 433)

¿*Cómo* gobernó Alejandro III?

En 1881, el *zar* Alejandro II fue asesinado por estudiantes *radicales*. El nuevo zar, Alejandro III, recobró el control del gobierno ruso y suspendió las reformas. Reprimió a todos los que amenazaban su gobierno. También maltrató a los que no eran rusos, especialmente a los judíos. Nicolás II, hijo de Alejandro III, continuó el duro gobierno de su padre.

1. ¿Cómo gobernaron Alejandro III y Nicolás II?

_____

_____

Russia Industrializes (page 434)

¿*Qué* cambios causó la industrialización?

La industria rusa se fortaleció y Rusia se convirtió en un importante productor de acero. También construyó el Ferrocarril Transiberiano: la línea de ferrocarril más larga del mundo.

A pesar de estos progresos, las condiciones de trabajo eran malas, los salarios bajos y los niños tenían que trabajar. Los trabajadores estaban indig-nados y los grupos revolucionarios querían derrocar el gobierno. Unos seguían las enseñanzas de Karl Marx, como el grupo de los **bolcheviques,** dirigido por **Lenin,** quien se fue de Rusia pocos años después a esperar el momento propicio para poner en práctica sus ideas.

2. ¿Quiénes eran los bolcheviques?

_____

_____

Crises at Home and Abroad
(pages 434–435)

¿Qué crisis enfrentó Rusia?

A principios de 1905, el ejército ruso mató a cientos de trabajadores hambrientos que se reunieron pacíficamente a pedir ayuda. Los trabajadores hicieron muchas huelgas como protesta. Nicolás tuvo que permitir algunas reformas. Aprobó la creación de la Duma, el primer parlamento ruso.

El sufrimiento causado por la I Guerra Mundial fue el golpe final contra el gobierno del zar. Conforme empeoró la guerra, el zar perdió control de Rusia. Los soldados se negaron a pelear, los precios se dispararon, la gente sufría hambre. Por otra parte, la zarina cayó bajo la influencia de un monje excéntrico, **Rasputín,** quien sembró _corrupción_ por todo el gobierno.

3. ¿Qué sucesos provocaron la revolución?

_____

_____

The March Revolution (pages 435–436)

¿Qué fue el gobierno provisional?

En marzo de 1917, el zar tuvo que abdicar. Un año después, él y su familia fueron _ejecutados_. Se formó un **gobierno provisional** encabezado por Alexander Kerensky.

Kerensky quería que Rusia siguiera en la guerra. La decisión le costó el apoyo de los soldados, que no querían seguir luchando. También perdió el apoyo de trabajadores y campesinos, que querían terminar con la escasez de alimentos. En todo el país, estas fuerzas formaron consejos locales llamados **sóviets.** En algunas ciudades, los sóviets tenían más poder real que el gobierno. En medio de estos cambios, Lenin regresó a Rusia.

4. ¿Por qué perdió apoyo Kerensky?

_____

_____

The Bolshevik Revolution
(pages 436–438)

¿Quién dirigió la revolución bolchevique?

El _lema_ de Lenin, "Paz, tierra y pan", pronto se popularizó y mucha gente lo adoptó. En noviembre de 1917, grupos de trabajadores armados se tomaron las oficinas gubernamentales y terminó el poder de Kerensky.

Para ganarse el apoyo de los campesinos, Lenin ordenó entregarles todas las tierras de cultivo. Los trabajadores recibieron el control de las fábricas. Pronto Lenin firmó un tratado de paz con Alemania. Rusia tuvo que entregar grandes extensiones de tierras pero terminó la guerra. Los grupos que se oponían a la revolución de Lenin intentaron derrotar su ejército y empezó una guerra civil. La guerra civil duró dos años. La lucha y la hambruna cobraron 15 millones de vidas. Ganó el Ejército Rojo de Lenin.

5. ¿Quiénes se enfrentaron en la guerra civil?

_____

_____

Lenin Restores Order; Stalin Becomes Dictator (pages 438–439)

¿Cómo implantó Lenin el orden?

En 1921, Lenin empezó un plan de reconstrucción de la economía rusa. Permitió un poco de propiedad privada. Cambió el gobierno para formar una nueva nación: la Unión Soviética, gobernada por dirigentes del **Partido Comunista.** A fines de la década de 1920, la economía soviética se había recuperado. Granjas y fábricas producían tanto como antes de la I Guerra Mundial. Tras la muerte de Lenin tomó el poder **José Stalin.**

6. ¿Qué cambios realizó Lenin?

_____

_____

CHAPTER 14 Section 2 (pages 440–445)

Case Study: Stalinist Russia

ANTES DE LEER

En la sección anterior, leíste acerca de los factores que provocaron la revolución en Rusia.

En esta sección, leerás acerca del gobierno totalitario resultante.

AL LEER

Usa la red para mostrar cómo era el Estado totalitario de Stalin.

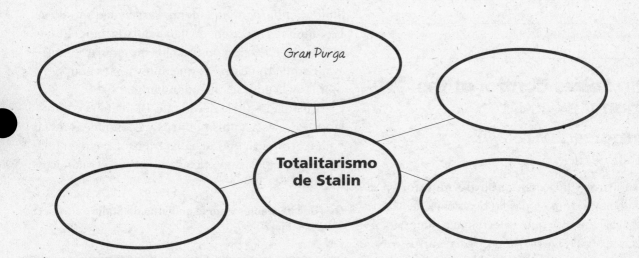

A Government of Total Control
(pages 440–442)

¿Qué es el totalitarismo?

El **totalitarismo** es una forma de gobierno que controla casi absolutamente la vida de la población. Un fuerte líder maneja el gobierno y da seguridad a la nación. El gobierno se mantiene en el poder mediante distintas estrategias.

Una de las armas del totalitarismo es el uso de la policía del terror, que espía, ataca y a veces mata. El gobierno también controla las escuelas para adoctrinar a los estudiantes. Otra arma es la *propaganda*, información falsa que se distribuye para

hacer creer a la gente que el gobierno trabaja por sus intereses. En otras ocasiones el gobierno utiliza la censura, es decir, bloquea información para que no se haga pública.

Los líderes totalitarios a veces persiguen a ciertos grupos étnicos o religiosos y los culpan de las desventuras del país. El gobierno puede mandarlos a vivir en zonas designadas para ellos o imponerles leyes exclusivas.

1. Nombra dos armas del totalitarismo.

_____

_____

Stalin Builds a Totalitarian State
(pages 443–444)

¿Cómo controló el país Stalin?

Stalin mantuvo control estricto sobre la Unión Soviética. Lo logró mediante la creación de una poderosa policía secreta. A mediados de la década de 1930 lanzó a la policía contra sus enemigos, tanto reales como imaginarios, dentro del Partido Comunista. Miles fueron arrestados. A muchos los mandaron al exilio o los mataron. Esto se conoció como la **Gran Purga.**

Stalin también usó propaganda para mantener el control. Vigiló los periódicos, la radio y otras fuentes de información, y promovió sus ideas mediante el arte. Además, el gobierno de Stalin atacó la religión; destruyó iglesias y asesinó o exilió a muchos dirigentes religiosos.

2. ¿Quiénes murieron en la Gran Purga?

_____

_____

Stalin Seizes Control of the Economy (pages 443–444)

¿Cómo cambió Stalin la economía?

Stalin construyó una **economía de mando,** en la que el gobierno toma todas las decisiones de la vida económica. Intentó que la economía fuera totalmente industrial. Dedicó todos los recursos a ese objetivo. Como resultado, el pueblo soviético careció de alimentos, vivienda y ropa durante muchos años.

Stalin también comenzó una revolución agrícola. El gobierno se apropió de las granjas y formó **granjas colectivas,** es decir, granjas enormes propiedad del gobierno. Los campesinos ricos, llamados kulaks, se opusieron. El gobierno mató a millones y exilió a millones más a *Siberia*. Stalin logró aumentar la producción agrícola usando estos métodos brutales.

3. ¿Por qué los cambios económicos de Stalin provocaron sufrimiento?

_____

_____

Daily Life under Stalin; Total Control Achieved (pages 444–445)

¿Cómo cambió Stalin la sociedad soviética?

Stalin cambió completamente la sociedad soviética. Las mujeres gozaron de igualdad de derechos y realizaron todo tipo de trabajos en granjas y fábricas. Estudiaron carreras que antes no les eran permitidas y la educación general aumentó.

A mediados de la década de 1930 Stalin controlaba todos los asuntos políticos y económicos de la Unión Soviética, que se había transformado en una de las principales potencias políticas y económicas del mundo.

4. ¿Qué beneficios trajo el gobierno de Stalin a la mujer?

_____

_____

Imperial China Collapses

ANTES DE LEER

En la sección anterior, leíste acerca del totalitarismo en la Unión Soviética.

En esta sección, aprenderás acerca del derrocamiento de la dinastía Qing y de los inicios del Partido Comunista en China.

TÉRMINOS Y NOMBRES

Sun Yixian Uno de los primeros dirigentes del Kuomintang; "padre de la China moderna"

Kuomintang Partido Nacionalista chino que derrocó a la dinastía Qing

Movimiento del Cuatro de Mayo Protesta de nacionalistas chinos contra el Tratado de Versalles

Mao Tsetung Líder de los revolucionarios comunistas

Jiang Jieshi Líder del Partido Nacionalista chino

Larga Marcha Escape de los comunistas cuando los rodearon los nacionalistas

AL LEER

Usa la línea cronológica para tomar notas acerca de los cambios en China en las primeras décadas del siglo 20.

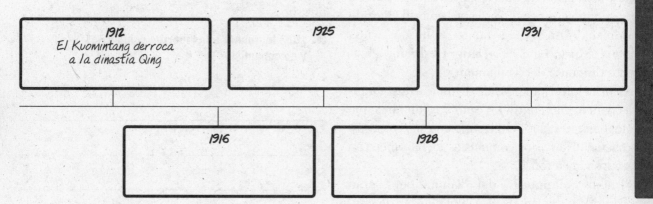

1912 El Kuomintang derroca a la dinastía Qing	1925	1931

1916	1928

Nationalists Overthrow Qing Dynasty (pages 448–449)

¿Quién fue Sun Yixian?

El inicio del siglo 20 fue una época de cambio para China. Muchos chinos resentían el enorme control de países extranjeros sobre su economía. Querían modernizar a China y recuperar el control de la economía.

Uno de sus dirigentes fue **Sun Yixian.** Su grupo era el **Kuomintang,** o Partido Nacionalista. En 1912, encabezó una revuelta que derrocó a la dinastía Qing. Se estableció una república y Sun Yixian fue nombrado presidente.

Sun Yixian quería dar derechos políticos y económicos al pueblo chino, y terminar el control extranjero. Pero no tenía el apoyo de los militares. Seis semanas después, entregó la presidencia a Yuan Shikai, un general que gobernó como dictador. Después de su muerte en 1916, estalló una cruenta guerra civil que causó mucho sufrimiento y hambruna.

Los dirigentes chinos esperaban ganar el apoyo de los Aliados durante la I Guerra Mundial. Declararon la guerra a Alemania. Pero, al terminar la guerra, se decepcionaron. El Tratado de Versalles no liberó a China de la influencia extranjera. Sólo cambió de amos. La región de China que había estado controlada por Alemania fue entregada a Japón.

Los chinos protestaron durante el **Movimiento del Cuatro de Mayo.** Entre los inconformes estaba **Mao Tsetung.** Más tarde sería el dirigente de la revolución comunista.

1. ¿Qué querían los nacionalistas?

_____

_____

_____

_____

The Communist Party in China
(pages 449–450)

¿Qué le pasó al Partido Comunista?

En los años 1920, los revolucionarios comenzaron a ver el marxismo y la Revolución Rusa como solución de los problemas de China. Sun Yixian, desencantado con las democracias de Occidente por su falta de apoyo, decidió aliarse con el Partido Comunista. Sun Yixian también buscó ayuda soviética. Murió en 1925. **Jiang Jieshi** fue el siguiente dirigente del Kuomintang.

Al principio, Jiang Jieshi se unió a los comunistas para luchar contra los caudillos militares que dominaban gran parte del campo con sus ejércitos. Los nacionalistas y los comunistas lucharon contra ellos y los vencieron.

Muchos miembros del Kuomintang eran empresarios y temían las ideas comunistas de control gubernamental de la vida económica. En 1927, Jiang atacó a los comunistas y éstos tuvieron que ocultarse. En 1928, Jiang subió a la presidencia de China. Pronto se desató una guerra civil entre los comunistas y las fuerzas de Jiang.

2. ¿Qué papel desempeñó Jiang Jieshi en el inicio de la guerra civil?

_____

_____

_____

_____

Civil War Rages in China
(pages 450–452)

¿Quién luchó en la guerra civil?

Jiang prometió democracia y derechos políticos para todos, pero no cumplió. Su gobierno era corrupto. La vida de los campesinos seguía igual. Muchos de ellos se acercaron al Partido Comunista.

Los comunistas, bajo la dirección de Mao Tsetung, formaron un ejército de campesinos. En 1933, el ejército de Jiang los rodeó pero los comunistas escaparon. Comenzaron la famosa **Larga Marcha** de 6,000 millas hacia el norte. Murieron miles. Los comunistas se instalaron en cuevas en el noroeste de China.

China tenía otros problemas. En 1931, Japón _invadió_ la región de China llamada Manchuria. Seis años más tarde comenzó a invadir otras regiones. Ante esta nueva amenaza, Jiang y los comunistas acordaron unirse para luchar contra los invasores.

3. ¿Qué logró unir a las fuerzas comunistas y no comunistas?

_____

_____

_____

_____

Nationalism in India and Southwest Asia

TÉRMINOS Y NOMBRES

Leyes Rowlatt Leyes para evitar protestas por las acciones de Inglaterra en India

Masacre de Amritsar Matanza de indios a manos de los británicos

Mohandas K. Gandhi Dirigente del movimiento para independizar a India de Gran Bretaña

desobediencia civil Desobediencia de una ley para alcanzar otro objetivo más alto

Marcha de la Sal Marcha hacia el mar en protesta por los impuestos británicos a la sal

Mustafá Kemal Dirigente de los nacionalistas turcos que derrocaron al último sultán otomano

ANTES DE LEER

En la sección anterior, leíste acerca del nacionalismo y la guerra civil en China.

En esta sección, aprenderás acerca del nacionalismo en India y en el suroeste de Asia.

AL LEER

Usa el cuadro para tomar notas acerca de los cambios que causó el nacionalismo.

Cambios del nacionalismo

India
Gandhi encabeza el movimiento para independizarse de Gran Bretaña

Turquía

Persia

Arabia Saudita

Indian Nationalism Grows
(pages 453–454)

¿*Por qué* aumentó el nacionalismo?

En India muchos resentían el *dominio* británico y el nacionalismo estaba en aumento desde mediados del siglo 19. Algunos se unieron al Partido del Congreso o a la Liga Musulmana, dos grupos que buscaban la independencia.

Más de un millón de indios sirvieron en el ejército británico durante la I Guerra Mundial. Los británicos prometieron hacer cambios en el gobierno de India que dieran a la población mayor control sobre su país. Pero, después de la guerra, los soldados de nuevo recibieron trato de ciudadanos de segunda clase. No se realizaron las reformas. Cuando protestaron, el Parlamento británico promulgó las **Leyes Rowlatt,** que permitían encarcelar a los inconformes sin someterlos a juicio. Los indios educados en Occidente lo consideraron una violación de sus derechos.

En la primavera de 1919, cerca de 10,000 personas se reunieron en la ciudad de Amritsar para protestar por esa ley. Los británicos *prohibieron* esas reuniones públicas. Pero la muchedumbre no lo sabía. Las tropas británicas dispararon y mataron a varios centenares. La **Masacre de Amritsar** provocó nuevas protestas. Casi de la noche a la mañana, millones le dieron la espalda a Gran Bretaña y se aliaron con los revolucionarios y los nacionalistas.

1. Nombra tres causas del aumento del nacionalismo en India.

_____

_____

_____

_____

2. ¿Cómo utilizaron la no violencia en India para alcanzar sus metas?

_____

_____

_____

_____

Gandhi's Tactics of Nonviolence; Great Britain Grants Limited Self-Rule (pages 454–455)

¿*Cuáles* eran las ideas de Gandhi de no violencia?

Mohandas K. Gandhi (o Mahatma) era el dirigente del movimiento de protesta de India. Ghandi estudió derecho en Inglaterra. Su doctrina política tenía una fuerte base religiosa e ideas de las principales religiones del mundo: hinduismo, islam y cristianismo.

Ghandi organizó una campaña de *no cooperación* con los británicos. Se basó en la resistencia pasiva, o **desobediencia civil,** ante leyes injustas. Pidió que todos dejaran de comprar productos británicos, asistir a escuelas británicas, pagar impuestos británicos y votar en elecciones manejadas por los británicos. También convenció a sus seguidores de tomar esas medidas sin usar violencia. Las cárceles británicas se llenaron de miles que desobedecieron las leyes.

La ley británica obligaba a comprar sal sólo del gobierno. Gandhi organizó una enorme marcha al mar para hacer sal evaporando agua marina. A esta marcha se le llamó la **Marcha de la Sal.**

Poco después, se organizó otra marcha al lugar donde el gobierno británico hacía sal. El objetivo era cerrarlo. El gobierno disolvió la marcha violentamente, pero el movimiento de independencia ganó fama y apoyo en todo el mundo. En 1935, los británicos finalmente cedieron y permitieron el autogobierno.

Nationalism Spreads to Southwest Asia (pages 456–457)

¿*Qué* países del suroeste de Asia experimentaron grandes cambios?

En el suroeste de Asia se realizaron otros cambios. **Mustafá Kemal,** un comandante militar, dirigió un movimiento nacionalista que derrocó al último sultán otomano. Kemal fue el dirigente de la nueva república de Turquía. Implantó medidas para modernizar la sociedad y economía de Turquía.

Antes de la I Guerra Mundial, tanto Inglaterra como Rusia ejercían una fuerte influencia en Persia. Después de la guerra, Inglaterra trató de controlar todo el país. Eso causó una rebelión nacionalista. En 1921, Reza Shah Pahlavi, un oficial del ejército, tomó el poder. Cambió el nombre del país a Irán. Tanto en Turquía como en Irán, la mujer obtuvo nuevos derechos.

En Arabia, distintos grupos se unieron para formar el reino llamado Arabia Saudita.

A partir de los años 20, el suroeste de Asia presenció importantes cambios económicos. Las empresas europeas descubrieron grandes reservas de petróleo en varios países de la región. El petróleo trajo enormes sumas de dinero a esos países. Los países del Occidente intentaron recuperar el poder en la región para obtener parte de esas riquezas.

3. ¿Qué países se formaron en el suroeste de Asia?

_____

_____

_____

_____

Glosario · *CHAPTER 14* Revolution and Nationalism

corrupción Deshonestidad; conducta que perjudica a los demás

dominio Control

ejecutar Matar

invadir Entrar a un país con propósito de controlarlo

lema Consigna

no cooperación No obedecer reglas o leyes

prohibir Impedir por ley

propaganda Información o material usado para defender una causa; persuasión para propósitos políticos

radical Quien está a favor de métodos completamente distintos

Siberia Lugar de castigo en Rusia

zar Gobernante de Rusia

DESPUÉS DE LEER

Términos y nombres

A. Llena los espacios en blanco con el término que mejor completa cada oración.

sóviets

Duma

Lenin

bolcheviques

gobierno provisional

A principios del siglo 20, un grupo de revolucionarios llamado los **1** _____ surgió en Rusia. Su dirigente era **2** _____. Pocos años después, el zar creó un cuerpo parlamentario llamado la **3** _____. Sin embargo, ese cambio no era suficiente para los revolucionarios. En marzo de 1917, el zar abdicó. Se formó un **4** _____ dirigido por Alexander Kerensky. Mientras, los revolucionarios formaron grupos llamados **5** _____. Eran consejos locales que adquirieron gran poder de decisión.

B. Escribe la letra del nombre o término junto a su descripción.

a. Kuomintang

b. Larga Marcha

c. totalitarismo

d. desobediencia civil

e. economía de mando

_____ **1.** Escape de las fuerzas comunistas en China

_____ **2.** No cooperación con el gobierno para resistirse a leyes injustas

_____ **3.** Gobierno de control completo de la vida de los ciudadanos

_____ **4.** Sistema económico en el que el gobierno toma todas las decisiones

_____ **5.** Partido Nacionalista de China

DESPUÉS DE LEER (continued)   *CHAPTER 14*   Revolution and Nationalism

Ideas principales

1. ¿Por qué la revolución llevó a la guerra civil en Rusia?

_____

_____

_____

2. ¿Cómo obtuvo Stalin control total de la Unión Soviética?

_____

_____

_____

3. ¿Por qué los nacionalistas chinos derrocaron a la dinastía Qing?

_____

_____

_____

4. ¿Cuál fue la importancia de la Marcha de la Sal en la historia de India?

_____

_____

_____

5. ¿Qué papel desempeñó Mustafá Kemal en la historia de Turquía?

_____

_____

_____

Pensamiento crítico

Contesta estas preguntas en una hoja aparte.

1. ¿Por qué el control de Stalin sobre la economía es típico del totalitarismo?

2. ¿Por qué el Tratado de Versalles aumentó los problemas de China?

Postwar Uncertainty

ANTES DE LEER

En el capítulo anterior, leíste acerca del nacionalismo y la revolución.

En esta sección, aprenderás sobre nuevas ideas que cambiaron el pensamiento.

AL LEER

Usa la red para tomar notas sobre los cambios de la posguerra.

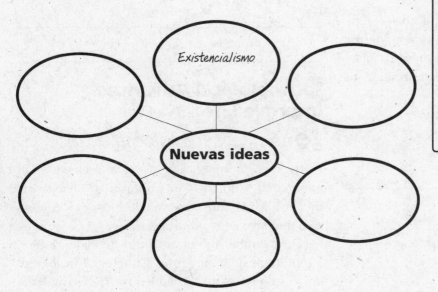

Existencialismo

Nuevas ideas

A New Revolution in Science
(page 463)

¿*Cómo* desafiaron Einstein y Freud el pensamiento antiguo?

Dos pensadores propusieron nuevas ideas *radicales* que desafiaron las viejas ideas. **Albert Einstein** cambió completamente la *física* con sus ideas acerca del espacio, el tiempo, la materia y la energía. Dijo que, conforme los objetos en movimiento se acercan a la velocidad de la luz, el espacio y el tiempo se tornan relativos. Esto significa que cambian. Esto se llama la **teoría de la relatividad.**

Sigmund Freud cambió lo que se pensaba acerca de la mente humana. Dijo que gran parte del comportamiento humano es *irracional*, debido a las necesidades y deseos sepultados en el inconsciente de cada persona. Al principio, las ideas de Freud no se aceptaron. Sin embargo, con el tiempo ejercieron profunda influencia.

1. ¿Cuáles fueron las nuevas ideas de Einstein y Freud?

_____

_____

Literature in the 1920s (pages 464–465)

¿Cómo expresaron las preocupaciones de la sociedad los filósofos y escritores de los años 20?

Muchos filósofos perdieron fe en la razón y el progreso después de presenciar la destrucción causada por la I Guerra Mundial. Un grupo planteó la idea conocida como el **existencialismo.** El existencialismo afirma que el mundo no tiene un significado universal. Cada persona debe dar significado a su vida a través de sus actos.

Estos pensadores tenían la influencia de **Friedrich Nietzche,** un filósofo alemán de fines del siglo 19. Dijo que la razón, la democracia y el progreso eran ideas vacías. Instó a adoptar los valores del orgullo y la fuerza.

Algunos autores, como Franz Kafka, escribieron acerca de los horrores de la vida moderna. Sus novelas colocan a los personajes en situaciones amenazadoras que no pueden comprender ni escapar.

2. ¿Qué es el existencialismo?

_____

_____

Revolution in the Arts (page 465)

¿En qué se diferenció la pintura de esta época de la pintura tradicional?

Los artistas se rebelaron contra la pintura tradicional. No retrataron objetos realistas. Paul Klee usó colores audaces y líneas *distorsionadas.* Pablo Picasso fundó un estilo llamado *cubismo* que dividía los objetos en formas geométricas. Un movimiento artístico llamado **surrealismo** mostró el mundo de los sueños, fuera de la realidad.

Los compositores crearon un nuevo estilo de música. Algunos, como Igor Stravinsky, compuso ritmos inusuales, violentos, en vez de sonidos placenteros. En Estados Unidos los músicos afroamericanos inventaron una forma alegre y vivaz de música popular llamada **jazz.**

3. Nombra dos estilos nuevos de las artes visuales.

_____

_____

Society Challenges Convention (page 466)

¿Cómo cambió la sociedad?

La sociedad también cambió después de la I Guerra Mundial. Los jóvenes experimentaron con nuevos valores. Las mujeres abandonaron las modas antiguas y usaron nuevos estilos más libres y cortos. Muchas comenzaron a trabajar en nuevas profesiones.

4. ¿En qué se volvió más abierta la sociedad?

_____

_____

Technological Advances Improve Life (pages 466–467)

¿Qué nueva tecnología surgió?

La tecnología trajo cambios a la sociedad. Las mejoras al automóvil lo pusieron al alcance de muchos. Más gente compró automóviles y comenzó a mudarse a los suburbios.

Otro cambio fue el aumento de viajes aéreos. El piloto estadounidense **Charles Lindbergh** cruzó solo el océano Atlántico en 1927. En 1932, Amelia Earhart fue la primera mujer en hacer ese vuelo sola.

Un nuevo invento muy popular fue la radio. En los años 20, se fundaron grandes cadenas de emisoras. Millones de personas se divertían escuchando la radio en sus hogares. Millones más acudían a los cines a ver películas.

5. Nombra cambios importantes en los viajes y la forma de divertirse.

_____

_____

A Worldwide Depression

ANTES DE LEER

En la sección anterior, leíste acerca de las nuevas ideas del mundo de posguerra.

En esta sección, aprenderás acerca de la crisis económica y la depresión mundial.

AL LEER

Usa la red para registrar las causas y efectos de la Gran Depresión.

causas

> El auge esconde problemas económicos

Gran Depresión

efectos

Postwar Europe; The Weimar Republic (pages 470–472)

¿Qué problemas enfrentó Europa después de la guerra?

Después de la guerra, los países europeos tenían serios problemas políticos y económicos. Incluso las naciones que tenían gobiernos democráticos durante años experimentaron problemas. Tenían tantos partidos políticos que ninguno podía gobernar solo. A veces se formaron **gobiernos de coalición,** es decir, una alianza de varios partidos políti-

cos. Además, los gobiernos duraban tan poco que era difícil poner en práctica sus planes.

La situación era peor en Alemania, donde había poca lealtad hacia el gobierno. La **República de Weimar,** el gobierno alemán, era muy débil. Los precios aumentaron mucho y el dinero perdió su valor. Después, los préstamos de bancos estadounidenses ayudaron a Alemania a recuperarse.

Las naciones del mundo también tomaron medidas para mantener la paz. Francia y Alemania prometieron no atacarse. La mayoría de los países firmaron un tratado en que *juraron* no declarar la guerra. Pero no había medios para hacer cumplir ese tratado.

1. ¿Por qué la situación alemana de posguerra fue especialmente difícil?

_____

_____

Financial Collapse; The Great Depression (pages 472–474)

¿*Dónde* y cómo comenzó la Gran Depresión?

La economía de Estados Unidos disfrutó de un *auge* en los años 20. Pero ese crecimiento ocultaba problemas. Los consumidores no podían comprar todos los bienes producidos. Cuando las compras bajaron, las fábricas redujeron la producción. Los granjeros vendían menos y a precios más bajos. No pudieron pagar préstamos y perdieron sus granjas. En 1929, los precios de las acciones cayeron en Estados Unidos y comenzó la **Gran Depresión.**

La depresión afectó a otros países. Las naciones aumentaron los *aranceles* —impuestos a bienes importados— para que los precios de los productos importados fueran altos. Así buscaban aumentar las ventas de las empresas locales. Pero el comercio entre naciones cayó y el desempleo aumentó en muchos países. El mundo sufrió.

2. ¿Qué causó la Gran Depresión?

_____

_____

The World Confronts the Crisis
(pages 474–475)

¿*Cómo* enfrentaron la crisis los diversos países?

Cada país enfrentó la crisis económica a su manera. En Gran Bretaña, subió al poder un gobierno de varios partidos. Tomó decisiones que mejoraron lentamente la economía y redujeron el desempleo.

En Francia, la situación política fue peor. Después de que varios gobiernos perdieron apoyo, los *moderados* y los *socialistas* formaron un gobierno que promulgó leyes para ayudar a los trabajadores. Sin embargo, las empresas aumentaron los precios para cubrir los costos de mano de obra. El desempleo no bajó.

En Suecia, Noruega y Dinamarca, los gobiernos desempeñaron un papel activo en la economía. Pusieron impuestos a los empleados para ayudar a los desempleados. También crearon empleos y contrataron a desempleados en la construcción de carreteras y edificios.

En Estados Unidos, **Franklin D. Roosevelt** comenzó un programa llamado **New Deal.** El gobierno gastó enormes sumas en la construcción de carreteras, presas, puentes, aeropuertos y edificios. Esto creó empleos para millones. Empresas y granjas también tuvieron ayuda del gobierno. La economía mejoró, pero la *recuperación* fue lenta.

3. ¿Cómo enfrentó la crisis Estados Unidos?

_____

_____

Valor de las acciones, 1925–1933

Índice de precios (en dólares)

30 · 25 · 20 · 15 · 10 · 5

1925 1926 1927 1928 1929 1930 1931 1932 1933

Desarrollo de destrezas
Usa la tabla para contestar las preguntas.

1. ¿Cuáles fueron los cambios en el promedio del precio de las acciones entre 1925 y 1929?

_____

_____

2. ¿Cuáles fueron los cambios en el promedio del precio de las acciones entre 1929 y 1932?

_____

_____

CHAPTER 15 Section 3 (pages 476–480)

Fascism Rises in Europe

ANTES DE LEER

En la sección anterior, leíste acerca de la Gran Depresión.

En esta sección, aprenderás acerca del surgimiento del fascismo en Europa durante la crisis económica.

AL LEER

Usa el diagrama para mostrar características y ejemplos del fascismo.

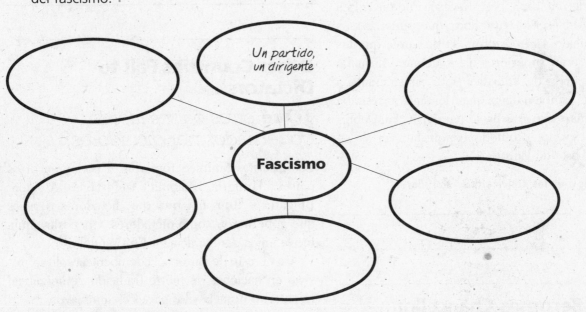

Un partido, un dirigente

Fascismo

Fascism's Rise in Italy (pages 476–477)

¿*Por qué* surgió el fascismo en Italia?

La crisis económica de la Gran Depresión provocó la pérdida de la democracia en varios países. Millones de personas aceptaron gobernantes de mano dura con la esperanza de que solucionaran sus problemas económicos. Esos dirigentes seguían una serie de creencias llamadas **fascismo** y eran muy nacionalistas. Eran partidarios de la autoridad y del militarismo. El gobierno estaba controlado por un partido, y ese partido por un dirigente que era el *dictador* de la nación. Los gobiernos fascistas no respetan los derechos individuales.

El fascismo surgió primero en Italia, donde existía mucho enojo porque el tratado que terminó la I Guerra Mundial no le otorgó más tierra. Además, la inflación y el desempleo representaban un grave problema. **Benito Mussolini** subió al poder con la promesa de ayudar la economía y fortalecer al ejército. Mandó *malhechores* a amenazar a los opositores políticos. El rey de Italia decidió que Mussolini era la mejor esperanza de salvar su dinastía y permitió que encabezara el gobierno.

Mussolini recibió el título de *Il Duce*, o líder, de Italia. Prohibió todos los partidos políticos, menos el fascista. Trató de controlar la economía y prohibió las huelgas.

1. ¿Qué prometió Mussolini a los italianos?

_____

_____

_____

_____

Hitler Rises to Power in Germany (pages 477–478)

¿_Cómo_ llegó Hitler al poder en Alemania?

En Alemania, otro fascista subió al poder. **Adolfo Hitler** fue el dirigente del partido nazi. El fascismo alemán se llamaba **nazismo.** Hitler intentó llegar al poder en 1923, pero fracasó. Fue enviado a prisión. Ahí escribió un libro que sintetizó sus ideas, titulado _Mein Kampf._ Hitler creía que los alemanes eran superiores a los demás. Afirmaba que el Tratado de Versalles trató injustamente a Alemania. También decía que Alemania necesitaba más _lebensraum,_ o espacio para vivir. Para obtener ese espacio, prometió conquistar tierras en Rusia y al este de Europa.

2. ¿Cuáles eran las convicciones de Hitler?

_____

_____

_____

Hitler Becomes Chancellor
(pages 478–480)

¿_Qué_ hizo Hitler al ser líder de Alemania?

Cuando la depresión llegó a Alemania, el país quedó en una terrible situación. Hitler fue nombrado dirigente del gobierno alemán. Poco después asumió los poderes de un dictador. Era el _führer,_ o líder. Sus opositores fueron arrestados. Su programa económico dio empleo a millones pero les suprimió los derechos a formar sindicatos y a declarar huelgas. Controló todas las áreas de la vida. Quemó libros que se oponían a las ideas nazis. Obligó a los niños a unirse a grupos nazis.

Hitler también atacó a los alemanes judíos. Las leyes les retiraron sus derechos. En noviembre de 1938, unas muchedumbres los atacaron y destruyeron miles de edificios propiedad de judíos. Fue el principio del proceso de eliminar a los judíos de la vida alemana.

3. ¿Qué cambios hizo Hitler?

_____

_____

_____

_____

Other Countries Fall to Dictators (page 480)

¿_Qué_ otros países fueron gobernados por dictadores?

Los fascistas también tomaron el poder en otros países. Hungría, Polonia, Yugoslavia, Albania, Bulgaria y Rumania tuvieron dictadores o reyes que gobernaron como dictadores. Checoslovaquia fue la única democracia en Europa del este.

En el resto de Europa, la democracia sólo sobrevivió en naciones de fuerte tradición democrática: Inglaterra, Francia y los países escandinavos.

4. ¿Por qué la democracia sobrevivió en unos países?

_____

_____

_____

Aggressors Invade Nations

TÉRMINOS Y NOMBRES

apaciguamiento Política de ceder para mantener la paz

Potencias del Eje Alemania, Italia y Japón

Francisco Franco Dictador Fascista de España

aislacionismo Posición de evitar los vínculos políticos con otros países

Tercer Reich Imperio alemán

Conferencia de Munich Reunión de potencias mundiales en 1938 que permitió a Hitler tomar parte de Checoslovaquia

ANTES DE LEER

En la sección anterior, leíste acerca del surgimiento del fascismo.

En esta sección, aprenderás acerca de las acciones militares que provocaron la II Guerra Mundial.

AL LEER

Usa la línea cronológica para mostrar cuándo y dónde se realizaron agresiones.

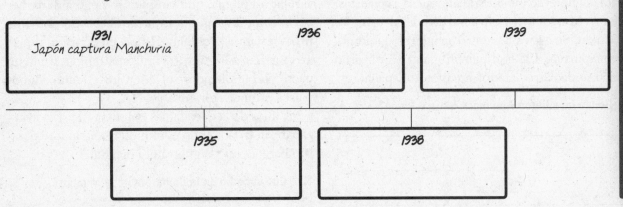

1931 Japón captura Manchuria	1936	1939

1935	1938

Japan Seeks an Empire (pages 481–482)

¿Por qué Japón deseaba ampliar sus territorios?

En Japón, los militares tomaron el poder durante la Gran Depresión. Su plan para resolver los problemas económicos del país era la expansión territorial.

En 1931, el ejército japonés *invadió* Manchuria, una provincia china. Manchuria era rica en carbón y hierro, que eran valiosos recursos para la economía japonesa. Otros países protestaron en la Liga de las Naciones pero no hicieron nada. Japón ignoró las protestas y en 1933 se salió de la Liga.

Cuatro años después, Japón invadió China. El poderoso ejército japonés arrolló al ejército chino. Mató a decenas de miles de civiles y soldados en la ciudad de Nanjing. Pero las fuerzas chinas —tanto los nacionalistas del gobierno como los rebeldes comunistas— continuaron peleando contra Japón.

1. ¿Qué territorios invadió Japón?

_____

_____

European Aggressors on the March (pages 482–483)

¿Qué naciones europeas fueron agresoras?

En Italia, Mussolini quería un imperio en África. En 1935 invadió Etiopía. Sus tropas obtuvieron una fácil victoria. Haile Selassie, emperador de Etiopía solicitó ayuda a la Liga de las Naciones, pero ésta no hizo nada. Inglaterra y Francia dejaron a Mussolini invadir África con la esperanza de mantener la paz en Europa.

Hitler también se movilizó. Violó el Tratado de Versalles y reconstruyó el ejército alemán. En 1936 envió tropas a una región del río Rin entre Alemania y Francia donde el tratado le había prohibido entrar. Francia e Inglaterra respondieron con el **apaciguamiento:** cedieron para mantener la paz.

El avance alemán sobre el valle del Rin fue un punto decisivo en la serie de acontecimientos que llevó a la guerra. También en 1936, Hitler firmó un acuerdo con Mussolini y con Japón. Estas tres naciones después recibieron el nombre de las **Potencias del Eje.**

En 1936, la guerra civil estalló en España. El ejército, dirigido por el general **Francisco Franco** y apoyado por los fascistas españoles, se rebeló contra el gobierno elegido de liberales y socialistas. Hitler y Mussolini le enviaron ayuda al ejército. La Unión Soviética le envió ayuda al gobierno. A principios de 1939, el ejército ganó y Francisco Franco se declaró dictador fascista de España.

2. ¿Dónde invadieron Alemania, Italia y Japón?

_____

_____

_____

Democratic Nations Try to Preserve Peace (pages 484–485)

¿Por qué las democracias del mundo no frenaron la agresión?

En esa época, muchos estadounidenses no aceptaban el nuevo papel de la nación como líder mundial. Creían que debía seguir la política de **aislacionismo** y evitar todos los vínculos políticos con otros países. Pensaban que así el país no caería en otra guerra en el exterior.

En marzo de 1938, Hitler movilizó tropas contra Austria y la incorporó al **Tercer Reich,** o imperio alemán. Esta acción violó nuevamente el Tratado de Versalles. Una vez más, Francia y Gran Bretaña no hicieron nada.

Ese mismo año, Hitler exigió a Checoslovaquia que le diera parte de sus tierras. Checoslovaquia se negó. Para solucionar el problema se celebró la **Conferencia de Munich** en septiembre de 1938. En esa reunión, Alemania, Francia, Gran Bretaña e Italia aceptaron que Alemania tomara las tierras. A su vez, Hitler prometió respetar las nuevas fronteras de Checoslovaquia. Pocos meses después, se apoderó del país entero.

En el verano de 1939, Hitler hizo una demanda similar a Polonia, que también se negó a darle tierras. Gran Bretaña y Francia ahora dijeron que protegerían a Polonia. Hitler creyó que no se arriesgarían a la guerra. Al mismo tiempo, firmó un pacto con el dictador soviético José Stalin. Ambos países prometieron no atacarse.

A fines de la década, las potencias del Eje avanzaban sin freno. Todo el mundo temía lo que pasaría. Parecía que la guerra era inevitable.

3. ¿Qué sucedió en la Conferencia de Munich?

_____

_____

_____

_____

_____

Glosario

aranceles Impuestos a productos importados de otros países

auge Período de gran crecimiento económico

cubismo Estilo artístico que representa objetos con figuras geométricas

dictador Gobernante con autoridad absoluta

distorsionado Torcido, no en su forma habitual

física Ciencia de la materia y la energía

invadir Entrar en un país con el propósito de conquistar

irracional No razonable, no pensado conscientemente

jurar Prometer

malhechor Gente que realiza actividades violentas bajo las órdenes de otro

moderados Gente que no es liberal (en favor de un gran cambio) ni conservadora (que se niega al cambio), sino que está en el centro

radical Extremo, llevado al límite

recuperación Crecimiento económico que sigue a una depresión o recesión

socialistas Partidarios del socialismo

DESPUÉS DE LEER

Términos y nombres

A. Llena los espacios en blanco con el término que mejor completa cada oración.

teoría de la relatividad

existencialismo

Sigmund Freud

Friedrich Nietzsche

Albert Einstein

La Europa de posguerra produjo muchos nuevos pensadores. Entre ellos figura el científico **1** _____, que aportó nuevas ideas a la física acerca del espacio, el tiempo y la materia. Una de ellas fue su **2** _____. Otro importante pensador de la época fue un médico que estudió la mente. Se llamaba **3**_____. Descubrió el poder del inconsciente. Un filósofo importante cuyas ideas influyeron mucho a los pensadores de esta época fue **4** _____.También surgió una nueva filosofía, el **5** _____, que dice que los individuos deben darle sentido a un mundo sin sentido.

B. Escribe la letra del nombre o término junto a su descripción.

a. República de Weimar

b. Tercer Reich

c. gobierno de coalición

d. fascismo

e. *lebensraum*

_____ **1.** Imperio alemán

_____ **2.** Alianza temporal de varios partidos políticos

_____ **3.** Espacio para vivir

_____ **4.** Gobierno de Alemania después de la I Guerra Mundial

_____ **5.** Movimiento político que subraya la lealtad al estado

Ideas principales

1. ¿De qué manera la tecnología cambió a la sociedad después de la guerra?

_____

_____

_____

2. Describe los programas del *New Deal*.

_____

_____

3. Enumera cuatro actos de Hitler que mostraron que era un gobernante absoluto, o dictador.

_____

_____

_____

_____

4. ¿Qué creencias y metas expresó Hitler en *Mein Kampf?*

_____

_____

_____

5. ¿Cuál fue la política de Estados Unidos, Francia y Gran Bretaña cuando las Potencias del Eje invadieron otras tierras?

_____

_____

_____

Pensamiento crítico

Contesta estas preguntas en una hoja aparte.

1. ¿Qué condiciones contribuyeron al surgimiento de dictadores en Europa?

2. ¿Por qué las democracias de Europa no detuvieron la agresión?

Hitler's Lightning War

ANTES DE LEER

En el capítulo anterior, leíste acerca de los sucesos que llevaron a la II Guerra Mundial.

En esta sección, aprenderás acerca de los primeros años de la guerra en Europa.

AL LEER

Usa la línea cronológica para tomar notas sobre los sucesos importantes de los primeros dos años de la guerra.

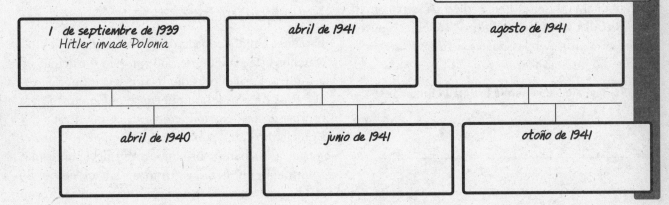

1 de septiembre de 1939
Hitler invade Polonia

abril de 1941

agosto de 1941

abril de 1940

junio de 1941

otoño de 1941

Germany Sparks a New War in Europe (pages 491–492)

¿Qué llevó a Gran Bretaña y Francia a declarar la guerra?

En 1939, Adolfo Hitler decidió atacar Polonia. Ya había conquistado Austria y Checoslovaquia. Hitler firmó un **pacto de no agresión** con Stalin, líder de la Unión Soviética, en que acordaron no atacarse. Este pacto eliminó la amenaza soviética de un ataque a Alemania desde el este.

El 1° de septiembre, el ejército alemán invadió Polonia con un ataque sorpresa. Usando aviones, tanques y tropas, atacó con la técnica de *blitzkrieg,* o "ataque relámpago". Gran Bretaña y Francia declararon la guerra a Alemania, pero Polonia fue derrotada antes de que pudiera recibir ayuda.

El 17 de septiembre, después de un acuerdo secreto con Hitler, Stalin invadió el este de Polonia. A continuación Stalin se anexó las regiones que estipulaba la segunda parte del acuerdo. Lituania, Latvia y Estonia cayeron sin luchar. Sin embargo, Finlandia se defendió hasta marzo de 1940, cuando fue derrotada.

En los siete meses siguientes a la invasión de Polonia por los alemanes, Europa estuvo tranquila. Francia y Gran Bretaña preparaban sus ejércitos. Esperaban el siguiente paso de Hitler.

1. ¿Por qué Polonia cayó ante Hitler tan rápidamente?

_____

_____

The Fall of France; The Battle of Britain (pages 492–494)

¿Qué sucedió cuando Gran Bretaña y Francia fueron atacadas?

De repente, en abril de 1940, Hitler invadió Dinamarca y Noruega. En dos meses capturó Bélgica, los Países Bajos, Luxemburgo y Francia. Parte del ejército francés, dirigido por **Charles de Gaulle,** escapó a Gran Bretaña para permanecer libre y continuar la lucha. Para entonces, Benito Mussolini se había aliado con Hitler.

Gran Bretaña —ahora gobernada por **Winston Churchill**— estaba sola. La fuerza aérea alemana comenzó a bombardearla para debilitarla. Alemania estaba preparándose para invadir a Gran Bretaña. Pero la fuerza aérea británica se defendió con la ayuda del radar (un nuevo invento) que advertía la llegada de aviones. Además, Gran Bretaña había descifrado el código secreto alemán. La **Batalla Británica** duró muchos meses. Incapaz de romper las *defensas* británicas, Hitler suspendió los ataques.

2. ¿Por qué alemania perdió la Batalla Británica?

_____

_____

_____

The Mediterranean and the Eastern Front (pages 494–496)

¿Qué países invadió Hitler?

Entonces Hitler atacó el este y el Mediterráneo. Envió tropas a África del norte al mando del general **Erwin Rommel** a ayudar a los italianos a combatir a los británicos. En abril de 1941, los ejércitos alemanes capturaron Yugoslavia y Grecia. En junio, Hitler comenzó una invasión sorpresiva de la Unión Soviética. El Ejército Rojo era el más numeroso del mundo, pero no estaba bien equipado ni entrenado. Los alemanes rápidamente se internaron en territorio soviético y el Ejército Rojo tuvo que replegarse.

Para evitar que los abastos cayeran en manos alemanas, el Ejército Rojo destruyó todo a su paso. El ataque alemán a Leningrado fue detenido en el norte. Entonces, Alemania se volvió hacia Moscú, la capital soviética. Un fuerte *contraataque* soviético, combinado con la crudeza del invierno ruso, hizo retirar a Alemania. Moscú se salvó y el ejército alemán tuvo 500,000 bajas.

3. ¿Qué sucedió cuando Alemania invadió la Unión Soviética?

_____

_____

_____

The United States Aids its Allies (page 496)

¿Qué partido tomó Estados Unidos?

Estados Unidos observó estos acontecimientos. Muchos estadounidenses no querían participar en la guerra. Pero el presidente Roosevelt quería ayudar a los Aliados y pidió permiso al Congreso para vender armas estadounidenses a Gran Bretaña y Francia. Pronto, los barcos estadounidenses *protegieron* a los barcos británicos que llevaban armas compradas en Estados Unidos. En el otoño de 1941, los barcos estadounidenses recibieron órdenes de disparar contra los submarinos alemanes. Estados Unidos y Alemania estaban peleando una guerra naval no declarada.

Roosevelt se reunió con Churchill en las costas de Canadá en agosto de 1941. Aunque Estados Unidos no estaba oficialmente en guerra, ambos gobernantes emitieron una declaración llamada la **Carta del Atlántico.** Apoyaba el libre comercio y el derecho de formar gobiernos propios.

4. Enumera dos formas en que Estados Unidos apoyó a los Aliados.

_____

_____

_____

Japan's Pacific Campaign

TÉRMINOS Y NOMBRES

Isoroku Yamamoto Almirante japonés que decidió la destrucción de la flota de Estados Unidos en Hawai

Pearl Harbor Base naval en Hawai atacada por los japoneses

Batalla de Midway Batalla marítima y aérea en la que fuerzas estadounidenses derrotaron a los japoneses cerca de la isla de Midway en el Pacífico

Douglas MacArthur General de Estados Unidos que comandó las fuerzas Aliadas en el Pacífico

Batalla de Guadalcanal Batalla de seis meses en la isla de Guadalcanal, en la que tropas estadounidenses y australianas derrotaron a los defensores japoneses

ANTES DE LEER

En la sección anterior, leíste acerca de la guerra contra Hitler en Europa.

En esta sección, aprenderás acerca de la guerra contra Japón en el Pacífico.

AL LEER

Usa el cuadro para anotar los acontecimientos clave en el Pacífico.

	ACCIÓN	RESULTADO
Pearl Harbor	Japón bombardea la flota de E.U.A.	
Batalla del Mar de Coral		
Batalla de Midway		
Batalla de Guadalcanal		

Surprise Attack on Pearl Harbor
(pages 497–498)

¿Cómo peleó Estados Unidos contra Japón antes de declararle la guerra?

Los militares a cargo del gobierno japonés también tenían planes de construir un imperio. Japón tenía mucha población y escasez de materias primas.

Japón capturó parte de China en 1931. En 1937, invadió el centro de China y encontró una fuerte *resistencia.* Como necesitaba recursos para esa guerra, decidió avanzar sobre el sureste de Asia.

Estados Unidos temía que el control japonés en esa región amenazara sus intereses en el Pacífico. Roosevelt dio ayuda militar a China. También cortó los envíos de petróleo a Japón.

El almirante japonés **Isoroku Yamamoto** decidió que la *flota* de Estados Unidos en Hawai debía ser destruida. El 7 de diciembre de 1941, las fuerzas navales japonesas atacaron la base naval de Estados Unidos en **Pearl Harbor,** Hawai. En sólo dos horas, los aviones japoneses hundieron la mayor parte de la flota: 19 buques, entre ellos 8 acorazados. Al día siguiente, el Congreso declaró la guerra a Japón y sus aliados.

1. ¿Cómo respondió Estados Unidos al ataque
de Japón a Pearl Harbor?

_____

_____

Japanese Victories (page 498)

¿Qué partes de Asia conquistó Japón entre diciembre de 1941 y mediados de 1942?

El ataque japonés a Pearl Harbor fue sólo uno de muchos ataques repentinos. Japón también capturó Guam, Wake y las islas Filipinas de Estados Unidos. Tomó Indonesia de los holandeses, y Hong Kong, Malaya y Singapur de los británicos.

Japón invadió Birmania, localizada entre China e India. El objetivo de la invasión era cerrar la entrada de suministros a China por Birmania. En mayo de 1942, Birmania cayó. Con esa conquista, Japón tenía bajo su dominio más de un millón de millas cuadradas y una población de unos 150 millones de personas.

Antes de esas conquistas, Japón trató de ganarse la simpatía de otros países de Asia. Su lema era "Asia para los asiáticos". Después de su victoria, se vio que la intención de Japón era conquistar.

2. ¿A qué países les quitó territorio Japón
a principios de la guerra?

_____

_____

_____

The Allies Strike Back; An Allied Offensive (pages 499–501)

¿Cómo respondieron los Aliados?

Japón parecía invencible después de una serie de victorias. Pero los Aliados querían contraatacar en el Pacífico. En abril de 1942, Estados Unidos envió aviones a bombardear Tokio. El ataque subió la _moral_ de los estadounidenses. En mayo de 1942, los Aliados sufrieron una derrota grave en la Batalla del Mar de Coral. Pero pudieron detener el avance japonés y salvar a Australia.

Al mes siguiente, la fuerza naval de Estados Unidos se anotó una importante victoria cerca de la isla de Midway, en el centro del Pacífico. En la **Batalla de Midway,** Japón perdió cuatro portaaviones, el arma naval más importante de la guerra. La victoria cambió el curso de la guerra. Japón empezó a perder.

Ahora Estados Unidos atacó. El general **Douglas MacArthur** no quería invadir islas que estuvieran fuertemente defendidas por japoneses. Quería atacar las más débiles. El primer ataque fue en Guadalcanal, en las islas Solomon, en agosto. Los japoneses estaban construyendo una base naval ahí. Las tropas australianas y de Estados Unidos necesitaron seis meses de lucha para expulsarlos de la isla con la **Batalla de Guadalcanal.** Los japoneses se fueron en febrero de 1943.

3. Enumera tres victorias de los Aliados contra Japón.

_____

_____

_____

The Holocaust

ANTES DE LEER

En la sección anterior, leíste acerca de las batallas en el Pacífico.

En esta sección, leerás acerca de la "solución final" de Hitler en Europa.

AL LEER

Usa la red para anotar información importante acerca del Holocausto.

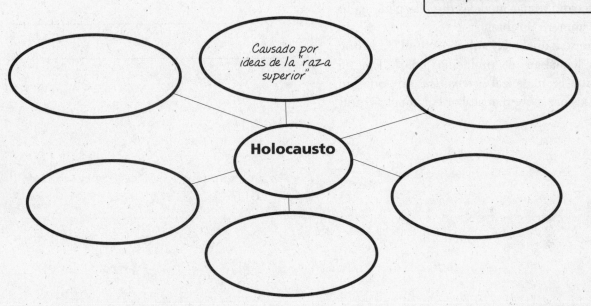

The Holocaust Begins (pages 502–503)

¿Qué fue el Holocausto?

El nuevo orden de Hitler en Europa quería terminar con la gente "inferior". Hitler creía que los **arios,** o pueblos germanos, eran una "raza superior". Sentía profundo odio por la gente que no era alemana y odiaba particularmente a los judíos. Esto provocó el **Holocausto,** la matanza de millones de judíos y de otros grupos.

Durante la década de 1930, Hitler eliminó por ley los derechos de los judíos. Una noche de noviembre de 1938, turbas nazis atacaron a judíos en toda Alemania. Destruyeron hogares y comercios, y mataron o golpearon a mucha gente. Esa noche se conoce como *Kristallnacht,* o "Noche de cristales rotos".

Kristallnacth fue una fuerte escalada de la *persecución* de los nazis contra los judíos. El futuro de los judíos de Alemania era amenazante. Miles intentaron abandonar Alemania. Varios países aceptaron a muchos pero no estaban dispuestos a aceptar a todos los que querían salir.

Hitler ordenó que todos los judíos de Alemania y tierras conquistadas vivieran en zonas apartadas llamadas **ghettos.** Después, los nazis rodearon los ghettos con murallas y alambre de púas. Querían matar de hambre y de enfermedades a los judíos, pero a pesar de todo, muchos sobrevivieron.

1. ¿Cómo comenzó el Holocausto?

_____

_____

_____

_____

The "Final Solution" (pages 503–505)

¿*Qué* fue la "solución final"?

Hitler se cansó de esperar que los judíos se murieran de hambre y de enfermedades en los ghettos, así que decidió tomar medidas directas para matar al mayor número posible.

El plan se llamaba la **"solución final"**, a lo que los nazis llamaban el "problema judío". Era un **genocidio,** la matanza *sistemática* de todo un pueblo. Los nazis querían acabar con muchas otras personas para proteger la "pureza" de la raza aria: gitanos, polacos, rusos y todos los discapacitados mental o físicamente, pero se enfocaron en los judíos.

A miles de judíos los fusilaron "escuadrones de la muerte". A millones los metieron en *campos de concentración.* Los *reclusos* tenían que trabajar como esclavos. Muchos murieron por hambre o enfermedad.

A partir de 1942, los nazis construyeron "campos de exterminio". Ahí, mataron a miles de judíos en enormes cámaras de gases. En total, los nazis mataron seis millones de judíos. Menos de cuatro millones de judíos europeos sobrevivieron.

2. ¿Cómo se llevó a cabo la "solución final"?

_____

_____

_____

The Allied Victory

ANTES DE LEER

En la sección anterior, leíste acerca del Holocausto en Europa.

En esta sección, aprenderás la forma en que se peleó en la guerra y cómo terminó en el mundo.

AL LEER

Usa la línea cronológica para tomar notas sobre aconte-cimientos clave en los últimos tres años de la guerra.

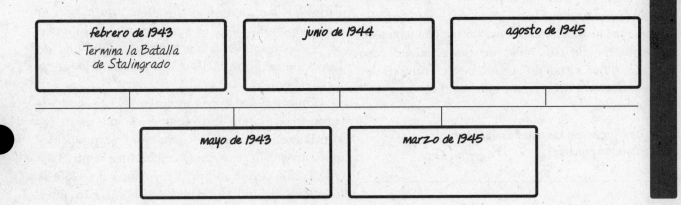

febrero de 1943
Termina la Batalla de Stalingrado

junio de 1944

agosto de 1945

mayo de 1943

marzo de 1945

The Tide Turns on Two Fronts
(pages 506–507)

¿*Dónde* cambió el curso de la guerra en favor de los Aliados?

En 1942, Roosevelt, Churchill y Stalin planearon la estrategia de los Aliados. Stalin quería que Inglaterra y Estados Unidos abrieran un segundo frente contra Alemania para aliviar la presión sobre sus ejércitos. Quería que los Aliados atacaran en Francia. Roosevelt y Churchill aceptaron abrir un segundo frente, pero eligieron atacar al general alemán Erwin Rommel en el norte de África.

A fines de 1942, el ejército británico comanda-do por el general Bernard Montgomery expulsó a los alemanes de Egipto y los obligó a replegarse al oeste. Mientras, tropas de Estados Unidos coman-dadas por el general **Dwight D. Eisenhower** desembarcaron en la retaguardia alemana y avan-zaron hacia el este. Los alemanes tuvieron que reti-rarse de África en mayo de 1943.

Al mismo tiempo, los soviéticos obtuvieron una victoria importante. Las tropas alemanas habían invadido la ciudad soviética de Stalingrado en 1942. El Ejército Rojo expulsó a los alemanes en febrero de 1943, con lo que terminó la **Batalla de Stalingrado.**

Después los soldados estadounidenses y britá-nicos invadieron Italia y capturaron Sicilia en agos-to de 1943. Mussolini cayó y el nuevo gobierno se rindió. Hitler no quería perder a Italia, así que peleó ahí hasta 1945.

1. ¿Cuáles fueron las principales victorias de los Aliados?

_____

_____

The Allied Home Fronts
(pages 507–509)

¿Qué problemas enfrentó la población civil?

Mientras los ejércitos Aliados peleaban, los civiles sufrían. Murieron ciudadanos británicos y soviéticos. En Estados Unidos, había escasez de alimentos, llantas, gasolina y ropa. El gobierno _racionó_ esos productos. Limitó la cantidad que cada persona podía adquirir para que hubiera suficiente para los ejércitos.

A algunos estadounidenses los metieron a la cárcel. Surgió rencor hacia los japoneses y desconfianza hacia los estadounidenses de origen japonés. El gobierno llevó a miles de descendientes de japoneses que vivían en la costa oeste a campos de concentración. Dos tercios eran ciudadanos estadounidenses.

2. ¿Qué sucedió a los estadounidenses de origen japonés?

_____

_____

Victory in Europe (pages 509–511)

¿Cuáles fueron las batallas finales en Europa?

A principios de 1944, los Aliados reunieron una fuerza _masiva_ para tomar Francia. En junio se inició una invasión de miles de barcos, aviones y soldados llamada el **Día D.** La invasión sufrió enormes pérdidas pero obtuvo el control del norte de Francia. Un mes después, las fuerzas de los Aliados comenzaron a cruzar líneas alemanas. En agosto entraron en París. En septiembre los Aliados expulsaron a los alemanes de Francia, Bélgica, Luxemburgo y gran parte de los Países Bajos.

Al mismo tiempo, los soviéticos hicieron replegarse a los alemanes en Europa del este. A fines de 1944, Hitler ordenó a su ejército realizar el último ataque a gran escala en el oeste. En la **Batalla del Bolsón** atravesaron líneas aliadas hasta que un contraataque aliado los hizo retirarse a Alemania. A fines de abril de 1945 las tropas soviéticas rodearon Berlín, el centro de operaciones de Hitler. Cinco días después, Hitler se suicidó. Una semana más tarde, Alemania se rindió. Roosevelt no vivió para ver esa victoria. Murió a principios de abril. Ahora Harry Truman era el presidente.

3. Enumera tres sucesos que provocaron la rendición de Alemania.

_____

_____

Victory in the Pacific (pages 511–513)

¿Qué llevó a la victoria en el Pacífico?

En el Pacífico, los Aliados comenzaron a avanzar hacia Japón en 1943. Desembarcaron en Filipinas en el otoño de 1944. En la Batalla del Golfo de Leyte, en octubre de 1944, derrotaron a la fuerza naval japonesa.

Conforme las tropas estadounidenses se acercaron más a Japón, enfrentaron los ataques de los **kamikaze.** Estos pilotos japoneses eran suicidas que estrellaban sus aviones con bombas contra barcos aliados para hundirlos. En marzo de 1945, la infantería de Estados Unidos capturó Iwo Jima, bastión japonés _estratégico_. En junio, obtuvo el control de Okinawa, una isla a sólo 350 millas de Japón.

Japón era el siguiente objetivo. Pero los militares de Estados Unidos temían que la invasión a Japón costara medio millón de vidas de los Aliados. En agosto, el presidente Truman ordenó arrojar una bomba atómica en la ciudad de Hiroshima para acabar la guerra rápidamente. Tres días después mandó arrojar una segunda bomba en Nagasaki. Docenas de miles de japoneses murieron y Japón se rindió en septiembre.

4. Enumera dos sucesos que provocaron la rendición de Japón.

_____

_____

Europe and Japan in Ruins

TÉRMINOS Y NOMBRES

Juicios de Nuremberg Juicios realizados en Nuremberg, Alemania, contra los dirigentes nazis acusados de crímenes contra la humanidad

desmilitarización Desarticulación de las fuerzas armadas

democratización Proceso para crear un gobierno elegido por el pueblo

ANTES DE LEER

En la sección anterior, leíste acerca de cómo terminó la guerra.

En esta sección, aprenderás acerca de los efectos de la guerra en Europa y Japón.

AL LEER

Usa el cuadro para tomar notas sobre los efectos de la guerra en Europa y Japón.

Efectos de la II Guerra Mundial

económicos
Cientos de ciudades destruidas

políticos

sociales

Devastation in Europe (pages 514–515)

¿*Cómo* cambió la guerra a Europa?

La guerra dejó a Europa en ruinas. Casi 40 millones de personas murieron. Cientos de ciudades quedaron destruidas por el constante bombardeo. La guerra terrestre destruyó muchos campos de cultivo. Había millones de *desplazados*, que buscaban regresar a donde vivían. En muchas partes no había agua, electricidad ni comida. El hambre era constante.

La agricultura estaba abandonada. La mayoría de los hombres en edad de combatir se fueron al ejército; las mujeres se fueron a trabajar en fábricas. Quedaron muy pocos a cargo de las tierras. Además, como muchas fábricas quedaron destruidas o paralizadas, mucha gente no tenía trabajo ni

dinero para comprar los pocos alimentos disponibles. Los productos agrícolas no llegaban a las ciudades por la destrucción del sistema de transporte. Europa sufrió durante muchos años.

1. ¿Cómo quedó Europa después de la II Guerra Mundial?

_____

_____

_____

Postwar Governments and Politics (pages 515–516)

¿*A quiénes* culparon los europeos por la guerra?

Muchos europeos culparon a sus líderes por la guerra. Tan pronto cayó Alemania, varios países, como

Bélgica, Holanda, Dinamarca y Noruega, restauraron los gobiernos que tenían antes de la guerra. En Alemania, Italia y Francia, los viejos gobiernos fascistas desaparecieron. Al principio los partidos comunistas cobraron fuerza en Francia e Italia. Pero la gente que se oponía al comunismo se alarmó y votó por dirigentes de otros partidos. El comunismo perdió su atractivo cuando mejoraron las economías en esos países.

Como parte de los esfuerzos por reconstruir Europa, los Aliados realizaron los **Juicios de Nuremberg** en la ciudad alemana de Nuremberg. Ahí, los dirigentes nazis fueron acusados de crímenes contra la humanidad. Los declararon culpables y algunos fueron ejecutados.

2. ¿Qué fueron los Juicios de Nuremberg?

_____

_____

Postwar Japan; Occupation Brings Deep Changes (pages 516–517)

¿*Qué* cambios se hicieron en Japón?

La derrota de Japón en la II Guerra Mundial *devastó* el país. Dos millones de personas murieron y las principales ciudades quedaron en ruinas.

Bajo el mando del general MacArthur, el ejército de Estados Unidos ocupó Japón. MacArthur comenzó un proceso de **desmilitarización,** que desarticuló las fuerzas armadas japonesas. También se ocupó de la **democratización,** que es la creación de un gobierno elegido por el pueblo. Su primera estrategia fue elaborar una nueva constitución que dio poder al pueblo para elegir un parlamento que gobernara el país. Todos los mayores de veinte años —incluso las mujeres— recibieron el derecho al voto. En 1951 otros países finalmente firmaron la paz formal con Japón. Pocos meses después terminó la ocupación militar de Estados Unidos.

3. ¿Cómo cambió el gobierno japonés?

_____

_____

Glosario

campos de concentración Campos donde detienen contra su voluntad en terribles condiciones a los enemigos del gobierno u otras personas

contraataque Ataque en respuesta a un ataque enemigo

defensas Armas usadas en contra de un ataque

desplazados Personas que pierden su hogar a causa de la guerra u otros trastornos

devastar Destruir, dejar en ruinas

estratégico Importante o esencial para un plan de acción

flota Barcos que operan bajo un mando

masivo Enorme

moral Ánimo, espíritu

persecución Mal tratamiento por raza, religión o creencias

proteger Defender

racionar Limitar la cantidad de lo que una persona puede recibir

reclusos Prisioneros

resistencia Luchar en defensa

sistemático Hecho conforme a un plan o sistema

DESPUÉS DE LEER

Términos y nombres

A. Llena los espacios en blanco con el término que mejor completa el párrafo.

"solución final"

arios

ghettos

Kristallnacht

Holocausto

Durante la II Guerra Mundial, Hitler implantó un plan de matanza masiva. Se llamó el **1** _____. Hitler quería acabar con todos los que no eran **2** _____, o germanos. La mayoría de la gente asesinada fue judía. Uno de los primeros ataques contra los judíos ocurrió el 9 de noviembre de 1938. Se llamó **3** _____. Pronto los nazis comenzaron a enviar a los judíos a **4** _____, en zonas apartadas. Después pusieron en práctica el plan de acabar con ellos para siempre por medio de la **5** _____.

B. Escribe la letra del nombre o término junto a su descripción.

a. Charles de Gaulle

b. Winston Churchill

c. Batalla del Bolsón

d. Douglas MacArthur

e. Batalla de Midway

____ **1.** Dirigente del gobierno francés en el exilio

____ **2.** Dirigente de las fuerzas aliadas en el Pacífico

____ **3.** Batalla aérea y marítima que se libró en el Pacífico

____ **4.** Dirigente de Gran Bretaña

____ **5.** Gran ofensiva de los alemanes a finales de 1944

Ideas principales

1. ¿Dónde frenaron por primera vez a Hitler?

_____

_____

_____

2. ¿Qué hizo Japón para crear un imperio en el Pacífico?

_____

_____

_____

3. ¿Qué grupos eligió Hitler para aplicar la "solución final"?

_____

_____

_____

4. ¿Qué sufrimientos tuvieron los civiles durante la guerra?

_____

_____

5. ¿Cómo cambió la ocupación estadounidense a Japón?

_____

_____

_____

Pensamiento crítico

Contesta estas preguntas en una hoja aparte.

1. ¿Cómo comenzó a pelear Estados Unidos en la II Guerra Mundial antes de ser atacado?

2. Explica y apoya esta declaración: Las primeras victorias aliadas en el Pacífico fueron muy costosas.

CHAPTER 17 Section 1 (pages 531–537)

Cold War: Superpowers Face Off

ANTES DE LEER

En el capítulo anterior, leíste acerca del fin de la II Guerra Mundial.

En esta sección, aprenderás acerca de las tensiones internacionales que siguieron a la guerra.

AL LEER

Usa el cuadro para tomar notas sobre las causas y efectos de la Guerra Fría.

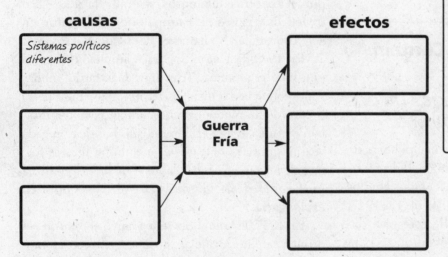

causas

Sistemas políticos diferentes

Guerra Fría

efectos

TÉRMINOS Y NOMBRES

Naciones Unidas (ONU) Organización mundial formada para evitar la guerra

cortina de hierro División entre Europa oriental y occidental durante la Guerra Fría

contención Política para evitar la expansión del comunismo

Doctrina Truman Política para ayudar a países amenazados por el comunismo

Plan Marshall Plan para ayudar a que los países europeos se recuperaran de la guerra

Guerra Fría Estado de tensión y desconfianza entre Estados Unidos y la Unión Soviética después de la II Guerra Mundial

OTAN Alianza militar de Estados Unidos, Canadá y varios países de Europa occidental

Pacto de Varsovia Alianza militar entre la Unión Soviética y los países de Europa oriental

política arriesgada Disposición de una superpotencia a llegar al borde de la guerra

Allies Become Enemies (pages 531–532)

¿Qué causó la Guerra Fría?

Estados Unidos y la Unión Soviética fueron aliados durante la II Guerra Mundial. En febrero de 1945, acordaron dividir Alemania en zonas separadas. Cada zona estaría ocupada por tropas de uno de los Aliados. Los Aliados también formaron las **Naciones Unidas** (ONU) en 1945. La ONU se comprometió a evitar la guerra.

Estados Unidos y la Unión Soviética tuvieron importantes diferencias después de la guerra. Estados Unidos sufrió pocas bajas y era la nación más rica del mundo. La Unión Soviética sufrió enormes pérdidas humanas y daños de ciudades.

También había importantes diferencias políticas. Estados Unidos quería crear nuevos mercados para sus productos y alentar la democracia. La Unión Soviética quería establecer gobiernos comunistas y evitar nuevos ataques del Occidente. Estas diferencias causaron tensiones entre ambos países.

1. ¿Qué diferencias existían entre las metas estadounidenses y soviéticas después de la II Guerra Mundial?

_____

_____

_____

Eastern Europe's Iron Curtain
(page 533)

¿*Cómo* impuso la Unión Soviética el control en Europa oriental?

Al final de la II Guerra Mundial, las fuerzas soviéticas ocuparon tierras a lo largo de las fronteras del oeste. Después de la guerra, la Unión Soviética instaló gobiernos comunistas en Albania, Bulgaria, Hungría, Checoslovaquia, Rumania, Polonia y Yugoslavia. Esto causó la división de Europa oriental y Europa occidental. Winston Churchill llamó esta división la **cortina de hierro.**

2. **¿Qué países estaban separados de Occidente por la cortina de hierro?**

_____

_____

_____

United States Tries to Contain Soviets (pages 533–535)

¿*Cómo* respondió Estados Unidos a la amenaza del comunismo?

El presidente Truman comenzó una política de **contención** para frenar la expansión del comunismo. Con la **Doctrina Truman,** Estados Unidos ayudó a las naciones amenazadas por él. En 1947, también adoptó el **Plan Marshall.** Este plan dio alimentos y otras ayudas a los países europeos para que se recuperaran de la guerra.

En 1948, soviéticos y estadounidenses *chocaron* debido a Alemania. Francia, Gran Bretaña y Estados Unidos acordaron retirar sus tropas de Alemania. Permitieron la unión de las tres zonas que habían ocupado. Pero los soviéticos se negaron a abandonar su zona. Después cortaron todo el tráfico de trenes y carreteras a Berlín, que se encontraba en el centro de la zona soviética. Estados Unidos y Gran Bretaña respondieron con el *puente aéreo de Berlín,* que llevó alimentos y abastos a la ciudad durante 11 meses. Por último, los soviéticos levantaron el *bloqueo.*

3. **¿Qué fue el puente aéreo de Berlín?**

_____

_____

_____

Cold War Divides the World
(pages 535–537)

¿*Por qué* aumentaron las tensiones entre las superpotencias?

La lucha entre Estados Unidos y la Unión Soviética se llamó **Guerra Fría.** Muchos países apoyaron a una superpotencia o a la otra.

Estados Unidos, Canadá y otros países de Europa occidental formaron la Organización del Tratado del Atlántico Norte **(OTAN).** La OTAN fue una *alianza* militar. Cada país prometía defender a los otros miembros si eran atacados. Los soviéticos y países de Europa oriental firmaron un acuerdo similar. Se llamó el **Pacto de Varsovia.**

En 1949, la Unión Soviética anunció que tenía una bomba atómica. Tres años más tarde, ambas superpotencias tenían un arma más mortal: la bomba de hidrógeno. Pronto, ambas naciones estaban en una carrera armamentista. Fabricaron cada vez más armas nucleares e inventaron nuevas formas de lanzarlas. Ambos lados estaban dispuestos a ir al *borde* de la guerra. Esto se llamó **política arriesgada.**

En 1957, la Unión Soviética lanzó el *Sputnik,* el primer satélite artificial. Mucha gente se atemorizó. Estados Unidos temió que estaba rezagado en ciencia y tecnología, y comenzó a gastar enormes sumas de dinero para mejorar la educación matemática y científica.

El incidente U-2 provocó mayor tensión. Estados Unidos envió aviones U-2 a espiar el territorio soviético. Uno fue derribado en 1960.

4. **Nombra tres causas del aumento de tensiones durante la Guerra Fría.**

_____

_____

_____

Name _____ Date _____

Communists Take Power in China

ANTES DE LEER

En la sección anterior, leíste acerca de las tensiones entre las superpotencias.

En esta sección, leerás acerca de la guerra civil y del triunfo del comunismo en China.

AL LEER

Usa el cuadro para tomar notas sobre los cambios en China.

TÉRMINOS Y NOMBRES

Mao Tsetung Dirigente comunista que derrotó a los nacionalistas y gobernó la República Popular China

Jiang Jieshi Dirigente nacionalista que estableció un nuevo gobierno en Taiwan

comuna Granja grande en que muchas familias trabajan la tierra y viven juntas

Guardias Rojos Jóvenes estudiantes chinos que realizaron la Revolución Cultural

Revolución Cultural Levantamiento en China entre 1966 y 1976 para establecer una sociedad de campesinos y trabajadores en la cual todos sean iguales

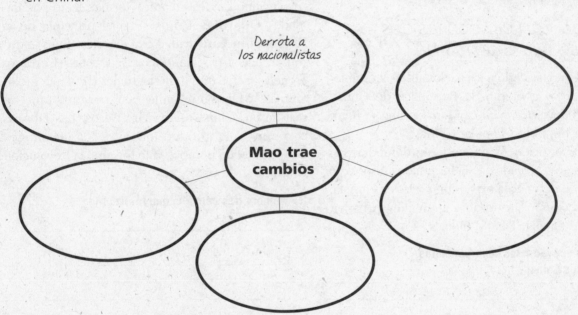

Communists vs. Nationalists
(pages 538–539)

¿*Quién* peleó en la guerra civil?

En la década de 1930, nacionalistas y comunistas pelearon por el poder en China. Durante la II Guerra Mundial, unieron fuerzas para luchar contra los japoneses. Los comunistas, dirigidos por **Mao Tsetung,** organizaron un ejército de campesinos en el noroeste de China. Desde ahí pelearon contra los japoneses en el noreste.

Los nacionalistas, dirigidos por **Jiang Jieshi,** controlaban el suroeste de China. Estaban protegidos de los japoneses por las montañas. Estados Unidos envió gran cantidad de dinero y abastos a los nacionalistas, pero funcionarios corruptos se quedaron con gran parte. Los nacionalistas formaron un ejército numeroso, pero sólo pelearon algunas batallas contra Japón.

Tras la rendición japonesa, comunistas y nacionalistas continuaron la guerra civil. Duró de 1946 a 1949. Ganaron los comunistas porque sus tropas eran diestras en la *guerra de guerrillas.* Además, contaban con el apoyo de campesinos a quienes prometieron tierras. En 1949, Jiang Jieshi y otros dirigentes nacionalistas escaparon a la isla de Taiwan.

1. ¿Cuáles fueron los dos grupos que pelearon en la guerra civil y quiénes los dirigían?

_____

_____

_____

_____

The Two Chinas Affect the Cold War (pages 539–540)

¿*Cómo* participaron las dos Chinas en la Guerra Fría?

Estados Unidos ayudó a los nacionalistas a establecer un nuevo gobierno: la República de China. La Unión Soviética ayudó a Mao Tsetung y su gobierno: la República Popular China.

Chinos y soviéticos prometieron defenderse si sus países eran atacados. Estados Unidos respondió tratando de detener la expansión soviética en Asia. La China comunista trató de aumentar su poder. Invadió Mongolia, Tibet e India.

2. ¿Cómo apoyaron las superpotencias a las dos Chinas?

_____

_____

_____

_____

The Communists Transform China (pages 540–541)

¿*Cómo* cambió Mao a China?

Mao se dispuso a reconstruir China. El gobierno expropió tierras y las entregó a los campesinos. Pero también obligó a los campesinos —en grupos de 200 a 300 familias— a unirse en *granjas colectivas,* o **comunas.** En esas granjas, la tierra pertenecía al grupo. Mao también impuso un plan a las industrias y la producción industrial aumentó.

Con estos triunfos, Mao realizó el "Gran Salto Adelante". Quería que las comunas fueran más grandes y productivas, pero el plan fracasó. A la gente no le gustaba el fuerte control gubernamental. El gobierno no planeó con eficacia y entre 1958 y 1961 millones murieron de hambre.

En 1966 Mao alentó a los jóvenes a *revivir* la revolución. Los estudiantes formaron grupos llamados **Guardias Rojos.** Fue el principio de la **Revolución Cultural.** Los Guardias Rojos atacaron a maestros, científicos y artistas. Cerraron escuelas y enviaron a intelectuales a trabajar en las granjas. Mataron a miles de personas que se resistieron. China estaba en el caos. Las fábricas cerraron y la producción agrícola disminuyó. Después de un tiempo, Mao terminó la Revolución Cultural.

3. Nombra tres cambios que realizó Mao.

_____

_____

_____

_____

CHAPTER 17 Section 3 (pages 542–547)

Wars in Korea and Vietnam

ANTES DE LEER

En la sección anterior, leíste acerca de la guerra civil en China.

En esta sección, leerás acerca de las guerras en Corea y Vietnam.

AL LEER

Usa el cuadro para tomar notas sobre acontecimientos importantes en Corea, Vietnam y Camboya.

TÉRMINOS Y NOMBRES

paralelo 38 Línea que separa a Corea del Norte de Corea del Sur

Douglas MacArthur Comandante de las fuerzas de la ONU durante la Guerra de Corea

Ho Chi Minh Nacionalista vietnamita que expulsó a los franceses de Vietnam y dirigió a Vietnam del Norte

teoría del dominó Teoría de que las naciones son como una fila de dominó: si una se vuelve comunista, otras seguirán

Vietcong Rebeldes comunistas de Vietnam del Sur apoyados por Vietnam del Norte

Ngo Dinh Diem Dirigente del gobierno anticomunista de Vietnam del Sur

vietnamización Plan de Nixon para retirar gradualmente las tropas de Estados Unidos y sustituirlas por tropas de Vietnam del Sur

Khmer Rouge Grupo de rebeldes comunistas que implantaron un gobierno brutal en Camboya

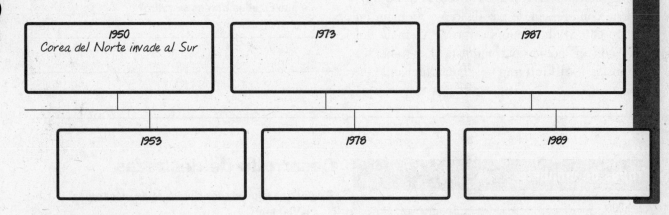

1950 Corea del Norte invade al Sur	1973	1987

1953	1978	1989

War in Korea (pages 542–544)

¿*Cómo* se dividió Corea?

Cuando terminó la II Guerra Mundial, Corea se dividió. Al norte del **paralelo 38,** una línea que atraviesa Corea a 38 grados de *latitud* norte, los japoneses se rindieron a los soviéticos. Al sur de la línea, los japoneses se rindieron a los Aliados.

Como en Alemania, el país se dividió en dos naciones. La Unión Soviética apoyó al gobierno comunista de Corea del Norte. Estados Unidos apoyó al gobierno no comunista de Corea del Sur. El 25 de junio de 1950, Corea del Norte invadió a Corea del Sur. El presidente Truman contestó con ayuda de la ONU. Varios países enviaron tropas a ayudar a Corea del Sur. Al principio Corea del Norte capturó casi toda Corea del Sur.

Después, el ejército de la ONU hizo un audaz *contraataque* dirigido por el general **Douglas MacArthur.** En 1953 las dos Coreas aceptaron un *cese al fuego.* La primera división fronteriza entre Corea del Norte y del Sur permaneció igual.

Corea del Norte tenía un gobierno comunista, ejército poderoso y fuerte control gubernamental, pero sufrió problemas económicos. Corea del Sur tuvo un gobierno dictatorial durante más de 30 años, pero la economía creció en parte porque recibió ayuda de Estados Unidos. En 1987, se aprobó una nueva constitución y tuvo elecciones libres.

1. **¿En qué cambió la Guerra de Corea la división del país?**

_____

_____

War Breaks Out in Vietnam; The United States Get Involved; Postwar Southeast Asia (pages 544–547)

¿*Por qué* Estados Unidos se involucró en Vietnam?

Un nacionalista llamado **Ho Chi Minh** expulsó a Francia de Vietnam. Esto preocupó a Estados Unidos porque Ho Chi Minh solicitó ayuda a los comunistas. Se pensaba que si un país se hacía comunista, otros lo seguirían como una fila de fichas de dominó. Esa idea era **la teoría del dominó.** Una conferencia de paz dividió a Vietnam en dos. Ho Chi Minh quedó a cargo de Vietnam del Norte con un gobierno comunista. Los rebeldes comunistas —el **Vietcong**— seguían luchando en el Sur.

Estados Unidos y Francia establecieron un gobierno anticomunista en el Sur. Su dirigente era **Ngo Dinh Diem.** Cuando los comunistas amenazaron ese gobierno, Estados Unidos envió tropas. Al no poder ganar la guerra por tierra, bombardeó a los rebeldes. Muchos estadounidenses se opusieron a la guerra.

A fines de la década de 1960, el presidente Richard Nixon comenzó el plan llamado **vietnamización,** que era un retiro gradual de tropas. Al mismo tiempo, Vietnam del Sur aumentó su papel en el combate. Las últimas tropas estadounidenses abandonaron el país en 1973. Dos años después, Vietnam del Norte conquistó el Sur y unificó al país nuevamente. Hoy, Vietnam es comunista pero busca inversiones de otras naciones.

La lucha en Vietnam se contagió a Camboya. Los rebeldes eran conocidos como **Khmer Rouge.** Establecieron un gobierno comunista brutal. El Khmer Rouge mató a dos millones de personas. En 1978, los vietnamitas invadieron el país y derrocaron al Khmer Rouge. Vietnam se retiró en 1989. En 1993 Camboya celebró elecciones libres por primera vez.

2. **¿Qué sucedió en Vietnam después de que Estados Unidos se retiró?**

_____

_____

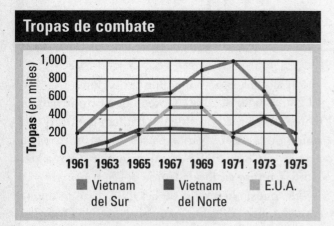

Tropas de combate

Tropas (en miles) — 1,000 / 800 / 600 / 400 / 200 / 0

1961 1963 1965 1967 1969 1971 1973 1975

■ Vietnam del Sur   ■ Vietnam del Norte   ■ E.U.A.

Desarrollo de destrezas

1. **¿En qué año Estados Unidos tenía más tropas en Vietnam?**

_____

_____

2. **¿Cuál es la mayor cantidad de tropas que tuvo el ejército de Vietnam del Sur?**

_____

_____

The Cold War Divides the World

ANTES DE LEER

En la sección anterior, leíste acerca de las guerras de Corea y Vietnam.

En esta sección, aprenderás acerca de las luchas de la Guerra Fría en otras partes del mundo.

AL LEER

Usa el cuadro para tomar notas sobre los conflictos de la Guerra Fría.

> ### TÉRMINOS Y NOMBRES
>
> **tercer mundo** Países en desarrollo de África, Asia y Latinoamérica
>
> **países no alineados** Países que no tomaron partido por Estados Unidos ni por la Unión Soviética
>
> **Fidel Castro** Dirigente comunista cubano
>
> **Anastasio Somoza** Dictador nicaragüense
>
> **Daniel Ortega** Dirigente de los rebeldes comunistas en Nicaragua
>
> **sha Mohammed Reza Pahlavi** Gobernante pro Occidente de Irán
>
> **ayatolá Ruholla Khomeini** Dirigente musulmán que derrocó al sha de Irán

PAÍS	CONFLICTO O CAMBIO
Cuba	Castro toma el poder

Fighting for the Third World
(pages 548–549)

¿*Cómo* afectó la Guerra Fría a las naciones en desarrollo?

Después de la II Guerra Mundial, las naciones del mundo se agruparon en tres "mundos". El primer mundo incluía a Estados Unidos y sus aliados. El segundo mundo a la Unión Soviética y sus aliados. El **tercer mundo** eran las naciones en desarrollo de África, Asia y Latinoamérica.

Muchos países del tercer mundo tenían serios problemas como resultado de una larga historia de colonialismo. Algunos experimentaban un *descontento político* que amenazaba la paz. Otros problemas eran pobreza, falta de educación y tecnología. Algunos de estos países trataron de permanecer *neutrales* en la Guerra Fría. Se reunieron para formar una "tercera fuerza" de **países no alineados,** es decir, naciones que no tomaban partido con la Unión Soviética ni con Estados Unidos. Otros buscaron ayuda estadounidense o soviética.

1. ¿Qué problemas tenían los países del tercer mundo?

_____

_____

_____

_____

Confrontations in Latin America
(pages 550–551)

¿*Qué* sucedió en *Latinoamérica?*

En Cuba, Estados Unidos apoyó a un dictador en la década de 1950. En 1959 un joven abogado, **Fidel Castro,** ganó una revolución. Castro recibió ayuda de la Unión Soviética. En 1962, Estados Unidos y la Unión Soviética casi entraron en guerra por unos misiles nucleares soviéticos instalados en Cuba. Los soviéticos terminaron por retirar los misiles. Con el tiempo, la economía cubana se volvió más dependiente de la ayuda soviética. Cuando cayó la Unión Soviética en 1991, la ayuda se interrumpió. Fue un serio golpe para la economía cubana.

Estados Unidos también apoyó a un dictador, **Anastasio Somoza,** en Nicaragua. El gobierno de Somoza cayó ante rebeldes comunistas en 1979. Los rebeldes estaban comandados por **Daniel Ortega.** Cuando el nuevo gobierno comenzó a ayudar a los rebeldes izquierdistas en El Salvador, Estados Unidos respondió. Ayudó a los rebeldes nicaragüenses que querían derrocar a los comunistas. La guerra civil en Nicaragua duró más de una década. Por último, las distintas partes acordaron realizar elecciones libres.

2. ¿En qué parte de Latinoamérica conquistaron el poder los comunistas?

_____

_____

_____

Confrontations in the Middle East (pages 552–553)

¿*Qué* sucedió en *Irán y Afganistán?*

El Medio Oriente presenció muchos conflictos entre quienes querían ser más modernos y formar una sociedad al estilo de los países del Occidente y los que querían seguir el *islam* tradicional. Una de estas luchas ocurrió en Irán. En la década de 1950 un grupo trató de tumbar al gobernante, el **sha Mohammed Reza Pahlavi.** Estados Unidos ayudó al sha a derrotarlos.

El sha trató de debilitar la influencia del islam en Irán. Un dirigente musulmán, el **ayatolá Ruholla Khomeini,** dirigió una revuelta y en 1979 el sha tuvo que abandonar el país. Khomeini impuso la ley islámica. Su política exterior fue profundamente antiestadounidense. Además, llevó al país a una guerra larga con su vecino Irak.

Los soviéticos ganaron influencia en Afganistán después de 1950. En la década de 1970, rebeldes islámicos amenazaron al gobierno comunista. Los soviéticos enviaron tropas a apoyar al gobierno. Estados Unidos temió que los yacimientos petroleros del Medio Oriente corrieran peligro y apoyó a los rebeldes. En 1989, tras una ocupación costosa, las tropas soviéticas abandonaron Afganistán.

3. ¿Qué cambios hizo Khomeini en Irán?

_____

_____

_____

_____

The Cold War Thaws

ANTES DE LEER

En el capítulo anterior, leíste acerca de las luchas en el mundo durante la Guerra Fría.

En esta sección, leerás acerca de los principales sucesos de la Guerra Fría de la década de 1950 a la de 1980.

AL LEER

Usa el cuadro para tomar notas sobre los sucesos que aumentaron o disminuyeron tensiones entre las superpotencias.

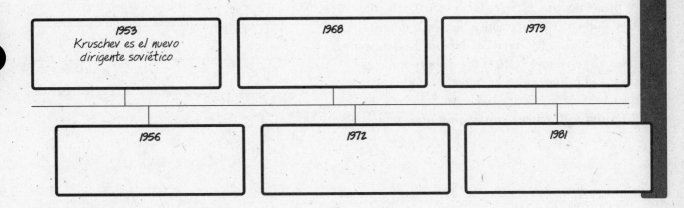

| 1953 Kruschev es el nuevo dirigente soviético | 1968 | 1979 |
| 1956 | 1972 | 1981 |

Soviet Policy in Eastern Europe and China (page 554)

¿*Cómo* mantuvieron los soviéticos el control sobre Europa oriental?

Nikita Khruschev fue el dirigente soviético tras la muerte de Stalin en 1953. Comenzó el proceso de "desestalinización", es decir, borrar la memoria de Stalin. Además, Kruschev creía que la Unión Soviética debía tener una "competencia pacífica" con las naciones capitalistas.

En Europa oriental, mucha gente resentía el gobierno soviético y se realizaron movimientos de protesta. En 1956, los inconformes y el ejército derrocaron al gobierno comunista en Hungría. Kruschev envió tanques y puso en el poder a los comunistas nuevamente. En 1964 **Leonid Brezhnev** sustituyó a Kruschev. En 1968, cuando los checos quisieron reformar el gobierno comunista, Brezhnev envió tanques para sofocarlos.

Los soviéticos no tenían el mismo control sobre su vecino más grande, China. Aunque la Unión Soviética y China tuvieron relaciones amistosas al principio, después se distanciaron. Esta división se ensanchó tanto que a veces pelearon en las fronteras. Ahora tienen una relación pacífica.

1. Nombra dos países europeos en que los soviéticos sofocaron revueltas.

_____

_____

_____

_____

From Brinkmanship to Détente; The Collapse of Détente (pages 556–557)

¿*Cómo* aumentaron o disminuyeron las tensiones entre Estados Unidos y la Unión Soviética?

Las tensiones entre soviéticos y estadounidenses aumentaron mucho durante la presidencia de **John F. Kennedy.** Así permanecieron durante la presidencia de **Lyndon Johnson.** La guerra de Vietnam aumentó las tensiones.

A principios de la década de 1970, Estados Unidos comenzó una política llamada *détente,* bajo el presidente **Richard M. Nixon.** El *détente* disminuyó tensiones entre las superpotencias. Nixon fue el primer presidente estadounidense en visitar China comunista y la Unión Soviética. En 1972, Nixon y Brezhnev sostuvieron unas reunio-

nes llamadas Conversaciones para la Limitación de las Armas Estratégicas (**SALT**). Firmaron un tratado para limitar el número de misiles nucleares en cada país.

Estados Unidos hizo a un lado el *détente* cuando la Unión Soviética invadió Afganistán en 1979. En 1981, **Ronald Reagan,** fiero anticomunista, subió a la presidencia. Propuso un programa muy costoso para proteger a Estados Unidos de misiles nucleares soviéticos que no se puso en vigor pero fue símbolo del anticomunismo estadounidense.

Los soviéticos se indignaron por el apoyo estadounidense a los rebeldes que luchaban contra el gobierno comunista en Nicaragua. Las tensiones entre Estados Unidos y la Unión Soviética aumentaron hasta que, en 1985, la Unión Soviética nombró a un nuevo dirigente.

2. Enumera dos acciones o acontecimientos que cambiaron la política de *détente.*

_____

_____

_____

_____

_____

Glosario — CHAPTER 17 Restructuring the Postwar World

alianza Unión de gente, grupos o naciones para alcanzar metas comunes

bloqueo Acto de aislar un lugar

borde Orilla

cese al fuego Alto a la lucha

chocar Tener un desacuerdo fuerte

contraataque Responder a un ataque

descontento político Conflicto por el gobierno, sus dirigentes o leyes

granjas colectivas Grandes granjas que trabajan muchas familias

guerra de guerrillas Guerra de grupos pequeños e independientes, en secreto, en pueblos, aldeas y alrededores

islam Religión de Arabia que cree en un solo dios

latitud Línea que mide la distancia al norte o al sur del ecuador

neutral Que no toma partido con naciones o grupos en conflicto

puente aéreo de Berlín Transporte de alimentos y abastos a Berlín Occidental realizado por Gran Bretaña y Estados Unidos para romper el bloqueo soviético

revivir Dar nueva fuerza

DESPUÉS DE LEER

Términos y nombres

A. Llena los espacios en blanco con el término que mejor completa el párrafo.

Leonid Brezhnev

Nikita Kruschev

Fidel Castro

sha Mohammed
    Reza Pahlavi

ayatolá Ruholla Khomeini

Algunos dirigentes desempeñaron un papel más importante que otros en la política de la II Guerra Mundial. Uno de los primeros dirigentes que Estados Unidos temió fue **1** _____, dirigente de Cuba. El dirigente de Irán que también desafió a Estados Unidos fue **2** _____. Tomó el poder después de derrocar al gobernante pro Occidente **3** _____. Uno de los dirigentes soviéticos durante la Guerra Fría fue **4** _____, gobernante de la Unión Soviética después de Stalin. Otro fue **5** _____, quien envió tanques a Checoslovaquia en 1968.

B. Escribe la letra del nombre o término junto a su descripción.

a. Doctrina Truman

b. Plan Marshall

c. contención

d. teoría del dominó

e. vietnamización

_____ **1.** Idea de que si un país se vuelve comunista los demás seguirán

_____ **2.** Política de ayudar a países amenazados por el comunismo

_____ **3.** Sustitución gradual de tropas de Estados Unidos por tropas de Vietnam del Sur

_____ **4.** Plan para ayudar a los países europeos a recuperarse de la II Guerra Mundial

_____ **5.** Política encaminada a evitar la expansión del comunismo

Ideas principales

1. ¿Por qué Truman empezó la política de contención?

_____

_____

_____

2. ¿Por qué los nacionalistas perdieron la Guerra Civil en China?

_____

_____

_____

3. ¿Qué cambios hizo el Khmer Rouge en Camboya?

_____

_____

_____

4. Describe lo sucedido en Nicaragua después de la caída de Anastasio Somoza.

_____

_____

_____

5. Explica cuándo y cómo disminuyeron las tensiones entre las superpotencias, y cuándo
y cómo aumentaron nuevamente.

_____

_____

_____

Pensamiento crítico

Contesta estas preguntas en una hoja aparte.

1. Analiza los desacuerdos de Estados Unidos y la Unión Soviética después de la II Guerra Mundial
que llevaron a la Guerra Fría.

2. Explica la relación entre Ronald Reagan, la defensa espacial y el *détente*.

The Indian Subcontinent Achieves Freedom

TÉRMINOS Y NOMBRES

Partido del Congreso Grupo formado principalmente por hindúes que luchó por la independencia de India

Mohamed Alí Jinnah Dirigente de la Liga Musulmana

Liga Musulmana Grupo musulmán que luchó por la independencia de India

partición División de India en dos naciones

Jawaharlal Nehru Primer ministro de India independiente

Indira Gandhi Hija de Nehru, a quien sucedió en el poder

Benazir Bhutto Ex primera ministra de Paquistán

ANTES DE LEER

En el capítulo anterior, leíste acerca de la Guerra Fría.

En esta sección, leerás acerca de los cambios en, Paquistán y Sri Lanka.

AL LEER

Usa el cuadro para tomar notas sobre los cambios en India, Paquistán y Sri Lanka.

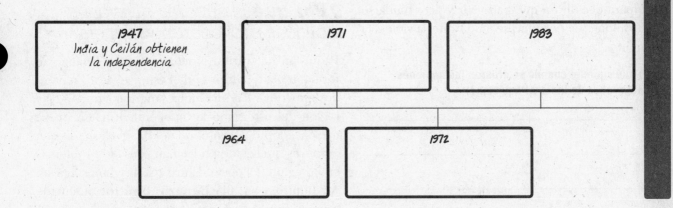

1947 India y Ceilán obtienen la independencia	1971	1983

1964	1972

A Movement Toward Independence (page 563)

¿Qué provocó el movimiento de independencia?

Muchos asiáticos lucharon en los ejércitos de las potencias coloniales durante la II Guerra Mundial. La lucha contra los nazis aumentó el deseo asiático por la independencia. Las victorias japonesas a principios de la guerra demostraron a los asiáticos que era posible derrotar a los gobiernos coloniales. En Europa se comenzó a cuestionar si era correcto que las naciones tuvieran colonias.

1. Enumera dos elementos que aumentaron las esperanzas asiáticas de independencia.

_____

_____

Freedom Brings Turmoil (pages 564–565)

¿Qué divisiones existían entre los grupos políticos de India?

En la década de 1920, Mahatma Gandhi dirigió un movimiento por la independencia de India. Dos grupos trabajaron con ese propósito. El Congreso

Nacional Indio, también llamado **Partido del Congreso,** decía que representaba a toda India. La mayoría de sus miembros eran de la religión hindú. **Mohamed Alí Jinnah** formó la **Liga Musulmana** en 1906. Dijo que el Partido del Congreso no se interesaba por los derechos de los indios musulmanes. Los británicos alentaron la división entre hindúes y musulmanes para mantener el control.

Después de la II Guerra Mundial, Gran Bretaña estaba dispuesta a dar la independencia a India. Pero no sabía quiénes tomarían el poder. Estallaron conflictos entre hindúes y musulmanes en toda India.

Gandhi intentó terminar con la violencia. Un extremista hindú lo *asesinó* por proteger a los musulmanes. Lord Louis Mountbatten, el último *virrey* británico de India, también intentó frenar la violencia. Finalmente aceptó la idea de la **partición,** o división de India en dos naciones.

El Parlamento británico otorgó la independencia en julio de 1947. Por ley creó dos naciones separadas: India y Paquistán. La ley sólo daba un mes para decidir en qué país vivir y para mudarse ahí. Millones de personas se mudaron y la violencia aumentó.

2. ¿Qué sucedió cuando se crearon las naciones separadas de India y Paquistán?

_____

_____

_____

_____

Modern India (pages 565–566)

¿Qué problemas ha tenido India en la actualidad?

Jawaharlal Nehru fue el primero en ocupar el cargo de primer ministro de India. Dirigió al país durante 17 años.

India y Paquistán lucharon por el estado de Cachemira, que queda en la frontera de ambos. Cachemira tenía un gobernante hindú y una gran población musulmana. El conflicto aún continúa.

Nehru intentó reformar la sociedad. Esperaba mejorar la condición de las *castas* inferiores y de la mujer. Poco después de su muerte, en 1964, su hija **Indira Gandhi** fue primera ministra. Tomó medidas para aumentar la producción de alimentos. En 1984, ordenó atacar a los rebeldes sikh. Pocos meses después fue asesinada por sikhs. La sucedió su hijo Rajiv Gandhi, quien después fue asesinado. Los *movimientos separatistas* aún continúan *perturbando* a la sociedad de India.

3. ¿Por qué continúa el conflicto en Cachemira?

_____

_____

_____

_____

Pakistan Copes with Freedom; Bangladesh and Sri Lanka Struggle (pages 567–569)

¿Por qué las nuevas divisiones políticas provocaron violencia?

Paquistán ha sufrido mucha violencia. Cuando se formó, tenía territorios en el este y el oeste separados por India. En una lucha sangrienta en 1971, la región del este ganó la independencia. La nueva nación adoptó el nombre de Bangladesh. Desde entonces, luchas de poder han causado problemas en la región del oeste. Entre sus dirigentes figuran Alí Bhutto y su hija **Benazir Bhutto,** quien fue primera ministra en dos ocasiones.

Ceilán, una isla en la costa sureste de India, ganó la independencia en 1947. En 1972 adoptó el nombre de Sri Lanka. Desde 1983 una minoría hindú —los *tamiles*— ha sostenido una sangrienta lucha para formar una nación aparte.

4. ¿Por qué estalló la violencia en Paquistán?

_____

_____

_____

_____

Southeast Asian Nations Gain Independence

TÉRMINOS Y NOMBRES

Ferdinando Marcos Gobernante de Filipinas que fue elegido pero gobernó como dictador

Corazón Aquino Mujer que derrotó a Marcos en las elecciones de 1986

Aung San Suu Kyi Hija de Aung San; ganadora del Premio Nobel por su lucha por la democracia en Birmania

Sukarno Dirigente del movimiento independentista de Indonesia; primer presidente de Indonesia

Suharto Dirigente de Indonesia que impuso un estado policial

ANTES DE LEER

En la sección anterior, leíste acerca de la independencia y el conflicto en India.

En esta sección, leerás acerca de la independencia y las dificultades del autogobierno en el sureste de Asia.

AL LEER

Usa la red para mostrar sucesos y personas clave en cada lucha por la independencia.

Filipinas
Presencia de E.U.A. después de la independencia

Desafíos de independencia

Birmania

Indonesia

The Philippines Achieves Independence (pages 570–572)

¿*Qué* sucedió en Filipinas después de que se independizó?

En 1946, Estados Unidos dio la independencia a Filipinas. Además, prometió dinero para reconstruir la economía. Sin embargo, para obtener la ayuda, los filipinos tuvieron que aceptar un tratado comercial. Durante las siguientes décadas, Estados Unidos mantuvo bases navales y aéreas en las islas. Muchos filipinos querían cerrar esas bases. En 1991 Estados Unidos las abandonó.

De 1966 a 1986, **Ferdinando Marcos** gobernó el país. Fue elegido al cargo de presidente pero gobernó como dictador. Sofocó violentamente el *disentimiento* y robó millones de dólares al país. Al perder las elecciones frente a **Corazón Aquino**, en 1986, se negó a dejar el poder. Las protestas públicas lo obligaron a irse.

1. ¿Quién fue Ferdinando Marcos?

_____

_____

British Colonies Gain Independence (pages 572–573)

¿Qué colonias británicas del sureste de Asia se independizaron?

Birmania fue la primera colonia británica del sureste de Asia en independizarse. El nacionalista Aung San dirigió la lucha contra los británicos. Birmania cambió su nombre por *Myanmar* en 1989. Desde 1962 ha estado gobernada por generales y dividida por conflictos. **Aung San Suu Kyi** ganó el Premio Nobel en 1991 por su oposición al gobierno militar.

Después de la II Guerra Mundial, los británicos regresaron a la península de Malaya para formar un país. Pero el conflicto étnico entre los malayos y los chinos que vivían en la región lo impidió. En 1957 Malaya, Singapur y regiones de dos islas distantes obtuvieron la independencia.

Después, Singapur se declaró independiente como ciudad estado. Singapur es uno de los puertos de mayor tráfico del mundo. Además es un centro bancario. Su economía crea un alto nivel de vida.

2. ¿Qué sucedió en Birmania después de obtener la independencia?

_____

_____

_____

Indonesia Gains Independence from the Dutch (pages 574–577)

¿Qué problemas ha tenido Indonesia?

Sukarno dirigió el movimiento independentista en Indonesia cuando lo dominaba Japón. Después de la II Guerra Mundial, declaró la independencia. Al principio los holandeses intentaron recuperar el control sobre su antigua colonia. Pero en 1949 reconocieron su independencia.

Indonesia tiene 13,600 islas y 300 grupos que hablan 250 idiomas. Ha sido difícil unificar a la nación. En 1967, el general **Suharto** subió al poder

y gobernó hasta 1998. Muchos lo criticaron por apoderarse de la isla de Timor del este y por la corrupción de su gobierno. A fines de la década de 1990, Indonesia tenía serios problemas económicos.

3. ¿Por qué ha sido difícil gobernar a Indonesia?

_____

_____

_____

Comparación de economías

El Producto Interno Bruto (PIB) es el valor en dólares de todos los bienes y servicios producidos en un país durante un año. En está gráfica, el PIB está dividido por el número de trabajadores productivos en cada país. De esta división se obtiene el PIB per capita, o por persona.

Fuentes: *World Statistics in Brief* (1978) y *World Statistics Pocketbook* (1995), publicados por las Naciones Unidas.

Desarrollo de destrezas

1. ¿Cómo se compara la tasa de crecimiento de Filipinas y la de Singapur?

_____

_____

2. A partir de la gráfica, ¿qué se puede esperar en los años siguientes?

_____

_____

New Nations in Africa

TÉRMINOS Y NOMBRES

movimiento de negritud Movimiento africano después de la II Guerra Mundial para celebrar la cultura, herencia y valores africanos

Kwame Nkrumah Dirigente de la lucha por la independencia de la Costa de Oro

Jomo Kenyatta Nacionalista que ayudó a Kenia a obtener su independencia

Mobutu Sese Seko Gobernante que tomó el control del Congo en 1965 y le dio el nombre de Zaire

Ahmed Ben Bella Dirigente del FLN que fue el primer presidente y primer ministro de Argelia

ANTES DE LEER

En la sección anterior, leíste acerca de la lucha por el autogobierno en las colonias del sureste de Asia.

En esta sección, leerás acerca de las nuevas naciones que se crearon en África.

AL LEER

Usa la red para tomar notas sobre los problemas de cada nación después de la independencia.

PAÍS	PROBLEMAS
Ghana	Gobierno militar desde 1981
Kenia	
Congo	
Argelia	
Angola	

Achieving Independence
(pages 578–579)

¿Por qué aumentaron las luchas de independencia después de la II Guerra Mundial?

Durante la II Guerra Mundial, los africanos pelearon junto a los europeos. Después de la guerra, buscaron su independencia. Muchos africanos tomaron parte en el **movimiento de negritud,** que celebra la cultura, *herencia* y valores africanos.

1. ¿Qué es el movimiento de negritud?

_____

_____

Ghana Leads the Way; Fighting for Freedom (pages 579–581)

¿Qué problemas tuvieron las naciones recién independizadas?

Los británicos dieron a los africanos mayor participación en el gobierno colonial de la Costa de Oro. **Kwame Nkrumah** dirigió un movimiento para acelerar la independencia. El movimiento tuvo éxito. En 1957 la colonia de Costa de Oro se independizó y adoptó el nombre de Ghana.

Nkrumah tenía grandes planes para la economía de Ghana, pero eran planes costosos. Surgió oposición y el ejército tomó el poder en 1966. Desde 1981 Ghana ha tenido un gobierno militar.

El fuerte liderazgo del nacionalista **Jomo Kenyatta** ayudó a Kenia a conquistar su independencia en 1963. Un levantamiento de africanos llamado Mau Mau también contribuyó. Los Mau Mau querían asustar a los colonos británicos para que salieran del país. Kenyatta asumió la presidencia de la nueva nación. Intentó unir a los diferentes pueblos del país. Kenia sufrió violencia y problemas económicos en los años 1990.

En Argelia estalló un conflicto sangriento por la independencia. Cerca de un millón de colonos franceses vivían ahí y no estaban dispuestos a ceder sus propiedades ni el control del gobierno.

La violencia estalló en 1945 y continuó durante muchos años. En 1954 el Frente de Liberación Nacional de Argelia, o FLN, anunció sus intenciones de luchar por la independencia. En 1962 Francia por fin otorgó la independencia a Argelia.

Ahmed Ben Bella, dirigente del FLN, ocupó el cargo de primer ministro y después de presidente de Argelia. De 1965 a 1988, los argelinos intentaron *modernizar* su país, pero fracasaron.

Un partido islámico ganó las elecciones en 1991, pero el gobierno rechazó la votación. La lucha entre *militantes* islámicos y el gobierno continuó durante la década de 1990.

2. ¿Qué problemas encontraron las nuevas naciones de Ghana y Kenia?

_____

_____

_____

Civil War in Congo and Angola
(pages 581–582)

¿**Qué** sucedió en el Congo después de la independencia?

El Congo obtuvo su independencia de Bélgica en 1960. Pero la nueva nación no estaba preparada para el autogobierno. Pronto estalló la guerra civil.

En 1965, **Mobutu Sese Seko** tomó el poder. Dio el nombre de Zaire al país y gobernó hasta 1997. Zaire es rico en yacimientos minerales. Pero el gobierno cruel y corrupto de Mobutu empobreció al país. Fue derrocado por un golpe de estado en 1997. El nombre del país cambió de nuevo a Congo.

Las colonias de Portugal fueron las últimas en obtener la independencia. Portugal no preparó al pueblo de Angola para el autogobierno. En los años 1960 surgieron tres grupos decididos a controlar el nuevo gobierno.

En los años 1970, el ejército de Portugal se rebeló contra el gobierno por la guerra de Angola. Las tropas portuguesas se fueron y no dejaron ningún grupo a cargo. Estalló la guerra civil. La guerra terminó en 1989. Pero aún no se ha formado un gobierno fuerte.

3. ¿Cómo gobernó Mobutu al Congo?

_____

_____

_____

Name _____ Date _____

Conflicts in the Middle East

ANTES DE LEER

En la sección anterior, leíste acerca de los conflictos en las nuevas naciones de África.

En esta sección, aprenderás acerca de los conflictos en el Medio Oriente.

AL LEER

Usa la línea cronológica para tomar notas sobre los conflictos y esperanzas de paz que siguieron a la creación del estado de Israel.

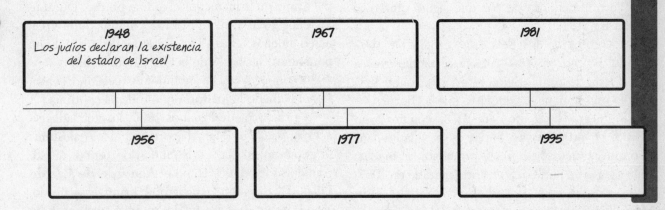

1948 Los judíos declaran la existencia del estado de Israel	1967	1981

1956	1977	1995

Israel Becomes a State
(pages 583–584)

¿Cómo surgió Israel?

El movimiento para establecer judíos en *Palestina* comenzó a fines del siglo 19 y principios del 20. Consideraba que Palestina pertenecía a los judíos porque fue su hogar hace 3,000 años atrás. Pero los musulmanes vivían ahí hacía 1,300 años.

Después de la I Guerra Mundial, Gran Bretaña controló la región y vio que judíos y musulmanes no podían vivir pacíficamente. En 1917 Gran Bretaña dijo que apoyaba el establecimiento de una nación judía en Palestina. Esto se conoció como la Declaración de Balfour.

Después de la II Guerra Mundial, los británicos abandonaron la región y las Naciones Unidas la dividió en dos. Una se destinó a los *palestinos*. La otra a los judíos.

Los países islámicos votaron contra ese plan. Los palestinos se opusieron. Muchos países apoyaron la formación de un estado judío. Querían reparar los sufrimientos experimentados por los judíos en la II Guerra Mundial. El 14 de mayo de

1948, los judíos declararon la existencia del estado de Israel.

1. ¿Por qué causó conflicto la creación de Israel?

_____

_____

Israel and the Arab States in Conflict (pages 584–585)

¿Cómo respondieron los países árabes a la creación de Israel?

El 15 de mayo de 1948, seis naciones islámicas invadieron Israel. Éste ganó la guerra en pocos meses gracias a un fuerte apoyo de Estados Unidos. Fue la primera de muchas guerras árabe-israelíes.

Otra guerra comenzó con la crisis de Suez, cuando en 1956, un grupo de oficiales del ejército egipcio dio un golpe militar contra el gobierno británico. Gran Bretaña y Francia controlaban el canal de Suez. Gamal Abdel Nasser, nuevo dirigente de Egipto, atacó el canal. El ejército israelí ayudó a británicos y franceses a mantener el control. Pero el acuerdo de paz que siguió otorgó el canal a Egipto.

La Guerra de los Seis Días estalló en 1967 cuando Egipto y otras naciones amenazaron a Israel. Éste derrotó a Egipto, Jordania, Irán y Siria en sólo una semana, y conquistó nuevas tierras.

La guerra siguiente, en 1973, comenzó en Egipto, cuando **Anwar Sadat** y sus aliados lanzaron un ataque sorpresa. Al principio, las fuerzas árabes ganaron parte del territorio perdido en 1967. Israel, dirigido por su primera ministra **Golda Meir,** luchó y recuperó gran parte del territorio.

2. ¿Qué tienen en común la crisis de Suez y la Guerra de los Seis Días?

_____

_____

Efforts at Peace (pages 586–587)

¿Qué sucedió en Camp David?

En 1977, el gobernante egipcio Anwar Sadat firmó un tratado de paz con el primer ministro israelí Menachem Begin. En dicho acuerdo, Israel devolvió la península de Sinaí a Egipto. A su vez, Egipto reconoció a Israel como nación. Fue el primer país islámico en dar su reconocimiento. Este tratado se llamó el **Acuerdo de Camp David.** Fue el primer acuerdo firmado entre Israel y un país árabe. Esto indignó a muchos árabes. Sadat fue asesinado en 1981. Su sucesor, Hosni Mubarak, mantuvo la paz con Israel.

3. ¿Qué importancia tuvo el Acuerdo de Camp David?

_____

_____

Peace Slips Away (pages 588–589)

¿Cómo respondieron los palestinos a vivir en Israel?

Pese a muchos esfuerzos, Israel y Palestina no han logrado la paz. Los palestinos que viven en Israel desaprueban el gobierno israelí. Quieren una nación propia.

La Organización para la Liberación Palestina **(OLP),** encabezada por **Yasir Arafat,** es el principal grupo en la lucha por el autogobierno. Durante los años 1970 y 1980, el brazo militar de la OLP atacó muchas veces a Israel. Éste invadió al Líbano para atacar las bases de la OLP. A fines de los años 1980 comenzó un levantamiento palestino contra Israel llamado la **intifada** que todavía continúa.

A principios de los años 1990, los dos lados se acercaron a la paz. Israel acordó dar a los palestinos el gobierno de Gaza y la ciudad de Jericó. A este tratado se le conoce como el **Acuerdo de Paz de Olso.** El dirigente israelí que firmó el acuerdo, Yitzak Rabin, fue asesinado en 1995, por un judío _extremista_ que se oponía a ceder esas tierras. En 2003 Israel y Palestina empezaron a trabajar en un nuevo plan de paz propuesto por Estados Unidos.

4. ¿Cómo son las actuales relaciones árabe-israelíes?

_____

_____

Central Asia Struggles

TÉRMINOS Y NOMBRES
Repúblicas Transcaucásicas
Armenia, Azerbaiyán y Georgia
Repúblicas de Asia Central
Uzbekistán, Turkmenistán, Tayikistán, Kazakistán y Kirguizstán
muyahidin Grupo que luchó contra el gobierno afgano respaldado por los soviéticos
talibán Grupo islámico conservador que controló gran parte de Afganistán de 1998 a 2001

ANTES DE LEER

En la sección anterior, leíste acerca de los conflictos del Medio Oriente.

En esta sección, leerás acerca de las naciones de Asia central que han luchado por alcanzar la libertad.

AL LEER

Usa la línea cronológica para tomar notas sobre los sucesos de la historia de Afganistán.

1919	1978	2001

1964	1998

Freedom Brings New Challenges (pages 590–591)

¿**Qué** retos han enfrentado los países de Asia central?

En 1991 la Unión Soviética se dividió. De las repúblicas soviéticas surgieron 15 estados independientes. Entre éstos figuran nueve países de Asia central divididos en dos grupos: **Repúblicas Transcaucásicas** y **Repúblicas de Asia Central.**

Tras su independencia, la región ha tenido problemas económicos. Los países de Asia central son de los más pobres del mundo. Antes dependían de la ayuda económica de la Unión Soviética, pero desde la independencia tuvieron que valerse por sí mismos. Además, las prácticas económicas de la era soviética generaron problemas. Por ejemplo, los soviéticos reservaban ciertas regiones de Asia central para el cultivo de una sola cosecha, como el algodón. El cultivo de un solo producto perjudicó las naciones de Asia central porque no propició una economía equilibrada.

En Asia central habitan muy diversos pueblos. Algunos tienen una historia de conflictos. Los soviéticos controlaron la situación, pero cuando la Unión Soviética se dividió varios grupos comenzaron a luchar y se desataron guerras regionales.

1. ¿Por qué han tenido problemas económicos los países de Asia central?

_____

_____

Afghanistan and the World

(pages 591–593)

¿*Cómo* ha luchado por la libertad Afganistán?

Afganistán ha tenido una larga historia de luchas. Durante el siglo 19, tanto Rusia como Gran Bretaña querían controlarlo. Rusia quería llegar al océano Índico a través de Afganistán. Gran Bretaña quería proteger la frontera norte de su imperio de India. Los británicos y los afganos libraron tres guerras. Gran Bretaña terminó por abandonar el país en 1919.

Ese año, Afganistán se convirtió en una nación independiente. Estableció una monarquía, o gobierno de un rey. En 1964 el país creó una constitución que establecía un estilo de gobierno más democrático. Pero la democracia no prosperó.

En 1973, los militares pusieron fin al gobierno democrático. Cinco años después, un grupo respaldado por los soviéticos asumió el control del país. Muchos afganos se opusieron.

El gobierno tenía poderosos enemigos. De éstos surgió un grupo llamado los **muyahidin,** o guerreros sagrados. Este grupo luchó contra el gobierno. Con el fin de derrotar a los rebeldes afganos, la Unión Soviética envió tropas a Afganistán en 1979. Los soldados soviéticos superaban en número a los rebeldes. Pero aun así, la contienda fue difícil. Los dos grupos lucharon durante 10 años hasta que finalmente las tropas soviéticas se marcharon.

Después de la partida de los soviéticos, varios grupos rebeldes comenzaron a luchar entre sí por el control de Afganistán. En 1998, un grupo islámico conocido como **talibán** controlaba gran parte del país. Otro grupo rebelde, la Alianza Norte, controlaba la esquina noroeste del país.

Los talibanes tenían una noción de la religión islámica que no compartían muchos musulmanes. Creían que debían controlar todos los aspectos de la vida afgana. Impedían a las mujeres educarse o tener empleo. Prohibían la televisión, el cine y la música moderna. Los que desobedecían recibían latigazos o eran ejecutados.

Los talibanes permitían el entrenamiento de grupos terroristas en Afganistán. Acogían en el país a dirigentes terroristas como Osama bin Laden, líder de un grupo terrorista llamado al-Qaeda. Muchos creen que este grupo ha realizado ataques en el mundo occidental. Por ejemplo, se le adjudica el ataque al World Trade Center de Nueva York el 11 de septiembre de 2001.

Después de los ataques del 11 de septiembre, el gobierno estadounidense pidió a los talibanes que le dieran la espalda a bin Laden. Los talibanes se opusieron y Estados Unidos tomó medidas militares. En octubre de 2001 comenzó a bombardear defensas aéreas, aeropuertos y centros de comando de los talibanes, y los campos de entrenamiento de Al-Qaeda. Asimismo, Estados Unidos ayudó a las fuerzas de oposición, como la Alianza Norte. En diciembre, Estados Unidos derrotó a los talibanes.

Los afganos crearon un nuevo gobierno dirigido por Hamid Karzai.

2. **¿Cómo trataron los talibanes de controlar la sociedad afgana?**

_____

_____

_____

Glossary

CHAPTER 18 The Colonies Become New Nations

asesinar Matar por razones políticas

castas Clases sociales

disentimiento Desacuerdo con el gobierno

extremista Persona que tiene opiniones extremas sobre algún asunto

herencia Pasado de una nación, cultura o familia

militantes Individuos o grupos que luchan por una causa

modernizar Hacer más moderno

movimiento separatista Movimiento de grupos étnicos, religiosos o de otra naturaleza para crear otro país

Myanmar Nombre de Birmania desde 1989

Palestina Región del suroeste de Asia

palestinos Pueblo de Palestina

perturbar Alterar, dividir

tamiles Grupo hindú de Sri Lanka que quiere formar su propia nación

virrey Gobernador o máximo dirigente de gobierno

DESPUÉS DE LEER

Términos y nombres

A. Llena los espacios en blanco con el término que mejor completa el párrafo.

partición

Indira Gandhi

Mohamed Alí Jinnah

Benazir Bhutto

Jawaharlal Nehru

Entre los dirigentes de India y Paquistán durante el siglo 20 figura el líder de la Liga Musulmana, **1** _____. Ayudó a India a luchar por su independencia. El primero en ocupar el cargo de primer ministro de India fue **2** _____. India luchó una guerra contra Paquistán por Cachemira durante su gobierno. Su hija, **3** _____, lo sucedió como primera ministra. A su vez, a ella la sucedió su hijo, Rajiv Ghanid. La **4** _____ de India llevó a la creación de Paquistán. Uno de los dirigentes importantes de Paquistán fue **5** _____.

B. Escribe la letra del nombre o término junto a su descripción.

a. talibán

b. Kwame Nkrumah

c. Ahmed Ben Bella

d. Corazón Aquino

e. Mobutu Sese Seko

_____ **1.** Gobernante filipina que derrotó a Marcos en las elecciones

_____ **2.** Grupo islámico que gobernó Agfanistán a finales de los años 1990

_____ **3.** Dirigente de la independencia de la Costa de Oro

_____ **4.** Dirigente que tomó el poder del Congo

_____ **5.** Dirigente del Frente de Liberación Nacional de Argelia

Ideas principales

1. ¿Cuál fue el papel de los británicos en la partición de India y en la violencia que siguió?

_____

_____

_____

2. Describe el gobierno de Ferdinando Marcos en Filipinas.

_____

_____

_____

3. ¿Qué problemas ha tenido el Congo desde que obtuvo la independencia?

_____

_____

_____

4. Explica los acontecimientos y la importancia de la crisis de Suez.

_____

_____

_____

5. ¿Qué ocasionó la caída del gobierno de los talibanes?

_____

_____

_____

Pensamiento crítico

Contesta estas preguntas en una hoja aparte.

1. Angola ganó su independencia en forma especial. ¿Por qué fue diferente de la independencia de otros países africanos?

2. Describe la historia del conflicto dell Medio Oriente y por qué podría continuar en el futuro.

Democracy
Case Study: Latin American Democracies

TÉRMINOS Y NOMBRES

Brasilia Ciudad capital de Brasil

reforma agraria División de grandes propiedades para dar tierra a los campesinos sin tierra

nivel de vida Calidad de la vida medida por la cantidad de bienes disponibles

recesión Disminución de la economía

PRI Partido Revolucionario Institucional que gobernó a México durante casi todo el siglo 20

ANTES DE LEER

En el capítulo anterior, leíste acerca de los conflictos en el Medio Oriente.

En esta sección, leerás acerca de las luchas por la democracia en Latinoamérica.

AL LEER

Usa el cuadro para tomar notas sobre los desafíos a la democracia en Latinoamérica.

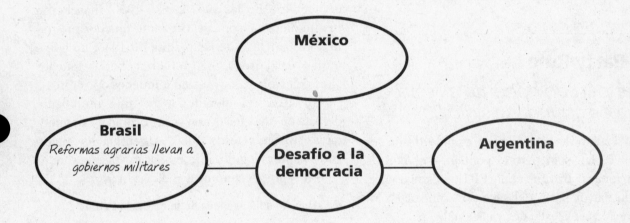

Democracy As a Goal
(pages 599–600)

¿*Cómo* funciona la democracia?

Para que la democracia funcione, se requieren varias condiciones. Deben existir elecciones libres y justas, y más de un partido político. La gente debe tener buena educación para estar informada al votar. Debe compartir una cultura. Todos deben aceptar el concepto de igualdad de derechos. Además, debe existir un gobierno de derecho, no de poder. Muchas naciones latinoamericanas han tenido dificultades para alcanzar la democracia porque todos esos factores no están presentes.

1. Enumera cuatro factores necesarios para que la democracia funcione.

_____

_____

Dictators and Democracy
(pages 600–602)

¿*Qué* problemas ha tenido Brasil?

Tras su independencia en 1822, Brasil se inició como una monarquía. Después de 1930, gobernó un dictador. Pero en 1956, Juscelino Kubitscheck fue elegido presidente y se propuso mejorar la economía. Construyó una nueva ciudad capital,

Brasilia. Apoyó la **reforma agraria** para dividir grandes propiedades y dar tierras a los campesinos.

Los terratenientes se opusieron a la reforma agraria. Apoyaron a grupos militares que tomaron el poder en 1964. Los militares gobernaron Brasil durante 20 años. La economía del país creció, pero la gente tenía pocos derechos. Con el tiempo, bajó el **nivel de vida,** o sea, la calidad de la vida medida por la cantidad de bienes disponibles. En los años 80, una **recesión** —disminución de la economía— azotó a Brasil.

2. **¿Qué cambios trajo la reforma agraria en Brasil?**

_____

_____

_____

_____

One-Party Rule (pages 602–604)

¿Qué partido gobernó a México durante casi todo el siglo 20?

México ha tenido un gobierno estable desde los años 1920. Un solo partido político —el Partido Revolucionario Institucional (**PRI**)— estuvo en el poder la mayor parte del siglo 20. Controlaba los gobiernos locales, estatales y nacional.

El PRI sofocó con violencia el *disentimiento.* Por ejemplo, en 1968, el gobierno mató a muchos ciudadanos durante una manifestación que pedía reformas económicas.

A fines del siglo 20 el PRI abrió el sistema político a candidatos de otros partidos. En 1997 dos partidos de oposición ganaron muchos escaños en la legislatura nacional. Esto terminó el control del PRI sobre el Congreso. En 2000 los ciudadanos mexicanos pusieron fin a 71 años de gobierno del PRI al elegir a Vicente Fox, candidato de un partido de oposición.

3. **¿Cómo gobernó el PRI a México?**

_____

_____

_____

_____

Political and Economic Disorder
(pages 604–605)

¿Cómo ha avanzado Argentina hacia la democracia?

Argentina también ha luchado por avanzar hacia la democracia. En los años 1940 y 1950, Juan Perón fue un dictador popular. Implantó muchos programas en beneficio de las masas. En 1955, un golpe militar lo derrocó. El ejército gobernó muchos años con violencia y asesinó a muchos opositores.

En 1982, el ejército sufrió una humillante derrota en una guerra con Gran Bretaña. Los generales cayeron. Desde 1983, Argentina ha tenido gobernantes elegidos. Sin embargo, ha experimentado una crisis económica cada vez mayor.

4. **¿Qué sucedió después de la caída de Perón?**

_____

_____

_____

_____

CHAPTER 19 Section 2 (pages 606–611)

The Challenge of Democracy in Africa

ANTES DE LEER

En la sección anterior, leíste acerca de los problemas de la democracia en Suramérica y México.

En esta sección, leerás acerca de las luchas por la democracia en África.

AL LEER

Usa el cuadro para tomar notas sobre las luchas por la democracia en Nigeria y Sudáfrica. Anota los acontecimientos y cambios importantes en el gobierno.

TÉRMINOS Y NOMBRES

sistema federal Sistema en el que los gobiernos estatales y la autoridad central comparten el poder

ley marcial Gobierno militar

disidente Persona que se opone a la política gubernamental

apartheid Separación estricta de blancos y negros

Nelson Mandela Dirigente del Congreso Nacional Africano que estuvo preso

Nigeria

Nigeria se independiza de Gran Bretaña
Derrocan al gobierno

Sudáfrica

Luchas por la democracia

Colonial Rule Limits Democracy
(page 606)

¿Qué problemas creó el gobierno colonial?

Las naciones africanas han tenido muchas dificultades para establecer la democracia debido al gobierno colonial. Las potencias europeas definieron fronteras en África sin tomar en cuenta a los grupos étnicos. Reunieron en las mismas regiones grupos que tenían rivalidades. Esto provocó conflictos.

Además, las naciones europeas jamás estimularon la economía de sus colonias. La mayoría carecía de clases medias o de trabajadores especializados. Ambos se necesitan para una democracia fuerte. Cuando Francia y Gran Bretaña otorgaron la independencia, dejaron gobiernos democráticos. Pero pronto surgieron problemas entre grupos rivales.

1. Enumera tres factores del gobierno colonial que dificultan la democracia en los países africanos.

_____

_____

_____

_____

Civil War in Nigeria; Nigeria's Nation-Building (pages 607–609)

¿*Qué* sucedió después de que Nigeria se independizó?

En 1960, Nigeria se independizó de Gran Bretaña. Adoptó un **sistema federal.** En éste, los gobiernos estatales y la autoridad central comparten el poder. Pero en pocos años estalló un conflicto. El grupo étnico de los ibo trató de separarse de Nigeria en 1967 y tras una guerra civil de tres años perdió.

Un período de **ley marcial,** o gobierno militar, siguió a la guerra. En 1979, Nigeria eligió un nuevo gobierno. Los oficiales del ejército dijeron que el gobierno era corrupto y lo derrocaron en 1983. Una vez en el poder, trataron con crueldad a los otros grupos étnicos. Encarcelaron a **disidentes,** u opositores del gobierno. Los militares permitieron elecciones en 1993, pero no aceptaron los resultados y continuaron gobernando.

2. ¿Qué sucedió después de la guerra civil en Nigeria?

_____

_____

_____

South Africa Under Apartheid (page 609)

¿*Qué* fue el apartheid?

En Sudáfrica, se dio un conflicto entre las razas. Una minoría blanca gobernaba a la mayoría negra. En 1948 los blancos implantaron el sistema de **apartheid,** que es una estricta separación de negros y blancos. Los negros de Sudáfrica no tenían derechos básicos. Muchos se unieron a un grupo llamado el Congreso Nacional Africano (CNA) para luchar por sus derechos. El gobierno blanco atacó al CNA y encarceló a muchos de sus dirigentes. **Nelson Mandela,** dirigente del CNA, fue uno de los presos.

3. ¿Por qué se formó el Congreso Nacional Africano?

_____

_____

_____

Struggle for Democracy
(pages 610–611)

¿*Cómo* terminó el apartheid?

A fines de los años 1980 estallaron varias revueltas. Los negros lucharon contra el apartheid. La gente de otras naciones también se opuso al apartheid. *Boicotearon,* es decir no compraron, productos sudafricanos. Esperaban que el boicot convenciera al gobierno de terminar el apartheid.

En 1990, el presidente F.W. de Klerk dio ese paso. Legalizó al CNA y puso en libertad a su dirigente, Nelson Mandela. El Parlamento promulgó una ley para terminar con el apartheid. En abril de 1994, todos los sudafricanos, incluso los negros, pudieron votar en las elecciones presidenciales. El CNA y Mandela ganaron fácilmente. En 1996 el nuevo gobierno aprobó una nueva constitución que da igualdad de derechos a todos los sudafricanos.

4. ¿Por qué F.W. de Klerk terminó con el apartheid?

_____

_____

_____

_____

Name _____ Date _____

The Collapse of the Soviet Union

ANTES DE LEER

En la sección anterior, leíste acerca de los conflictos políticos en África.

En esta sección, leerás acerca de la caída de la Unión Soviética y el surgimiento de Rusia.

AL LEER

Usa el cuadro a continuación para tomar notas sobre los sucesos que condujeron y siguieron a la caída de la Unión Soviética.

TÉRMINOS Y NOMBRES

Politburó Comité dirigente del Partido Comunista

Mijail Gorbachev Dirigente de la Unión Soviética de 1985 a 1991

glasnot Política de apertura de Gorbachev

perestroika Política de Gorbachev para reformar la economía

Boris Yeltsin Opositor político de Gorbachev que subió a la presidencia de Rusia

CEI Comunidad de Estados Independientes, una federación de antiguos territorios soviéticos

"terapia de shock" Plan de Yeltsin para cambiar la economía soviética

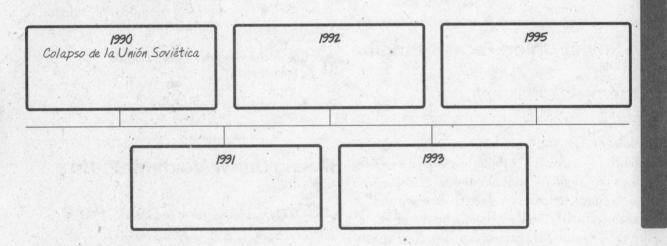

1990
Colapso de la Unión Soviética

1992

1995

1991

1993

Gorbachev Moves Toward Democracy (page 612)

¿*Cómo* abrió Gorbachev la sociedad soviética?

Durante los años 1960 y 1970, los dirigentes de la Unión Soviética mantuvieron un severo control de la sociedad. Leonid Brezhnev y el **Politburó**, el comité gobernante del Partido Comunista, sofocaron el disentimiento. En 1985 el Partido Comunista nombró a **Mijail Gorbachev** gobernante de la Unión Soviética. Era el líder más joven desde José Stalin. Se esperaba que hiciera reformas mínimas, pero sus reformas condujeron a la revolución.

Gorbachev pensaba que la sociedad soviética no podía mejorar sin libertad de ideas. Implantó una política llamada *glasnost,* o apertura. Abrió las iglesias. Puso en libertad a los presos políticos. Permitió la publicación de libros que habían estado *prohibidos.*

1. ¿En qué consistió la política de *glasnost* de Gorbachev?

_____

_____

_____

_____

Reforming the Economy and Politics (page 613)

¿*Qué* cambios hizo Gorbachev en la economía y la política soviéticas?

Gorbachev también implantó la política de **perestroika,** o reestructuración económica. Para mejorar la economía, levantó el estricto control sobre administradores y trabajadores.

En 1987, Gorbachev abrió el sistema político al permitir que la población eligiera representantes a la legislatura.

Además, Gorbachev cambió la política exterior. Tomó medidas para terminar la carrera armamentista contra Estados Unidos.

2. ¿Qué fue la *perestroika* de Gorbachev?

_____

_____

The Soviet Union Faces Turmoil (pages 614–616)

¿*Qué* problemas enfrentó la Unión Soviética?

Muchos grupos étnicos comenzaron a exigir el derecho a formar su propia nación. En 1990, Lituana se declaró independiente. Gorbachev envió tropas. Dispararon contra la multitud y mataron a 14 personas. Esta medida y el ritmo lento de las reformas costaron a Gorbachev apoyo del pueblo soviético.

Mucha gente comenzó a apoyar a **Boris Yeltsin.** Los viejos comunistas se indignaron con Gorbachev. Pensaron que sus cambios debilitaban a la Unión Soviética. En agosto de 1991, organizaron un *golpe,* pero el ejército no lo apoyó.

En respuesta, el Parlamento prohibió la intervención del partido en toda actividad política. Mientras, más repúblicas de la Unión Soviética declararon su independencia. Rusia y las otras 14 repúblicas se declararon estados independientes. La mayoría de las repúblicas acordó formar la Comunidad de Estados Independientes o **CEI,** una *federación* de antiguos territorios soviéticos. A fines de 1991, la Unión Soviética dejó de existir.

3. Enumera tres sucesos que provocaron el colapso de la Unión Soviética.

_____

_____

Russia Under Boris Yeltsin (page 616)

¿*Qué* sucedió cuando Gorbachev perdió poder?

Después del conato de golpe, Gorbachev perdió todo el poder. Yeltsin ocupó la presidencia. Como presidente de Rusia, enfrentó muchos problemas. Intentó cambiar la economía. Su plan económico se conoció como **"terapia de shock".** Este acercamiento hacia el capitalismo causó sufrimiento.

Además, la pequeña república de Chechenia se declaró independiente de Rusia. Yeltsin no lo aceptó y envió miles de tropas a sofocar a los rebeldes chechenios. En medio de la sangrienta guerra, Boris Yeltsin renunció y nombró presidente a Vladimir Putin.

4. ¿Qué decisiones tomó Yeltsin acerca de la economía?

_____

_____

Russia Under Vladimir Putin (page 617)

¿*Cómo* manejó Vladimir Putin la situación en Chechenia?

Vladimir Putin respondió con mano dura a la rebelión en Chechenia, pero la lucha se prolongó muchos años. Los rebeldes chechenos tomaron un teatro en Moscú y más de 100 personas murieron.

Los trastornos sociales provocados por varios años de cambio y reforma agudizaron los problemas económicos. Los problemas sociales más comunes son: los niños sin hogar, la violencia doméstica, el desempleo, así como la disminución de la población, el nivel y la esperanza de vida.

5. Enumera varios problemas sociales de Rusia.

_____

_____

Changes in Central and Eastern Europe

ANTES DE LEER

En la sección anterior leíste acerca de la caída de la Unión Soviética.

En esta sección leerás acerca de la caída del comunismo y otros cambios del centro y este de Europa.

AL LEER

Usa la red para tomar notas acerca de los cambios que ocurrieron en los países comunistas.

TÉRMINOS Y NOMBRES

Solidaridad Movimiento de trabajadores polacos

Lech Walesa Dirigente de Solidaridad

reunificación Unión de Alemania oriental y occidental en una nación

limpieza étnica Política de asesinato y brutalidad para librar a un país de un grupo étnico

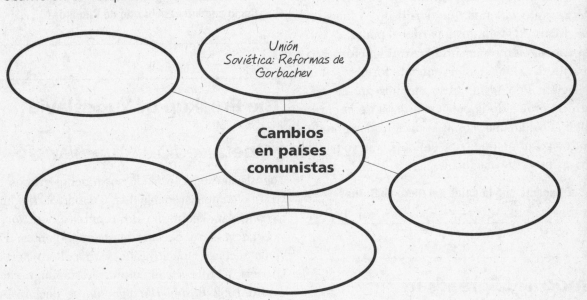

Poland and Hungary Reform

(pages 618–619)

¿*Cómo* cambiaron Polonia y Hungría?

Gorbachev instó a los líderes comunistas de los países de Europa oriental a cambiar, pero muchos se negaron. Pese a la resistencia de los dirigentes comunistas, la gente quería reformas y comenzaron a formarse movimientos de protesta.

Polonia sufrió años de problemas económicos. Los trabajadores organizaron un sindicato llamado **Solidaridad** que declaró la huelga para lograr el reconocimiento del gobierno.

El gobierno aceptó las demandas de Solidaridad. Pero después lo prohibió y encarceló a **Lech Walesa**, su dirigente. Esto causó descontento. Por último, el gobierno tuvo que permitir elecciones. La ciudadanía votó contra los comunistas y por Solidaridad. Sin embargo, la lentitud y los sufrimientos de la transición a la democracia y al capitalismo causaron frustración, y en las elecciones presidenciales de 1995 Lech Walesa perdió y asumió la presidencia Aleksander Kwasniewski.

Inspirada por Polonia, Hungría comenzó un movimiento de reforma que tomó el control del Partido Comunista. Después, este partido votó por su propia desaparición. En 1999 Hungría se hizo miembro de la OTAN.

1. ¿Qué provocó frustración y cambio en Polonia?

_____

_____

Germany Reunifies (pages 619–620)

¿*Qué* cambios ocurrieron en Alemania?

Los cambios también llegaron a Alemania oriental. Sus dirigentes se resistieron al principio. Pero miles de personas exigieron elecciones libres. El Muro de Berlín, que había dividido a Berlín oriental de Berlín occidental, fue derribado. A fines de 1989, el Partido Comunista perdió el poder.

Al año siguiente ocurrió la **reunificación.** Las dos partes de Alemania nuevamente formaron una sola nación. Pero ésta sufrió muchos problemas. El principal ha sido la economía débil de la parte oriental. Y Alemania, como la nación más grande de Europa central, tenía que definir su nuevo papel en los asuntos internacionales.

3. ¿Qué sucedió con la caída del Muro de Berlín?

_____

_____

Democracy Spreads in Czechoslovakia (page 621)

¿*Qué* sucedió en Checoslovaquia?

En Checoslovaquia también surgieron demandas de reforma. Cuando el gobierno reprimió las protestas, miles salieron a las calles. En un día se reunieron cientos de miles de personas en la capital. Los comunistas aceptaron entregar el poder.

Un programa de reforma económica provocó fuerte desempleo especialmente en Eslovaquia, república que ocupaba una tercera parte del este del país. En 1993 el país se dividió en dos naciones: la República Checa y Eslovaquia. Las economías de ambos países mejoraron lentamente.

3. ¿Cómo cambió el gobierno de Checoslovaquia?

_____

_____

Overthrow in Romania (pages 621–622)

¿*Qué* pasó en Rumania?

En Rumania, Nicolae Ceausescu, el dictador comunista, ordenó disparar contra los descontentos. Esto causó enormes protestas. El ejército se unió al pueblo para luchar contra la policía secreta de Ceausescu. Fue capturado y ejecutado en 1989. Rápidamente se celebraron elecciones generales y el nuevo gobierno reformó la economía.

Rumania luchó contra la corrupción y el crimen, y trató de mejorar la economía. El gobierno realizó reformas económicas para introducir el capitalismo.

4. ¿Cómo cambió el gobierno de Rumania?

_____

_____

The Breakup of Yugoslavia (pages 622–624)

¿*Qué* sucedió en Yugoslavia?

Yugoslavia estaba formada por muchos grupos étnicos que comenzaron a luchar. Cuando *Serbia* intentó controlar el gobierno, dos repúblicas —*Eslovenia* y *Croacia*— se declararon independientes. Eslovenia rechazó una invasión serbia. Pero Serbia y Croacia se enfrentaron en una guerra sangrienta.

En 1992 *Bosnia-Herzegovina* se declaró independiente. Los serbios de esa región se negaron a mudarse. Con ayuda de Serbia, libraron una guerra civil contra los musulmanes, el mayor grupo de Bosnia, y usaron **limpieza étnica** (asesinato y otras formas de brutalidad) con el fin de expulsarlos. Las Naciones Unidas logró un acuerdo de paz.

En 1998, en la región de los Balcanes estalló de nuevo la violencia. Los serbios invadieron Kosovo, provincia del sur de Serbia, para acabar con un movimiento independentista. Las bombas de la OTAN obligaron a los líderes serbios a retirarse.

5. ¿Quiénes lucharon la guerra civil de Yugoslavia?

_____

_____

CHAPTER 19 Section 5 (pages 625–629)

China: Reform and Reaction

TÉRMINOS Y NOMBRES

Chou Enlai Dirigente chino que trabajó con el presidente Nixon para mejorar las relaciones

Deng Xiaoping Dirigente chino después de Chou Enlai

Cuatro modernizaciones Plan de Deng Xiaoping para progresar en agricultura, industria, defensa, y ciencia y tecnología

Plaza Tiananmen Plaza de la capital de Beijing; escenario de una manifestación estudiantil y una masacre

Hong Kong Isla que pasó nuevamente a China en 1997

ANTES DE LEER

En el capítulo anterior, leíste acerca del colapso del comunismo y de otros cambios en el centro y este de Europa.

En esta sección, aprenderás acerca de la historia reciente de China.

AL LEER

Usa el cuadro para tomar notas sobre acontecimientos de la historia reciente de China.

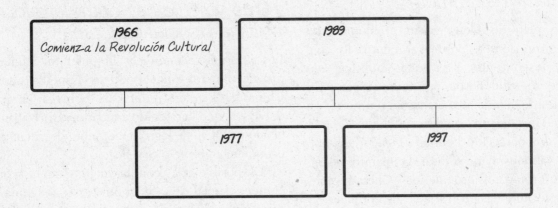

1966 Comienza la Revolución Cultural	1989
1977	1997

The Legacy of Mao
(pages 625–626)

¿*Cómo* cambió Mao a China?

Mao Tsetung se propuso formar una nación guiada por las ideas de igualdad, espíritu revolucionario y trabajo duro. Pero no logró fortalecer la economía. El gobierno redujo los incentivos a la producción. El Gran Salto Adelante llevó a un desastre económico.

Durante esa época, China desempeñó un papel menor en asuntos internacionales. **Chou Enlai,** otro dirigente chino, se preocupó por esto. Trabajó con el presidente Richard Nixon para mejorar las relaciones entre ambos países.

1. ¿Qué éxitos tuvieron los programas económicos de Mao?

_____

_____

_____

China and the West (page 626)

¿*Cómo* cambió Deng Xiaoping a China?

Después de que Mao y Chou murieron en 1976, los *moderados* tomaron el poder. El dirigente más poderoso fue **Deng Xiaoping.** Intentó modernizar la economía. Sus metas se conocen como las **Cuatro modernizaciones.** Su propósito era progresar en agricultura, industria, defensa, ciencia y tecnología. Terminó con las comunas agrícolas y permitió que los agricultores vendieran parte de su producción. La producción agrícola aumentó mucho.

Deng realizó cambios similares en la industria. Los ingresos comenzaron a aumentar. Se empezaron a comprar aparatos domésticos y otros bienes que antes habían escaseado.

2. **¿Cuáles fueron los resultados de los cambios de Deng Xiaoping?**

_____

_____

_____

Massacre in Tiananmen Square
(pages 627–628)

¿Qué causó la protesta en la Plaza Tiananmen?

El nuevo plan de Deng causó problemas. La brecha entre ricos y pobres aumentó, lo cual provocó descontento. Las ideas políticas de Occidente se extendieron por todo el país. En 1989, miles de estudiantes chinos se reunieron en la **Plaza Tiananmen,** en la capital de Beijing. Pidieron democracia y libertad. Deng despachó tropas y tanques para sofocar la manifestación. Miles murieron o sufrieron heridas. China ha continuado sofocando las protestas desde entonces.

3. **¿Qué sucedió a los manifestantes en la Plaza Tiananmen?**

_____

_____

_____

China Enters the New Millennium (pages 628–629)

¿Qué sucedió cón Hong Kong?

Otro asunto importante en China era **Hong Kong.** La isla pasó nuevamente a ser parte de China en 1997, después de 155 años de gobierno colonial británico. China prometió respetar la libertad de Hong Kong durante 50 años. Pero muchos se preocuparon de que suprimiera sus libertades.

4. **¿Por qué preocupa el nuevo gobierno de Hong Kong?**

_____

_____

_____

China Beyond 2000 (page 629)

¿Qué vínculo hay entre la reforma política y social en China?

Las reformas económicas liberales en China no provocaron reformas políticas inmediatamente. China ha logrado reducir la pobreza en parte debido a que ha tenido cuidado al privatizar la economía. China logró mantener el crecimiento económico a principios del siglo 21.

Es posible que con la mejora de las condiciones sociales y económicas en China, la situación política mejore a su vez. Un indicio importante del compromiso de China con el mundo fue la campaña para ser elegida sede de los Juegos Olímpicos de 2008.

5. **¿Qué reforma ocurrió primero en China, la política o la económica?**

_____

_____

_____

Glosario

boicotear No comprar

Bosnia-Herzegovina Parte de la antigua Yugoslavia en la que los serbios entablaron una lucha civil contra los musulmanes y realizaron limpieza étnica

Congreso Nacional Africano (CNA) Grupo que luchó por los derechos de los negros sudafricanos

Croacia Parte de la antigua Yugoslavia que luchó contra Serbia

disentimiento Desacuerdo político

Eslovenia Parte de la antigua Yugoslavia que rechazó una invasión serbia

federación Grupo con intereses comunes

golpe Súbito derrocamiento de un gobierno

moderados Gente que está en el centro político

prohibir Declarar ilegal

Serbia Parte de la antigua Yugoslavia que quería el control del gobierno

DESPUÉS DE LEER

Términos y nombres

A. Llena los espacios en blanco con el término que mejor completa cada oración.

disidentes

ley marcial

apartheid

reunificación

reforma agraria

Los movimientos de reforma han tenido muchos objetivos. El objetivo principal en Brasil fue **1** _____, para que la propiedad de la tierra fuera más justa. En Sudáfrica, el objetivo fue terminar con la estricta separación de las razas llamada **2** _____. La lucha por la democracia en Alemania oriental llevó a la caída del Muro de Berlín. Este cambio también provocó la **3** _____ de Alemania. El camino a la democracia puede ser difícil. La guerra civil y otras luchas de poder pueden provocar **4** _____, o un gobierno militar temporal, como en Nigeria. En ese gobierno, generalmente reprimen a los opositores a la política gubernamental, o **5** _____.

B. Escribe la letra del nombre o término junto a su descripción.

a. PRI

b. CEI

c. Cuatro modernizaciones

d. Solidaridad

e. Politburó

_____ 1. Comité dirigente del Partido Comunista de la Unión Soviética

_____ 2. Sindicato de trabajadores de Polonia que quería reformas y que provocó la derrota del comunismo

_____ 3. Federación de antiguos territorios soviéticos

_____ 4. Plan de Deng Xiaoping para alcanzar el progreso en China

_____ 5. Partido político que gobernó a México durante casi todo el siglo 20

DESPUÉS DE LEER (continued)   CHAPTER 19 Struggles for Democracy

Ideas principales

1. Enumera tres similitudes de las luchas por la democracia en Argentina y Brasil.

_____

_____

_____

2. ¿Cómo terminó el apartheid en Sudáfrica?

_____

_____

_____

3. ¿Cómo se extendió la reforma de Gorbachev de la Unión Soviética a Europa oriental?

_____

_____

_____

4. ¿Qué provocó la guerra civil en Yugoslavia?

_____

_____

_____

5. ¿Por qué los acontecimientos de la Plaza Tiananmen afectaron la lucha por la democracia en China?

_____

_____

_____

Pensamiento crítico

Contesta estas preguntas en una hoja aparte.

1. Da dos ejemplos de naciones que experimentaron problemas en la lucha por la democracia. Explica qué factores necesarios para el triunfo de la democracia estaban ausentes.

2. Compara y contrasta a Mao Tsetung con Den Xiaoping.

Name _____ Date _____

CHAPTER 20 Section 1 (pages 637–640)

The Impact of Science and Technology

ANTES DE LEER

En el capítulo anterior, leíste acerca de las luchas por la democracia en China.

En esta sección, aprenderás acerca de cambios recientes en la ciencia y la tecnología.

AL LEER

Usa el cuadro para tomar notas sobre los avances y descubrimientos recientes y sus efectos.

TÉRMINOS Y NOMBRES

Estación Espacial Internacional Proyecto de 16 naciones para construir un enorme laboratorio en el espacio

Internet Red mundial de computadoras

ingeniería genética Manipulación de genes para crear nuevos productos y curas

clonación Proceso de crear copias idénticas de ADN para investigación y otros propósitos

revolución verde Intento de aumentar los alimentos en el siglo 20

AVANCE/DESCUBRIMIENTO	EFECTO
Satélites	Avances en la televisión

Exploring the Solar System and Beyond (pages 637–638)

¿Por qué la competencia fue sustituida por la cooperación espacial?

Entre las décadas de 1950 y de 1970, Estados Unidos y la Unión Soviética llevaron la Guerra Fría a la competencia espacial. Ambas naciones trataron de llegar primero a la Luna y más allá.

En los años 1970, las dos naciones comenzaron a cooperar en la exploración espacial. En 1975, naves de los dos países se *acoplaron* en el espacio. Después, las misiones espaciales de ambos aceptaron científicos de otros países. A finales de los años 1990, Rusia, Estados Unidos y otros 14 países empezaron juntos un proyecto para construir la **Estación Espacial Internacional.**

Algunas misiones espaciales no tenían tripulación humana. Estos vuelos enviaron fotografías e información acerca de otros planetas.

En 1990, Estados Unidos y varios países europeos pusieron en órbita el telescopio espacial Hubble alrededor de la Tierra. Este satélite envió imágenes *sin precedentes* del espacio.

1. Enumera tres ejemplos de cooperación internacional en el espacio.

_____

_____

_____

_____

Expanding Global Communications (pages 638–639)

¿*Cómo* cambiaron las comunicaciones debido a la tecnología?

Todos los días, los satélites se usan para estudiar los cambios del tiempo y para buscar minerales en el planeta. Los satélites permiten que la televisión proyecte acontecimientos en vivo en todo el mundo.

Otro adelanto tecnológico ha sido la computadora. Estas máquinas se han vuelto más potentes desde su invención. Al mismo tiempo, se han vuelto más pequeñas. Productos como los hornos de microondas, los teléfonos y los autos funcionan con chips de computadoras.

Millones de personas en el mundo tienen computadoras personales en el trabajo o en casa. Muchas están conectadas a través de **Internet,** una red mundial. Internet permite obtener mucha información más rápida y fácilmente que antes, y permite comunicarse.

2. ¿Cómo ha cambiado la vida diaria debido a las computadoras?

_____

_____

_____

Transforming Human Life
(pages 639–640)

¿*Cómo* cambió la nueva tecnología a la medicina?

La tecnología ha cambiado la medicina. Los *láseres* permiten a los médicos realizar cirugía en órganos delicados como los ojos o el cerebro. Los nuevos métodos para tomar imágenes del cuerpo facilitan el diagnóstico.

La investigación genética ha permitido descifrar los secretos de algunas enfermedades. La **ingeniería genética** permite a los científicos usar genes de distintas maneras. Por ejemplo, pueden elaborar plantas con características especiales. La **clonación** es parte de la ingeniería genética. Es la creación de copias idénticas de *ADN*. La clonación se usa para producir plantas y animales idénticos a plantas y animales existentes.

Los nuevos conocimientos genéticos también han servido para producir mejores alimentos y otros adelantos en la agricultura. En la **revolución verde,** se produjeron mejores variedades de plantas para aumentar los cultivos.

3. ¿Por qué la ingeniería genética es un avance importante?

_____

_____

_____

_____

Global Economic Development

ANTES DE LEER

En la sección anterior, leíste acerca de los cambios en ciencia y tecnología.

En esta sección, leerás acerca de la nueva economía global.

AL LEER

Usa el cuadro para mostrar las causas y efectos de la economía global.

causas

| Nueva tecnología |

→ **Desarrollo de la economía global** →

efectos

Technology Revolutionizes the World's Economy (pages 641–642)

¿*Cómo* han cambiado las economías de las naciones desarrolladas?

La tecnología ha cambiado las economías del mundo. En los años 1950, los científicos descubrieron nuevas formas de hacer plásticos y éstos se popularizaron. En años recientes, la industria ha comenzado a usar robots para hacer productos. Estos cambios requieren que los trabajadores tengan más y más diversa capacitación que antes.

En los países industrializados, o **naciones desarrolladas,** hay más empleos en las industrias de servicios y de información. Los trabajos de manufactura se concentran más en las **naciones en desarrollo,** donde los salarios son menores.

1. ¿Qué tipos de trabajos abundan en las naciones desarrolladas?

_____

_____

_____

Economic Globalization (pages 642–643)

¿Por qué el libre comercio es importante en la economía global?

En los años 1980, continuó el desarrollo de la **economía global.** Los enlaces telefónicos y de computadoras conectan a bancos y otras empresas financieras en todo el mundo. Las corporaciones multinacionales operan en muchos países.

Después de la II Guerra Mundial, muchos gobernantes creyeron que las economías del mundo podrían crecer mejor con **libre comercio.** Esto significa eliminar barreras que impiden que los productos de un país entren en el otro. Fueron necesarias muchas medidas para poner en práctica el libre comercio. En 1951, algunas naciones europeas se unieron para crear el libre comercio entre sus países. Ese grupo, ahora llamado *Unión Europea* (UE), es un poderoso bloque comercial.

En 1994, Estados Unidos, Canadá y México firmaron el Tratado de Libre Comercio de Norteamérica (TLC o NAFTA). Otra zona de libre comercio se estableció en Latinoamérica. Grupos similares se unieron en África y Asia.

En los últimos años ha habido un gran desacuerdo respecto al impacto de la globalización de la economía. Los partidarios de la globalización afirman que los mercados abiertos, el libre flujo de bienes, servicios y tecnología, así como las inversiones, benefician a todas las naciones. Por su parte, los oponentes sostienen que la globalización ha sido un desastre para los países más pobres, ya que muchos de ellos se encuentran hoy en peores condiciones que en el pasado.

2. **Enumera tres pasos que se tomaron para implantar el libre comercio.**

_____

_____

Impact of Global Development
(pages 645–647)

¿Cómo ha afectado la economía mundial el uso de la energía y otros recursos?

El crecimiento económico exige muchos recursos. La manufactura y el comercio necesitan enormes cantidades de energía. El petróleo ha sido una fuente importante de energía. Cuando disminuye la disponibilidad de petróleo, las economías mundiales sufren.

En 1990, Irak invadió Kuwait. Esto amenazó el petróleo de Kuwait. Pronto, los países de las Naciones Unidas entraron en guerra con Irak. Esto se conoció como la Guerra del Golfo.

El crecimiento económico ha causado problemas ecológicos. La quema de carbón y petróleo ha contaminado el aire, causado *lluvia ácida* y aumentado la temperatura. Ciertos productos químicos han debilitado la **capa de ozono.** Esta capa de la atmósfera bloquea los rayos solares peligrosos.

Una nueva idea acerca del crecimiento es el **desarrollo sostenido,** que propone satisfacer las necesidades actuales y *conservar* recursos para el futuro.

3. **¿Qué problemas ambientales resultaron del crecimiento económico?**

_____

_____

Global Security Issues

ANTES DE LEER

En la sección anterior, leíste acerca del crecimiento de la economía global.

En esta sección, leerás acerca de los desafíos a la seguridad global.

AL LEER

Usa la red para tomar notas sobre los desafíos a la seguridad global.

TÉRMINOS Y NOMBRES

proliferación Difusión

fundamentalismo Creencia estricta en las verdades y las prácticas de una fe

Declaración Universal de Derechos Humanos Declaración de 1948 de las Naciones Unidas sobre derechos que todas las personas deben tener

disentimiento político Diferencia de opinión en asuntos de política

desigualdad de género Diferencia entre mujeres y hombres en términos de riqueza y status

SIDA Síndrome de inmunodeficiencia adquirida, enfermedad contagiosa que ataca el sistema inmunológico y expone a enfermedades mortales

refugiados Gente que deja su país para mudarse a otro por razones de seguridad

Issues of War and Peace
(pages 648–649)

¿*Qué* han hecho las naciones por la seguridad mundial?

Después de la II Guerra Mundial, las naciones se unieron para mejorar la seguridad global y formaron la Organización de las Naciones Unidas (ONU) para promover la paz mundial. En la actualidad, más de 180 países son miembros de la ONU, que ofrece un foro para que los países o grupos debatan sus puntos de vista.

La ONU también puede enviar tropas llamadas *cuerpos de paz.* La misión de estos soldados de

muchas naciones es impedir que estalle la violencia. Los cuerpos de paz de la ONU han acudido a Asia y África.

Otra manera de conservar la paz mundial ha sido limitar las armas de destrucción masiva, como *armas nucleares, químicas* y *biológicas.* En 1968, muchos países firmaron el Tratado de No Proliferación Nuclear. Acordaron evitar la **proliferación,** o difusión, de armas nucleares. En los años 1990 Estados Unidos y Rusia acordaron destruir muchas de sus armas nucleares. En otro tratado, muchos países prometieron no elaborar armas químicas o biológicas.

Las diferencias étnicas o religiosas son fuente de muchos conflictos mundiales. Algunos conflictos tienen profundas raíces de décadas o siglos. Es por esto que los gobiernos, muchas organizaciones internacionales y la ONU se esfuerzan por encontrar soluciones pacíficas que ayuden a resolver este tipo de problemas.

1. Menciona dos planes específicos para mejorar la seguridad colectiva.

_____

_____

_____

Human Rights Issues (page 650)

¿Qué se ha hecho por los derechos humanos?

En 1948, la ONU aprobó la **Declaración Universal de Derechos Humanos,** una lista de derechos que toda persona debe tener. En 1975, muchas naciones firmaron los Acuerdos de Helsinki, que también apoyan los derechos humanos. Muchos grupos observan la protección de estos derechos en distintos países.

A pesar de los esfuerzos de las organizaciones de derechos humanos, todos los días siguen ocurriendo violaciones a los derechos fundamentales. Sofocar el **disentimiento político** es una violación de los derechos humanos. En muchos países el gobierno ataca a individuos y a grupos por tener opiniones políticas distintas a las oficiales.

A lo largo de la historia las mujeres han sufrido mucho por la discriminación. En años recientes, la creciente conciencia de los derechos humanos impulsó a las mujeres a esforzarse para mejorar su vida. El primer paso que dieron fue instar a que se promulgaran nuevas leyes que les dieran igualdad. A pesar de que desde los años 1970 las mujeres han avanzado, sobre todo en las áreas de educación y trabajo, en la actualidad persisten los problemas debidos a la **desigualdad de géneros.**

2. Menciona dos sucesos importantes en la lucha mundial de derechos humanos.

_____

_____

_____

Health Issues (page 651)

¿Cuál es el gran desafío a la salud mundial?

En los últimos años se ha reconocido como un derecho humano básico gozar de buena salud. A pesar de ello, millones de personas sufren enfermedades. Probablemente el **SIDA,** o síndrome de inmunodeficiencia adquirida, sea el mayor desafío de la humanidad para lograr que la población mundial goce de buena salud. Si bien el SIDA es un problema mundial, algunas naciones africanas han sufrido más esta epidemia, que ha tenido un impacto devastador en las poblaciones y economías de muchos países de esta región del mundo.

3. ¿Qué parte del mundo se ha visto más afectada por el SIDA?

_____

_____

_____

Population Movement (page 652)

¿Cuáles son las causas del desplazamiento global?

En los últimos años, millones de personas se han ido de un país a otro. Muchos son **refugiados,** que se van para escapar de los desastres naturales o el maltrato que sufren en su país. Otras se van para buscar una vida mejor para ellos y sus hijos.

Los inmigrantes pueden llevar muchos beneficios a su nuevo país. Pero a veces no encuentran un país que los acoja y tienen que vivir en campos de refugiados con mucha gente. Allí sufren hambre y enfermedades. La presencia de los refugiados puede causar problemas políticos en el país donde están.

4. ¿Qué problemas puede causar el desplazamiento global?

_____

_____

_____

_____

Terrorism

Case Study: September 11, 2001

TÉRMINOS Y NOMBRES

terrorismo Uso de la violencia contra seres humanos o instalaciones para obtener cambios sociales y del gobierno

ciberterrorismo Ataques a los sistemas de información por razones políticas

Departamento de Seguridad Doméstica Departamento del gobierno de E.U.A. que coordina la lucha antiterrorista en el país

Ley Patriota Ley antiterrorista que da al gobierno ciertos derechos para buscar y capturar terroristas

ANTES DE LEER

En la sección anterior, leíste acerca de asuntos de seguridad global.

En esta sección, leerás acerca del terrorismo y sus efectos en el mundo actual.

AL LEER

Usa el cuadro para tomar notas sobre los efectos del terrorismo.

Efectos del terrorismo

What Is Terrorism? (pages 653–654)

¿Qué motiva a los terroristas y qué métodos usan?

El **terrorismo** es el uso de la violencia contra seres humanos o instalaciones con el fin de obtener cambios sociales o del gobierno. El terrorismo actual tiene diversas razones, como obtener independencia, expulsar extranjeros y cambiar la sociedad. A fines del siglo 20 surgió otro tipo de terrorismo dirigido a destruir presuntas fuerzas del mal.

Los terroristas usan la violencia para alcanzar sus metas. Muchas veces emplean bombas y balas. El blanco de los ataques terroristas suele ser un lugar concurrido. A veces usan armas biológicas y químicas. El ataque a las redes de computadoras y otros sistemas informáticos se denomina **ciberterrorismo.** Este terrorismo tiene razones políticas.

1. ¿Qué tipos de armas usan los terroristas?

_____

_____

Terrorism Around the World
(pages 654–655)

¿Cómo afecta el terrorismo al mundo?

En el Medio Oriente, los palestinos e israelíes han tenido conflictos sobre la posesión de tierras desde hace varias décadas. Esto ha llevado a muchos actos terroristas. Un grupo palestino realiza frecuentes atentados terroristas. Los israelíes contraatacan. En Irlanda del Norte, el Ejército Irlandés Republicano (IRA) lleva muchos años realizando actos terroristas para que los británicos cedan el control de esa parte de Irlanda.

En Asia del este hay muchos grupos terroristas. Por ejemplo, un culto religioso llamado Aum Shinrikyo busca controlar Japón. En África, la mayoría de los actos terroristas se deben a disturbios civiles y guerras regionales. El narcoterrorismo —vinculado al tráfico de drogas— es común en Latinoamérica.

2. ¿Qué ha generado la mayoría de la actividad terrorista en África?

_____

_____

Attack on the United States
(pages 656–657)

¿Cómo ha afectado el terrorismo a Estados Unidos?

En la mañana del 11 de septiembre del 2001, 19 terroristas árabes *secuestraron* cuatro aviones comerciales. Los secuestradores hicieron estrellar dos de los aviones contra las torres gemelas del World Trade Center en Nueva York. El tercer avión destruyó una parte del Pentágono en Washington, D.C. El cuarto avión cayó en un terreno vacío de Pensilvania.

Como resultado del impacto, las torres gemelas se derrumbaron en un lapso de dos horas. Cerca de 3,000 personas murieron en todos los ataques. Entre los muertos hubo más de 340 bomberos y 60 policías de Nueva York que fueron a socorrer a las víctimas.

Antes del 11 de septiembre, muchos estadounidenses creían que el terrorismo era exclusivo de otros países. A partir de esa fecha, empezaron a temer que ellos también pudieran ser víctimas.

Poco después del 11 de septiembre, circularon por el correo cartas con microbios de la enfermedad ántrax. Iban dirigidas a periodistas y congresistas. Cinco personas murieron al inhalar el ántrax de las cartas. No se hallaron vínculos entre esas cartas y los ataques del 11 de septiembre.

3. ¿Cómo cambió la percepción estadounidense a raíz de los ataques del 11 de septiembre?

_____

_____

The United States Responds
(pages 657–658)

¿Cómo ha respondido Estados Unidos al terrorismo?

Después del 11 de septiembre, Estados Unidos convocó un esfuerzo internacional para combatir el terrorismo. El gobierno estadounidense sospechaba que Osama bin Landen dirigió los ataques. Bin Laden era el líder de un grupo terrorista llamado al-Qaeda.

El gobierno creó el **Departamento de Seguridad Doméstica** en 2002. Su función es coordinar la lucha antiterrorista en Estados Unidos.

El gobierno comenzó a buscar a los terroristas de al-Qaeda en Estados Unidos. A muchos árabes y otros musulmanes los arrestaron e interrogaron. Los críticos consideran injusto el arresto por razones de nacionalidad o religión y dicen que muchos de los arrestados eran inocentes.

Una nueva ley, la **Ley Patriota,** concede al gobierno diversos poderes para buscar y capturar a los terroristas.

La Administración Federal de Aviación (FAA) ordenó a las aerolíneas colocar rejas en las puertas de las cabinas de los pilotos para impedir que los secuestradores tomen control de los aviones. Las tropas de la Guardia Nacional comenzaron a vigilar los aeropuertos. Se designaron alguaciles especializados en los aviones. Entró en vigor la Ley de Seguridad Aérea que pone al gobierno federal al frente de la seguridad de los aeropuertos.

4. ¿Cómo aumentó la seguridad aérea?

_____

_____

Cultures Blend in a Global Age

TÉRMINOS Y NOMBRES

cultura popular Elementos de la cultura, como deportes, música, películas y ropa, que comparte un grupo

materialismo Dar un alto valor a la propiedad

ANTES DE LEER

En la sección pasada, leíste sobre el terrorismo.

En esta sección, estudiarás la mezcla global de culturas.

AL LEER

Usa el cuadro para tomar notas sobre la mezcla de culturas en todo el mundo.

IDEA PRINCIPAL	APOYO
La difusión de culturas ha aumentado	La televisión y otros medios masivos han aumentado la difusión cultural

Cultural Exchange Accelerates
(pages 695–660)

¿Qué ha contribuido a compartir culturas?

Los avances tecnológicos han hecho posible que los pueblos compartan sus culturas. La televisión es una de las principales causas de esta tendencia. Permite ver lo que sucede en el mundo entero. El cine y la radio también han unido a los pueblos del mundo.

Un efecto de los *medios masivos* es que la cultura popular mundial ahora tiene elementos de muchas culturas. La **cultura popular** abarca música, deportes, moda, alimentos y pasatiempos. Los programas de la televisión estadounidense se han popularizado en el mundo entero. Los encuen-

tros deportivos televisados los pueden llegar a ver más de 200 millones de personas en todo el planeta. La música se ha vuelto internacional.

1. Nombra tres aspectos de la cultura que se han internacionalizado.

_____

_____

World Culture Blends Many Influences (pages 661–662)

¿Qué países han influido más en la mezcla cultural?

La *mezcla cultural* ocurre cuando se combinan distintas culturas. En años recientes, Estados Unidos y Europa han ejercido una influencia importante en esta mezcla. Una razón de esto es que los países occidentales dominan los medios masivos.

El poder político de Occidente también ha difundido la cultura occidental en otras regiones. Por ejemplo, ahora el inglés es el principal idioma en el mundo. Cerca de 500 millones de personas hablan inglés como primer o segundo idioma. Más gente habla el chino mandarín, pero los hablantes de inglés están más extendidos en el mundo. La moda occidental se ve en todo el mundo. Los alimentos occidentales —como hamburguesas y refrescos de cola— se consumen en todas partes.

Las ideas occidentales también han influido sobre el pensamiento mundial. La idea occidental del **materialismo** —dar un alto valor a la propiedad— también se ha extendido. Asimismo algunas ideas han viajado del Oriente al Occidente. Los mundos del arte y la literatura se han internacionalizado más en años recientes.

2. ¿Qué aspectos de la cultura occidental se han extendido por el mundo?

_____

_____

_____

Future Challenges and Hopes (pages 662–663)

¿*Cómo* ha respondido el mundo ante la mezcla cultural?

Algunas personas piensan que la difusión de la cultura internacional es un problema. Se preocupan de que su propia cultura sea absorbida por otras culturas. Algunos países reservan tiempo de la televisión para transmitir programación nacional. Otros países adaptan los programas de acuerdo a su propia cultura.

En el siglo 21 los habitantes de todo el mundo seguirán enfrentando ese tipo de problemas, especialmente los que con mayor frecuencia tienen contacto entre sí. Indudablemente, uno de los grandes desafíos de la humanidad es lograr vivir juntos en armonía.

3. ¿Qué problemas o desafíos implica la mezcla cultural?

_____

_____

_____

Glosario

acoplarse Unirse en el espacio

ADN Material básico de los cromosomas que transmite el código genético

armas biológicas Armas que usan microorganismos para contagiar enfermedades

armas nucleares Armas que usan energía atómica

armas químicas Armas hechas con químicos, como gases venenosos

conservar Ahorrar, guardar

corporación multinacional Corporación que opera en muchos países

cuerpos de paz Soldados enviados por las Naciones Unidas para mantener la paz

láseres Rayos de una luz intensa y concentrada

lluvia ácida Lluvia con alta concentración de ácidos que destruye la vida vegetal y la vida acuática

medios masivos Comunicaciones que llegan a mucha gente, como la radio y la televisión

mezcla cultural Proceso de combinar distintas culturas

secuestrar Tomar el control de un vehículo o nave por la fuerza

Unión Europea Poderoso bloque comercial europeo creado para promover el libre comercio

ANTES DE LEER

Términos y nombres

A. Llena los espacios en blanco con el término que mejor completa cada oración.

naciones en desarrollo

naciones desarrolladas

libre comercio

economía global

desarrollo sostenido

La nueva **1** _____ enlaza las economías de muchos países. Las empresas multinacionales desempeñan un papel importante en este tipo de economía. A menudo, las oficinas de estas empresas pueden encontrarse en los países industrializados, conocidos como **2** _____. Las fábricas, por otra parte, pueden encontrarse en **3** _____, donde los salarios son más bajos. Otro elemento que estimula el crecimiento de las economías es el **4** _____. Esto significa que ninguna barrera impide que los productos de un país entren en otro país. A algunas personas les preocupa el impacto del crecimiento económico mundial en la ecología, por eso apoyan el **5** _____, que es el desarrollo económico que cumple con las necesidades actuales pero conserva recursos para el futuro.

B. Escribe la letra del nombre o término junto a su descripción.

a. ingeniería genética

b. proliferación

c. terrorismo

d. materialismo

e. clonación

_____ **1.** Dar un alto valor a la propiedad

_____ **2.** Proceso de crear copias idénticas de ADN para investigación y otros propósitos

_____ **3.** Expansión

_____ **4.** Violencia para hacer cambiar las sociedades o los gobiernos

_____ **5.** Manipulación de genes para crear nuevos productos y curas

DESPUÉS DE LEER (continued)   *CHAPTER 20* Global Interdependence

Idea principal

1. Explica tres efectos importantes de la tecnología en la vida diaria.

_____

_____

_____

2. ¿Cómo ha cambiado la tecnología a las economías del mundo?

_____

_____

_____

3. ¿Por qué la tecnología ha estimulado la mezcla cultural?

_____

_____

_____

4. ¿Qué es un cuerpo de paz de la ONU, y cuándo y cómo se usa?

_____

_____

_____

5. Analiza tres reacciones ante la mezcla cultural.

_____

_____

_____

Pensamiento crítico

Contesta estas preguntas en una hoja aparte.

1. ¿Por qué el crecimiento económico agota recursos y qué resultados puede tener esto?

2. Analiza tres amenazas a la seguridad global; explica los posibles resultados de cada una.